PENSE FUTÉ

PETIT FUTÉ GUIDE DES SÉJOURS LINGUISTIQUES

LES NOUVELLES EDITIONS DE L'UNIVERSITE
18, rue des Volontaires - 75015 Paris.
✆ 01 53 69 70 00 - Fax 01 42 73 15 24
Internet : www.petitfute.com
SAS au capital de 1 000 000 € -
RC PARIS B 309 769 966
Couverture : © Drazen - stock.adobe.com
Impression : IMPRIMERIE CHIRAT - 42540 Saint-Just-la-Pendue
Achevé d'imprimer : février 2024
Dépôt légal : mars 2024
ISBN : 9782305102597

**Pour nous contacter par email, indiquez le nom de famille en minuscule suivi de @petitfute.com
Pour le courrier des lecteurs : info@petitfute.com**

EDITORIAL

Apprendre une langue étrangère et découvrir d'autres cultures ? Un beau projet, voire, dans un contexte de globalisation, une nécessité. Ne nous leurrons pas, les traducteurs automatiques en ligne et les traducteurs électroniques, aussi performants soient-ils, restent une simple aide d'appoint. De même, la maîtrise de la grammaire et du vocabulaire d'une langue étrangère ne suffit pas à la fluidité nécessaire pour une compréhension et des échanges satisfaisants. L'idéal est de commencer le plus tôt possible à étudier une langue étrangère, une richesse pour la vie entière. Pour un apprentissage linguistique réussi, la meilleure solution reste une expérience en immersion à l'étranger. L'occasion aussi lors de séjours bien organisés de gagner en autonomie et de vivre un séjour et des vacances inoubliables.
Pour un enfant ou un jeune, un séjour linguistique combine un apprentissage précieux et la découverte d'une culture, l'opportunité de vivre dans une famille étrangère ou de partager avec un groupe de son âge un séjour itinérant, ou encore de profiter d'un enseignement dans une école de langues. Au programme : des cours, mais aussi des activités sportives ou culturelles. Si la maîtrise de l'anglais, de l'espagnol ou du chinois sont des tendances bien établies, les séjours linguistiques concernent aujourd'hui de nombreuses autres langues et de nombreuses destinations. Nous vous présentons ici les destinations et les différents types de séjours possibles. S'ajoutent des conseils pratiques pour vous orienter dans vos choix.

PEFC 10-31-1895
Certifié PEFC
Ce produit est issu de forêts gérées durablement et de sources contrôlées.
pefc-france.org

IMPRIMÉ EN FRANCE

SOMMAIRE

DÉCOUVERTE

PRÉPARER SON SÉJOUR

Afin de profiter au mieux d'un séjour linguistique, quelques préalables s'imposent. Un séjour réussi est un atout essentiel pour s'approprier une langue, se familiariser avec une culture et ainsi s'enrichir d'un plus qui vous démarquera des autres. L'occasion, tout particulièrement pour les plus jeunes, d'élargir leur environnement et leur potentiel.

- **Avant toute chose,** il convient de déterminer la destination, l'organisme encadrant, le nombre d'heures de cours désiré, la durée du séjour, le type d'hébergement souhaité, le type de séjour (en campus, chez l'habitant, itinérant...) et éventuellement une option culturelle ou sportive annexe.
- **Ensuite,** il faudra prendre en compte certaines questions pratiques dont les assurances à souscrire, les conditions de paiement, l'obtention des visas *ad hoc*, les questions sanitaires ou encore le type d'équipement et de vêtements à privilégier.
- **Enfin,** une fois ces préparatifs accomplis, vous n'aurez plus qu'à vous lancer l'esprit tranquille et profiter de la belle expérience qui s'offre.

AVANT SON SÉJOUR

Une fois le choix d'un séjour arrêté, reste à organiser le départ. De nombreuses questions se posent alors pour que cette expérience soit une réussite. Voici quelques réponses. Mais nul doute que l'organisme que vous aurez sélectionné sera à même de vous préciser les préalables incontournables et de vous aider dans vos démarches. De lui dépendra non seulement la qualité du séjour mais aussi les facilités apportées en termes d'organisation en amont. Sa parfaite connaissance des destinations est précieuse, au même titre que la qualité d'encadrement proposée sur place. Mais comment faire le bon choix ? Lorsque vous évaluez la fiabilité d'un organisme, recherchez les certifications et les labels qui témoignent de normes de qualité élevées et de bonnes pratiques de gestion. Parmi les certifications et les labels reconnus, on peut citer NF Service de l'AFNOR certification qui veille à la qualité et à la sécurité des séjours proposés et l'UNOSEL, qui rassemble les professionnels des séjours linguistiques, éducatifs et sportifs (voir plus bas encadrés).

Quel type d'organisme choisir ?

Comment trouver un séjour linguistique fiable et surtout un organisme qualifié qui vous assure la qualité que vous êtes en droit d'attendre ? Avec Internet, il suffit de pianoter pour trouver des organismes proposant des séjours linguistiques. Mais la recherche se complique face aux nombreuses propositions. Comment faire le bon choix ? Des sites Internet aguicheurs peuvent cacher des réalités décevantes. Méfiez-vous des propositions qui semblent trop alléchantes. Certaines entreprises peu fiables peuvent se cacher dans les méandres de la toile. Faites votre choix en connaissance de cause pour ne pas risquer des déconvenues parfois très dommageables et des investissements peu rentables.

Quelques conseils

- **Renseignez-vous** sur le site Internet de l'organisme en cliquant sur les rubriques obligatoires « Mentions légales » ou « Qui sommes-nous ? ». Celles-ci doivent mentionner une adresse postale en France et le numéro de Siren qui signifie que l'entreprise est bien enregistrée au registre du commerce. Avec ce numéro, vous pouvez trouver sur le site des greffes des tribunaux du commerce – www.infogreffe.fr – des précisions sur l'entreprise. Pour les associations, enquêtez sur le site www.journal-officiel.gouv.fr/association.
- **Vérifiez quelques points importants.** Organiser un séjour linguistique fiable suppose une certaine expérience. Méfiez-vous des créations récentes. L'organisme doit faire preuve de son expérience (témoignages d'anciens clients, références). La garantie financière a son importance aussi. Si l'organisme fait face à des problèmes, les sommes que vous avez versées doivent être assurées afin que vous puissiez être remboursé. Par

Avant de détailler les destinations qui offrent des séjours linguistiques, voici quelques données utiles pour orienter votre choix. Un séjour linguistique doit correspondre à votre budget, un objectif scolaire ou professionnel, une curiosité pour telle ou telle culture, le souhait de pratiquer en parallèle un sport ou une discipline artistique. Pourquoi choisir de vivre dans une famille, chez un professeur ou expérimenter l'intégration dans un campus universitaire ? Que mettre dans ses bagages ? Quelles démarches administratives sont indispensables ? Quelles garanties obtenir quant au sérieux de l'organisme qui vous accompagne dans cette aventure ? Autant de questions que vous êtes en droit de vous poser. Nous vous proposons une série de réponses.

Pour un séjour éco-responsable

Si voyager reste une opportunité formidable, il convient de le faire dans le respect de la planète et de ses populations. Quelques règles permettent de réduire l'impact environnemental de votre jeune voyageur : pour le respect de la faune et la flore locales, en amont de son départ et de ses excursions et activités de plein air, sensibilisez votre enfant au respect de l'environnement

- Privilégiez le **bus ou le train** plutôt que l'avion, et pour l'acheminement des jeunes au point de ralliement, le **covoiturage.**
- Vérifiez auprès de l'organisme choisi leur politique en termes de restauration, et privilégiez un séjour qui a mis en place des repas avec **des produits locaux et des circuits courts.**
- **Réduisez au maximum le poids du bagage**, en gardant bien à l'esprit que l'on prend souvent beaucoup plus que ce dont on a vraiment besoin sur place.
- Prévoyez pour votre enfant une **gourde réutilisable** et d'autres articles durables pour éviter la surconsommation de plastique.
- Pour des séjours courts, optez pour une destination **proche de chez vous**, en Europe par exemple. Moins de temps passé en avion ou en transport signifie moins d'émissions de carbone.

ailleurs, vérifiez que l'organisme a bien contracté une assurance RCP (Responsabilité Civique Professionnelle). Celle-ci est indispensable pour organiser des séjours. C'est elle qui intervient en cas de dommages causés aux clients.

Les certifications étrangères. En consultant les brochures et les sites Internet des organisateurs de séjours linguistiques, les logos étrangers témoignent de leur engagement auprès d'associations locales sérieuses : British Council, Quality English, ABLS, English UK, Accet, English Australia, Languages Canada, MEI, Fedele, Italian in Italy, Asils, Feltom, label FLE, English USA, Education South Africa, English New Zeland, IALC et Eaquals, etc.

Un service clientèle facilement accessible. Avant, pendant et après le séjour, vous devez pouvoir joindre facilement l'organisme par téléphone. Vérifiez les plages horaires. L'idéal est bien entendu de pouvoir joindre un interlocuteur 7j/7 et 24h/24. Avez-vous accès à une ligne d'urgence ? Ce numéro est-il surtaxé ? Faites-vous également préciser les coûts éventuels pour joindre l'école ou le correspondant à l'étranger.

Décryptez les prestations proposées. Vous devez comparer ce qui est comparable. Le nombre d'heures de cours programmé reste le nerf de la guerre ! Faites le compte. Certains cours affichent 45 min, d'autres 1h. Le nombre d'élèves par classe importe également, le temps de trajet entre l'école et le lieu d'hébergement, et comment celui-ci est-il effectué. Comment est le logement ? Quel est le nombre d'élèves par chambre. Au domicile du professeur, si tel est le cas, l'élève a-t-il une chambre privée ? Les activités proposées doivent être détaillées. Vous devez avoir des informations – voire des photos – sur le lieu d'enseignement, sur le niveau de qualification des professeurs et des encadrants. Il importe aussi de savoir comment est organisé le voyage depuis la France pour les séjours accompagnés. Il est généralement compris dans le prix, mais si tel n'est pas le cas, l'organisme peut vous renseigner sur les tarifs et les modalités. Tous ces détails ont un impact sur les tarifs. Vous devrez choisir selon que vous privilégiez le nombre d'heures de cours, le confort du trajet, du logement... Précisément renseigné, vous avez les cartes en main !

© DC

En conclusion
Il convient de choisir avec rigueur son organisme tant les prix, les prestations et la qualité varient de l'un à l'autre. Méfiez-vous des avis et commentaires des sites Internet pas toujours vérifiés. Préférez toujours partir avec des professionnels expérimentés : c'est la garantie d'un séjour linguistique sans mauvaises surprises. Et gardez à l'esprit qu'un personnel qualifié suppose un certain coût. Les prix cassés doivent vous alerter !

Quel type de séjour choisir ?

Colonie de vacances linguistiques ou vacances associant découverte d'un pays et perfectionnement d'une langue ? Séjour intensif pour préparer un examen ? Chez le professeur ou en collectivité ? Cours particuliers ou collectifs ? Voire séjour itinérant ? Les motivations sont variées et les séjours adaptés à chaque objectif. Enfin, le type de séjour varie non seulement en fonction des objectifs, mais aussi de l'âge, de la destination, de la saison, etc.

Enfants et adolescents

Pour que le séjour linguistique soit le plus profitable pour votre enfant, il faut que ce dernier ait réellement envie de partir et donc qu'il s'investisse dans toutes les étapes du projet. Car c'est d'un projet commun dont il doit s'agir. Les séjours encadrés pour les enfants et les jeunes sont adaptés à chaque âge. Dans un même séjour, les programmes diffèrent donc en fonction de l'âge du participant. Les jeunes sont généralement regroupés par tranche d'âge : 7-9, 8-12, 11-15, 14-17 et 16-19 ans. Sachez que l'hébergement en campus est un bon choix car l'accompagnateur se trouve sur place, donc pas de transport, des centres sécurisés et fermés, avec des cours, des activités, des repas et un hébergement sur le même site.

- **Pour les plus jeunes,** surtout si c'est leur premier séjour, il vaudra mieux choisir une formule avec 2 à 3h de cours par jour et des activités annexes un peu plus nombreuses, le tout pour une durée n'excédant pas 2 semaines. Une formule avec hébergement en famille peut également être une bonne option si votre enfant s'inquiète de devoir quitter son cocon familial. Il s'agit généralement de **séjours encadrés accompagnés à date fixe.** Le participant mineur est pris en charge depuis le point de départ en France et durant toute la durée du séjour. Les accompagnateurs peuvent intervenir à chaque instant et s'assurent du bon déroulement du voyage. Les séjours se déroulent principalement pendant les vacances scolaires et par classe d'âge. Le voyage est inclus ou non selon les organismes.

- **Pour les plus âgés,** un séjour itinérant peut aider à gagner en maturité et en autonomie, s'adapter à la vie en communauté, s'abreuver de découverte, de voyage et d'ouverture d'esprit. Un séjour linguistique à l'étranger donne accès de même à une autre culture apportant des bases linguistiques solides. Vous pouvez opter pour une formule incluant des activités sportives ou culturelles, une formule d'apprentissage linguistique intensive, voire une formule *one to one* où le jeune demeure seul au domicile du professeur. L'immersion totale est bien souvent une approche permettant d'acquérir plus rapidement un niveau de langue fluide, surtout en ce qui concerne le vocabulaire quotidien. Un séjour en campus international, lui, est une bonne option pour rencontrer des jeunes du même âge de différents pays. Il est possible aussi, pour les jeunes à partir de 16 ans, de choisir un **séjour individuel non accompagné à dates libres.** Ces séjours sont disponibles tout au long de l'année. Un référent sur place est à votre disposition en cas de besoin. Le voyage n'est pas inclus. Programme de cours par niveau. Hébergement au choix. Activités en option.

L'affiliation UNOSEL

Vous pouvez aussi vous fier au label Unosel pour le choix de l'organisme avec lequel partir en séjour linguistique. Union professionnelle créée en 1978, l'Union nationale des organisations de séjours éducatifs, linguistiques et de formation en langue (Unosel) fédère des écoles de langues et des organisateurs de séjours éducatifs et linguistiques qui respectent des normes rigoureuses de qualité et de sécurité. Les adhérents à Unosel s'engagent à informer leur clientèle avec des brochures contractuelles, à proposer des prestations répondant à des critères de qualité et remplissent notamment toutes les obligations légales quant à l'assurance responsabilité civile professionnelle, la garantie financière pour les opérateurs de voyages, le respect des codes du tourisme, de la consommation, de l'action sociale et des familles, etc. Chaque organisme labellisé est à votre écoute avec compétence et bienveillance, vous conseille avec expertise et garantit le professionnalisme de son personnel. Celui-ci est toujours qualifié, qu'il s'agisse des prestations pédagogiques ou des prestations de loisirs. Même exigence pour les prestations de transport. Vous avez aussi l'assurance d'avoir sur place une ligne téléphonique d'urgence (24h/24) et un accueil local de qualité est organisé à l'arrivée. Les organismes affichent un projet pédagogique détaillé et adapté aux attentes que l'on peut avoir quant à l'efficacité, au bon déroulement et au plaisir d'un séjour linguistique. L'organisation des cours et des activités se fait par classes d'âge et/ou de niveau. Enfin, sachez qu'Unosel, signataire de la charte de la médiation du tourisme et du voyage qui garantit à tous les participants l'indépendance et l'impartialité dans le traitement des dossiers de médiation, peut vous accompagner dans vos réclamations éventuelles en cas de litige ou de mécontentement.

La certification NF Service

Les organismes qui ont pour préoccupation la qualité de leurs prestations sont aptes à obtenir une certification NF Service attribuée et contrôlée par AFNOR Certification. Celle-ci est une garantie de la performance, de la fiabilité, de la rigueur et du sérieux des prestations proposées par les organismes certifiés. Les points majeurs certifiés concernent, entre autres :

- l'information contenue dans le catalogue, la brochure et le site Internet de l'organisme proposant des séjours linguistiques
- la qualité et la conformité de l'hébergement sur place
- le volet pédagogique
- l'encadrement des activités scolaires et complémentaires
- la compétence et la qualification de l'enseignant
- la gestion de la satisfaction des participants aux séjours et de leurs parents.

La marque NF Service prouve la conformité à la norme NF EN14804 et aux règles de certification NF295. Pour son obtention et son maintien, des contrôles réguliers sont effectués par AFNOR CERTIFICATION, 11 avenue Francis de Pressensé – 93571 Saint-Denis-la-Plaine Cedex.

Étudiants

Qu'espérez-vous de ce séjour ? Comment envisagez-vous l'apprentissage d'une langue étrangère ? Dans quel but ? C'est en répondant à ces questions que vous trouverez la formule qui vous convient pour un perfectionnement linguistique ciblé autour d'un vocabulaire spécifique, entre un séjour au sein d'un groupe international dans une école dûment sélectionnée ou un séjour à caractère culturel, dans « l'esprit » de la langue étudiée. Une vie de famille ? Vous pouvez opter pour des cours en formation continue proche de votre domicile. Pour votre séjour linguistique, vous avez le choix entre une remise à niveau en langue générale ou l'apprentissage de la langue en version professionnelle et/ou autour d'une spécialité : droit, finance, médecine...

Plus vous vous y prenez en amont pour organiser votre séjour, plus ce sera facile car vous aurez des démarches administratives à effectuer (inscriptions diverses, visa, assurance), des solutions financières à mettre en place, un hébergement à trouver, etc. Pas de précipitation ! Les jeunes Français choisissent souvent l'année qui suit leur baccalauréat pour une année de mobilité linguistique, les étudiants étrangers, particulièrement les Américains, attendent d'être titulaire d'une licence, voire d'un master avant d'envisager ce départ pour une plus grande spécialisation et donc efficacité de cette mobilité.

Séjours itinérants

Un séjour itinérant est un programme ou une expérience qui permet aux jeunes de voyager et de découvrir différents lieux d'intérêt, généralement dans un cadre éducatif ou de loisir. Contrairement à un séjour linguistique classique, où les participants restent généralement sur un lieu fixe, un séjour itinérant implique de se déplacer et d'explorer plusieurs destinations. De nombreuses excursions sont au programme : visite de villes, découverte de sites historiques, de parcs naturels ou d'autres attractions culturelles et touristiques. Concernant les déplacements d'un point à un autre, les modes de transports vertueux sont généralement plébiscités : la marche, le bus, le train, ou même la randonnée.

Malgré tout, l'avion peut également être inclus pour certaines destinations lointaines. Les activités quant à elles peuvent inclure des visites guidées, des excursions, des activités de plein air, des ateliers culturels, des rencontres avec des habitants locaux, des activités sportives, etc. L'objectif est d'offrir aux jeunes une expérience immersive et diversifiée. L'accent est également mis sur la vie en communauté : montage du camp et préparation des repas, tout le monde met la main à la pâte lors d'un séjour itinérant ! Les participants ont la possibilité de nouer des amitiés, de partager des expériences, d'apprendre à travailler en équipe et de développer des compétences interculturelles. Ces séjours itinérants sont encadrés par des professionnels qualifiés qui assurent l'épanouissement et la sécurité des jeunes.

Quel type d'hébergement choisir ?

Les formules d'hébergement varient en fonction de la destination, du public concerné et du programme choisis. Pour le séjour linguistique de votre enfant, il est important de prendre en compte ses préférences et ses besoins. Différentes possibilités s'offrent à lui.

Famille d'accueil

La formule la plus couramment choisie pour les séjours linguistiques des plus jeunes est la famille hôtesse. Une solution sécurisée et chaleureuse. Votre enfant séjourne au sein d'une famille locale et bénéficie d'une immersion culturelle totale. Idéal pour pratiquer la langue étrangère au quotidien, découvrir la culture locale de manière authentique et tisser des liens étroits avec la famille hôtesse. Il est possible également d'être hébergé chez un professeur particulier. Une solution particulièrement efficace.

Résidences
Les résidences étudiantes ou les campus offrent un environnement plus indépendant mais toujours encadré. Ces formules d'hébergement permettent aux jeunes de vivre avec d'autres participants du séjour, favorisant ainsi les échanges. Les résidences offrent généralement des installations modernes et des espaces communs propices à la socialisation. Ce choix convient aux enfants plus autonomes et aux jeunes qui souhaitent bénéficier d'une certaine liberté tout en restant dans un cadre sécurisé.

Hôtel
L'hôtel est un choix parfois privilégié pour les séjours linguistiques car il est situé près des lieux d'activités et des attractions touristiques. Votre enfant se sentira à l'aise dans un cadre rassurant, avec des chambres adaptées. Le personnel expérimenté pourra assurer la sécurité et le bien-être des jeunes participants. Les repas équilibrés et les espaces communs permettront aux enfants de se détendre et de socialiser.

Auberge de jeunesse
Les auberges sont une option d'hébergement conviviale, économique et sécurisée pour les séjours linguistiques ou itinérants. Elles proposent des chambres partagées ou privées à des prix abordables. Les auberges favorisent les rencontres interculturelles.

Séjours itinérants
Dans le cas des séjours itinérants, le logement est varié. Il peut intégrer des nuits en hôtel, mais aussi des bivouacs, des nuits à la pleine lune, et le plus souvent des nuits en auberge de jeunesse, dans un camping, dans une école, etc.

Quelle destination choisir ?

Longtemps les destinations se réduisaient à l'Angleterre pour parfaire l'apprentissage de l'anglais, l'Allemagne pour se perfectionner en allemand, l'Italie pour progresser en italien ou l'Espagne pour pratiquer l'espagnol. Aujourd'hui, il y a pléthore de propositions ! Ainsi, pour l'anglais, pourquoi ne pas partir à Malte ou en Afrique du Sud ? Pour l'espagnol, rendez-vous au Costa Rica ou au Mexique. Pour l'allemand, direction l'Autriche et sa merveilleuse capitale, Vienne. En plus, aux langues les plus courantes s'est désormais ajouté un large panel d'apprentissage linguistique avec le russe, le chinois, le japonais, le coréen, voire une langue nordique. Donc, destination incontournable ou insolite, proche ou lointaine, exotique ou classique, le choix est large. Deux facteurs majeurs sont à prendre en compte : la culture du pays et la langue étudiée en sachant que parfois ce n'est pas la langue officielle du pays. En optant pour des destinations « classiques » telles que l'Angleterre, l'Allemagne, l'Espagne, les États-Unis, l'Irlande, Malte, ou encore le Canada, vous ne serez pas déçu. Ce sont d'ailleurs les destinations choisies en priorité par les jeunes candidats à un séjour linguistique. Si votre enfant est tenté par une aventure hors du commun, de nombreuses destinations à travers le monde plus insolites offrent des séjours linguistiques et des colonies de vacances inoubliables.

- Des **pays asiatiques** tels que le Japon et la Corée du Sud offrent une immersion dans descultures captivantes et des langues complexes.
- **L'Amérique latine**, avec des pays comme le Mexique, l'Argentine et le Costa Rica, est une autre option intéressante avec des opportunités de découvrir des cultures fascinantes et des paysages spectaculaires.
- Il est également possible d'opter pour des **destinations européennes moins traditionnelles** telles que Chypre ou les pays nordiques comme la Suède, la Norvège ou la Finlande.

Comment financer son séjour linguistique ou itinérant ?

Les séjours linguistiques sont une opportunité irremplaçable pour l'apprentissage d'une langue, mais ils impliquent un investissement financier. Sachez qu'il existe de nombreuses solutions pour vous aider à les financer. Même si les séjours se sont démocratisés ils représentent encore un investissement important, mais restent le meilleur pour votre avenir personnel et professionnel ou celui de votre enfant. La route vers le bilinguisme est longue et ce n'est qu'avec une immersion répétée dans le pays que l'on parvient à être bilingue.

Les aides financières

- Certains organismes de séjours linguistiques sont sélectionnés par votre **comité social d'entreprise** (CSE) et vous seront donc accessibles à moindre coût. Cette aide vaut également pour les séjours itinérants.
- Les institutions apportent aussi leurs aides. **Conseils départementaux et généraux et municipalités** peuvent participer au financement de votre séjour linguistique ou itinérant par le biais de bourses. Les allocataires de la **CAF** peuvent également prétendre à une participation. Renseignez-vous auprès de votre caisse d'allocations départementale ou directement sur le site de la CAF. Si la CAF dont vous dépendez adhère au système VACAF et qu'elle participe au financement des séjours linguistiques, vous pourrez déduire sa participation de votre facture.
- **Emploi des chèques vacances ANCV :** nombre d'organismes agréés acceptent les chèques vacances en paiement d'un séjour linguistique ou itinérant, de même que les chèques CADO.
- Les **établissements scolaires** peuvent vous aider. Les collèges et lycées disposent parfois d'un fonds social destiné à aider les élèves en difficulté. Contactez directement l'établissement scolaire de votre enfant pour savoir si tel est le cas et pour de plus amples informations.
- **Les petits boulots** peuvent être un complément pour les étudiants lorsqu'ils arrivent sur place. Une manière de répondre à leurs besoins quotidiens en toute autonomie. Le travail peut prendre la forme d'un petit job ou d'un stage pour acquérir plus d'expérience. Les secteurs les plus demandeurs sont dans l'hôtellerie et la restauration, ou encore l'agriculture. Attention toutefois à la réglementation en vigueur dans le pays d'accueil. Par exemple pour les USA, une demande préalable d'autorisation de travail devra être effectuée.

- Les étudiants peuvent aussi passer par les dispositifs européens **Erasmus et Leonardo**. Les cursus d'études à l'étranger Erasmus et les programmes de stages à l'étranger Léonardo offrent des aides financières pour les étudiants souhaitant effectuer des séjours linguistiques. Ces organismes attribuent des bourses destinées aux études ou à la réalisation d'expériences professionnelles dans un autre pays. Pour plus d'informations, consultez le site de la Commission européenne.
- Les **ministères de l'Éducation nationale et des Affaires étrangères** proposent des aides pour les séjours linguistiques à l'étranger sous forme de bourses soumises à plusieurs conditions spécifiques. Pour de plus amples informations sur les bourses d'étude à l'étranger, consultez le site du ministère de l'Éducation nationale ou celui du ministère des Affaires étrangères.
- Les **collectivités territoriales** peuvent aussi apporter leur soutien. Mairies, conseils départementaux et régionaux accordent parfois des bourses et des subventions pour des séjours d'été. Ces aides donnent des apports variables selon les dossiers mais ne sont pas négligeables dans le financement d'un séjour linguistique ! Renseignez-vous auprès de leurs services pour estimer le montant de leur bourse et les modalités de son obtention.
- Toujours pour les étudiants, ceux qui sont boursiers sur critères sociaux peuvent obtenir une **aide à la mobilité internationale** pour les frais d'un séjour d'une durée de 2 à 9 mois. Les dossiers sont à retirer auprès du service relations internationales de votre université. L'aide est attribuée par le chef de votre établissement, sur la base de la qualité et de l'intérêt pédagogique de votre projet, ainsi que par sa conformité avec la politique internationale menée par l'université.

Payer le séjour en plusieurs fois

Cela peut-être une bonne option pour votre budget que vous ayez anticipé le séjour ou pas. Si vous vous inscrivez tôt ou si vous inscrivez tôt votre enfant à un séjour linguistique, vous pouvez étaler les paiements de l'inscription jusqu'à un mois du départ. Il suffira pour cela de vous rendre dans votre espace client sécurisé sur le site de l'organisme du séjour et d'effectuer les versements à votre rythme. Les organismes proposent le plus souvent des paiements en 3, 4, 10, 12 fois, en direct, sans dossier compliqué et à bas taux, même juste avant le départ.

Que mettre dans ses bagages ?

Cela dépendra bien évidemment de la destination choisie, du type de séjour et de la saison, sans oublier le contenant (valise ou sac à dos). Renseignez-vous aussi sur les interdits ou les restrictions, si votre enfant souhaite emporter un présent pour sa famille d'accueil. Pour autant, quelle que soit la destination, voici quelques incontournables à mettre dans les bagages :

- **Un dictionnaire de poche ou électronique.**
- **Un adaptateur électrique universel** pour recharger sans souci vos appareils électriques et électroniques.
- **Des cahiers et des stylos.**.Même en présence d'une tablette électronique ou d'un ordinateur portable
- **L'ensemble des prescriptions médicales** en cas de traitement spécifique. Demandez à votre pharmacien d'inscrire (si possible en anglais) les termes génériques plutôt qu'un nom de médicament particulier.
- **Un assortiment de petits cadeaux** représentatifs de votre région natale peut être bienvenu en cas de séjour en famille d'accueil.
- **Une carte européenne d'assurance maladie (CEAM)** pour les séjours dans un des pays membres de l'UE/EEE ou en Suisse. Cette carte permet de bénéficier d'une prise en charge médicale. Sachez qu'au Royaume-Uni, malgré le Brexit, la CEAM est toujours acceptée.

Réglementation

- **Bagages en soute.** Généralement, un bagage de 23 kg est autorisé en soute pour la classe économique. Exception faite de l'Afrique où la majorité des compagnies autorisent 2 fois 23 kg. Mais un tel poids est rarement nécessaire pour un séjour linguistique ! Renseignez-vous avant votre départ pour connaître les conditions du billet d'avion qui correspond au séjour.
- **Bagages à main.** En classe économique, un bagage à main plus un accessoire (sac à main, ordinateur portable) sont autorisés dans la limite de 12 kg et 1,15 m. La législation concernant les liquides et les gels, longtemps interdits en cabine, est en évolution. Certains aéroports, dont ceux de Londres, Madrid ou Barcelone, les autorisent désormais. Renseignez-vous sur l'actualité des aéroports concernés par le séjour.

Excédent

Concernant les excédents de bagages, les compagnies aériennes sont de plus en plus strictes. Empreinte carbone et prix du carburant obligent. Une tolérance pour un excédent de 1 ou 2 kg est souvent de mise. Au-delà, le surplus peut générer des frais importants. Si votre progéniture veut vous couvrir de cadeaux à son retour, mieux vaut être prévoyant !

Perte – Vol

En moyenne, 16 passagers aériens sur 1 000 ne trouvent pas leurs bagages sur le tapis à l'arrivée. En cas de malchance, rendez-vous au comptoir de la compagnie aérienne pour déclarer l'absence de vos bagages. Vous récupérerez le plus souvent vos valises en quelques jours. Dans tous les cas, la compagnie est seule responsable et devra vous indemniser si vous ne récupérez pas l'intégralité de vos bagages. Le plafond de remboursement est généralement fixé à 20 € par kilo ou à une indemnisation forfaitaire de 1 200 €. À noter que les bagages à main sont sous la responsabilité du voyageur et non sous celle de la compagnie. Pour les mineurs, les organisateurs de séjours s'occupent des démarches à entreprendre, si vous avez fait le choix d'un voyage incluant le transport.

Check liste avant départ (à adapter selon la destination et la durée du séjour)

Documents
Argent liquide, carte bancaire
Carte d'identité/Passeport
Carte d'assurance maladie
Billets d'avion/train/bus
Papiers de Visa
Dictionnaire bilingue

Vêtements
Pantalons, shorts
T-shirts
Pulls/gilets (quelle que soit la destination)
Jupes/Robes
Manteau, veste, imperméable
Pyjamas
Sous-vêtements, chaussettes
Chapeau, casquette, bonnet
Chaussures, baskets
Lunettes de soleil, lunettes de vue
Parapluie
Équipement de plage si besoin

Trousse de toilette
Brosse à dents, dentifrice
Produits d'hygiène divers
Brosse à cheveux/Peigne
Pince à épiler (en cas d'écharde !)
Protections féminines

Trousse à pharmacie
Médicaments de première nécessité
Pansements
Crème solaire, produits antimoustiques si besoin
Médicaments prescrits (avec leur ordonnance)

Équipements divers
Adaptateur électrique (selon la destination)
Lampe de poche
Portable, appareil photo, ordinateur (à garder dans son bagage à main)
Chargeurs
Livres

Passeport, visas et douanes

Obtention du passeport

Les passeports français sont désormais biométriques. Ils intègrent une photo d'identité, les empreintes digitales et une puce sécurisée. Toute personne majeure qui souhaite obtenir un passeport doit se présenter, sur rendez-vous préalable, en mairie avec carte d'identité sécurisée (plastifiée), justificatif de domicile – photocopies et originaux pour les deux –, formulaire de demande rempli en ligne et imprimé ou rempli sur place, timbre fiscal du montant demandé et deux photographies identiques et conformes (de face, sans sourire). Prévoir environ trois à huit semaines pour l'obtention du passeport. Le renouvellement se fait suivant la même démarche. Un passeport peut être délivré en urgence dans certains cas. Pour les mineurs les démarches sont similaires. Le parent doit accompagner l'enfant à la mairie pour le dépôt de la demande et le retrait. Selon la période à laquelle vous faites votre demande, les délais d'obtention du passeport peuvent être allongés de plusieurs semaines. Anticipez et faites votre demande dès que vous commencez à travailler sur votre projet de séjour.

Durée de validité

Un passeport est valable dix ans. Attention, les passeports des mineurs sont valables seulement cinq ans. On sera vigilant en partant en voyage car, selon les pays que l'on traverse, la durée de validité du passeport au-delà même du séjour importe. De nombreux pays exigent que le passeport soit valable au moins six mois après la sortie du territoire.

Astuces futées

Avant de partir, faites deux photocopies des documents à emporter, une reste en France auprès d'une personne qu'il est possible de joindre facilement, l'autre avec le voyageur. En cas de perte ou de vol, les démarches de renouvellement seront simplifiées. On peut également conserver des copies sur le site du gouvernement (mon.service-public.fr) en ayant préalablement créé son compte. Une astuce en plus : photocopier la page de votre visa avec le tampon d'entrée et conserver la photocopie dans un endroit différent de celui du passeport. En cas de perte du passeport, les formalités pour ressortir du pays seront facilitées. Vous pouvez aussi de manière plus moderne scanner vos documents et les stocker en version numérique dans le Cloud, le Drive de Google ou sur une Dropbox.

Obtention des visas

Pour certaines destinations, un visa touristique ou étudiant (en fonction de la durée) est requis. L'organisme du séjour linguistique vous informe des démarches à suivre pour son obtention. Les démarches et les frais de visa sont à votre charge. Les séjours dans les pays européens ne nécessitent pas de visa si vous détenez un passeport européen.». Pour la majorité des autres pays, un visa touristique permet d'étudier jusqu'à 12 semaines. Passé cette durée, il faudra demander un visa étudiant ou vacances-travail.

Autorisation d'entrée

Certains pays requièrent non pas un visa, mais une autorisation d'entrée. Souvent beaucoup moins coûteuse et plus souple qu'un visa, accessible par Internet, elle n'en demeure pas moins indispensable.

- **Australie :** pas de visa demandé mais un E Visitor valable trois mois (autorisation d'entrée sur le territoire), gratuit, qu'on obtient dans un délai d'un à huit jours.
- **Cuba :** carte touristique nominative, d'une durée d'un mois au maximum renouvelable sur place, obtenue dans un délai de deux jours.
- **États-Unis :** vous obtenez en ligne, au moins 72 heures avant le départ, l'ESTA (Electronic System for Travel Authorization), système électronique d'autorisation de voyage, valable pour un séjour de moins de 90 jours.
- **Canada :** l'Autorisation de Voyage Electronique (AVE) est disponible en ligne et valable 5 ans.

L'AST, Autorisation de sortie du territoire, pour les mineurs

Pour franchir les frontières sans ses parents, un mineur français ou résidant en France doit fournir outre sa pièce d'identité, une AST. Celle-ci est donnée par un titulaire de l'autorité parentale qui doit compléter et signer le formulaire Cerfa AST (disponible sur Internet) et joindre une photocopie de sa carte d'identité ou de son passeport.

Santé

Votre médecin traitant peut vous informer des risques sanitaires concernant le pays dans lequel votre enfant se rend et vous conseiller sur les mesures à prendre selon son âge, sa santé, etc... Vous pouvez aussi vous adresser à la Société de médecine des voyages du centre médical de l'Institut Pasteur au ✆ 01 40 61 38 46 (www.pasteur.fr/sante/cmed/voy/listpays.html) ou vous rendre sur le site du Cimed (www.cimed.org), du ministère des Affaires étrangères à la rubrique « Conseils aux voyageurs » (www.diplomatie.gouv.fr/voyageurs) ou de l'Institut national de veille sanitaire (www.invs.sante.fr).

- **Un dossier médical pour chaque enfant**
Votre enfant souffre, par exemple, d'allergies ou des troubles alimentaires, voire de petites phobies, cela ne doit pas être un frein à son départ pour un séjour linguistique ou itinérant. En revanche informez-en précisément l'organisme lors de l'inscription. Les animateurs disposent d'un dossier complet sur chaque enfant leur permettant d'être attentifs et réactifs.
- **Les vaccins** Certains pays nécessitent des vaccins. Consultez le site Internet du ministère de la Santé (www.sante.gouv.fr) pour connaître les vaccins obligatoires et les centres de vaccination proches de chez vous.

Assistance rapatriement – Assistance médicale

- **Pack Assurances.** Généralement les organismes de séjours linguistiques et séjours itinérants proposent en option un Pack Assurance qui couvre tous les besoins de votre enfant : garantie annulation qui sécurise le financement du séjour, indemnisation bagages en cas de perte, de vol ou de détérioration, assistance rapatriement pour tout problème médical durant le séjour, assurance retard de vol avec versement d'une indemnisation forfaitaire selon le retard, remboursement des prestations non utilisées en cas d'interruption totale ou partielle de séjour suite à une maladie, un rapatriement médical.
- **Assistance médicale.** Sachez aussi qu'il est possible de bénéficier des avantages de la Sécurité sociale, même à l'étranger. À l'international, des garanties de sécurité sociale s'appliquent et sont mises en œuvre par le Centre des liaisons européennes et internationales de sécurité sociale (www.cleiss.fr) chargé d'aiguiller les ressortissants dans leurs démarches. Mais cette prise en charge a ses limites. C'est pourquoi souscrire un Pack Assurance auprès de l'organisme (le plus efficace car bien adapté et sans intermédiaire) est fortement conseillé ou alors auprès de votre mutuelle santé, de votre banque ou tout autre organisme habilité.

Séjour linguistique en Nouvelle-Zélande.

PENDANT SON SÉJOUR

Durant le séjour, les participants sont pris en charge par l'organisme choisi et vous êtes déchargé de nombre de questions administratives et matérielles. Toutefois, ne pas oublier que pour la réussite d'un séjour l'élément primordial c'est surtout chaque participant ! Les enseignants, la destination, l'hébergement et les activités aussi bien choisis soient-ils ne suffisent pas à un bon apprentissage et un séjour agréable sans motivation, ni bonne forme. L'engagement, l'adaptabilité, l'ouverture d'esprit, l'assiduité et la curiosité restent les composantes les plus importantes. Ceci se révèle particulièrement vrai pour un adolescent. Le forcer à partir n'est pas une bonne idée ! L'adhésion au projet et l'enthousiasme restent un préalable essentiel.

Si vous perdez vos papiers d'identité

Pas de panique ! Rappelons les précautions à prendre.

- **Avant le départ,** pensez à faire une photocopie de tous vos papiers d'identité et à conserver une copie numérique.
- **Suite au constat de perte des papiers d'identité** rendez-vous le plus vite possible aux autorités locales (poste de police de la ville où vous résidez), puis informez les autorités diplomatiques du pays dans lequel vous résidez. Pour pouvoir obtenir un nouveau passeport ou un laissez-passer provisoire, il vous faudra fournir obligatoirement le récépissé de ces démarches préalables lors d'un rendez-vous à l'ambassade. Les responsables des séjours se chargent de ces démarches pour les mineurs et aident les jeunes à les effectuer en cas de besoin.

Comment gérer son budget ?

Dans la zone euro, c'est facile, cartes bancaires, chèques de voyage et cash fonctionnent. En revanche, à l'extérieur de la zone, renseignez-vous auprès de votre banque sur les différents frais et commissions qui s'appliquent et les conditions avantageuses qu'elle propose. Quoiqu'il en soit, la détention d'importantes sommes d'argent en liquide n'est pas recommandée. Les séjours linguistiques sont généralement *all inclusive*. Un peu d'argent de poche suffit pour le superflu et quelques achats, voire des activités ou visites supplémentaires. Renseignez-vous au préalable sur les taux et les conditions de change. D'un pays à l'autre, les pratiques diffèrent. Il est parfois avantageux de changer ses coupures à l'aéroport, parfois c'est le contraire. Parfois changer dans une banque locale est plus avantageux qu'auprès d'un kiosque de change, parfois... c'est le contraire. Dans certains pays de devises étrangères, l'euro ou le dollar peuvent être utilisés directement. Pour les pays où l'euro n'est pas en vigueur, anticipez le séjour linguistique ou itinérant en achetant les devises étrangères auprès de votre banque. Vous pouvez aussi opter pour la solution très pratique pour les enfants et les ados d'un porte-monnaie sans contact tel que *Money Walkie* (voir plus bas).

Combien d'argent de poche prévoir pour un séjour linguistique ?

Tout dépend de la destination et du type de séjour choisi. En moyenne, prévoir environ 60 euros à 90 euros par semaine pour les séjours encadrés. Pour les séjours individuels, prévoyez environ 100 à 150 euros selon la destination et le séjour. L'argent de poche sert à couvrir les dépenses personnelles, les repas pendant les voyages aller et retour, compléter les paniers-repas pendant le séjour, réserver les activités proposées en option ou effectuées hors du groupe et utiliser les transports urbains.

- **Pratique : la solution Money Walkie**

Un bon conseil : faites l'acquisition d'un kit Money Walkie, porte-monnaie sans contact. Avec celui-ci, votre enfant peut effectuer ses achats du quotidien chez tous les commerçants équipés d'un terminal de paiement sans contact. Une solution utile et entièrement sécurisée, adaptée pour leur confier de l'argent. Les parents chargent une application et peuvent télécharger directement le porte-monnaie de leur enfant et l'alimenter en monnaie. Vous pouvez recharger le Walkie de votre enfant à distance et instantanément depuis l'application et suivre ses dépenses en temps réel. C'est vous qui définissez les limites d'utilisation et bloquez le Walkie à tout moment en cas de besoin.

L'accès enfant qui lui est spécialement dédié lui permet également de suivre au plus près son budget. Idéal pour aider votre enfant à gérer son argent de poche. Celui-ci se cache dans un adorable petit panda, une jolie petite baleine, un renard, un esquimau, etc. Des modalités spéciales sont dédiées aux enfants, d'autres aux ados. https://moneywalkie.com/

Transfert d'argent

Ce système permet d'envoyer et de recevoir de l'argent de n'importe où dans le monde en quelques minutes. La personne (majeure) que vous voulez créditer, à l'autre bout de la planète doit présenter au guichet adéquat une pièce d'identité avec photo et la référence du transfert, pour retirer l'argent du transfert. Les mineurs ne peuvent pas effectuer cette démarche, leurs encadrants peuvent s'en charger, si besoin. Mais cette situation ne se présente jamais, sauf cas exceptionnel. Les encadrants ne laisseront pas votre enfant se mettre dans une situation financière périlleuse !

Carte de crédit

Un mineur peut être détenteur d'une carte de crédit sous certaines conditions. Les étudiants majeurs sont presque toujours détenteurs d'une carte de crédit. Ils doivent se renseigner auprès de leur banque sur les modalités des frais encourus pour son utilisation à l'étranger et sur les plafonds auxquels ils sont soumis. Les mineurs peuvent également avoir une carte de crédit aux services restreints et sous contrôle parental strict (plafond, consultation du solde en temps réel, désactivation...).

- **La carte Pixpay** : une carte au nom de votre ado, acceptée dans tout le réseau Mastercard, sans découvert autorisé et utilisée dans le monde entier, bien adaptée à un séjour linguistique ! S'ajoute un RIB français pour éventuellement recevoir le paiement de petits boulots sur place.

Comment s'assurer ?

Choisir son assureur

Vous n'avez pas pris l'option assurance proposée en option par l'organisme choisi ? C'est votre choix même si ce n'est pas forcément le meilleur pour tous ! Voyagistes, assureurs, banques et même employeurs, les prestataires sont nombreux à proposer leurs contrats d'assurance y compris pour un séjour à l'étranger, incluant une couverture médicale et la responsabilité civile pour l'intégralité du séjour. Pour bénéficier de la meilleure protection au prix le plus attractif, demandez des devis et faites jouer la concurrence. Quelques sites Internet peuvent être utiles dans ces démarches comme celui de la Fédération française des sociétés d'assurances (www.ffsa.fr), qui saura vous aiguiller selon vos besoins, ou le portail de l'Administration française (www.service-public.fr) pour toute question relative aux démarches à entreprendre.

Choisir ses prestations

Garantie annulation. Elle reste l'une des prestations les plus utiles et offre la possibilité à un voyageur défaillant d'annuler tout ou partie de son voyage pour l'une des raisons mentionnées au contrat. Ce type de garantie peut couvrir toute sorte d'annulation : billet d'avion, séjour, location… Cela évite ainsi d'avoir à pâtir d'un événement imprévu en devant régler des pénalités bien souvent importantes. Le remboursement est la plupart du temps conditionné à la survenance d'une maladie ou d'un accident grave, au décès du voyageur ayant contracté l'assurance ou à celui d'un membre de sa famille. L'attestation d'un médecin assermenté doit alors être fournie. Elle s'étend également à d'autres cas comme un licenciement économique, des dommages graves à son habitation ou son véhicule, ou encore à un refus de visa des autorités locales. Moyennant une surtaxe, il est également possible d'élargir sa couverture à d'autres motifs comme la modification de ses congés ou des examens de rattrapage. Les prix pouvant atteindre 5 % du montant global du séjour, il est donc important de bien vérifier les conditions de mise en œuvre qui peuvent réserver quelques surprises. Dernier conseil : s'assurer que l'indemnité prévue en cas d'annulation couvre bien l'intégralité du coût du voyage.

Autres services. Les prestataires proposent la plupart du temps des formules dites « complètes » et y intègrent des services tels que des assurances contre le vol ou une assistance juridique et technique. Mais il est parfois recommandé de souscrire à des offres plus spécifiques afin de parer à toutes éventualités. L'assurance contre le vol en est un bon exemple. Les plafonds pour ce type d'incident se révèlent généralement trop faibles pour couvrir les biens perdus et les franchises peuvent finir par vous décourager. Pour tout ce qui est matériel photo ou vidéo, il peut donc être intéressant de choisir une couverture spécifique garantissant un remboursement à hauteur des frais engagés.

APRÈS SON SÉJOUR

De retour, la mission première sera de ne pas perdre les acquis ! Quelques conseils pour garder les bénéfices d'un séjour linguistique :

Maintenir les relations. A l'époque des réseaux sociaux, des courriels, des appels vidéo en ligne – rien de plus simple que de garder le contact avec les personnes rencontrées sur place, il suffit de prendre le temps ! Une bonne façon de pratiquer la langue étrangère avec les nouvelles connaissances ou la famille d'accueil espagnole, irlandaise, allemande...

Continuer à s'intéresser au pays et à la culture. Nombreux sont les pays étrangers qui ont un centre culturel ou/et un office de tourisme en France. L'inscription à leur newsletter permet de suivre le programme des manifestations culturelles près de chez vous.

Lire. Eh oui, lire dans le texte c'est ce qu'il y a de plus simple et accessible. Les ressources sont nombreuses : bibliothèques, librairies, versions numériques sur le web. La lecture est une manière efficace de valoriser et de poursuivre l'apprentissage, d'enrichir son vocabulaire et de s'imprégner de la culture de tel ou tel pays.

Écouter et regarder. La radio, la télévision, le cinéma sont à portée de main ! Avec Internet il est possible de se connecter à de nombreuses radios dans le monde, en deux clics vous passez du Texas à la Catalogne, de l'Écosse au Sri Lanka… Pour la télévision, les chaînes d'information en continu sont simples à comprendre, d'autant plus que les nouvelles passent en boucle et permettent de réécouter les parties incomprises à la première audition. Euronews est même disponible en plusieurs langues, passer du français à l'anglais, l'allemand ou l'italien, facilitera la traduction. Enfin, la plupart des films sont disponibles en version originale, en DVD, sur le câble ou encore au cinéma, avec ou sans les sous-titre.

Repartir ! Ayant bien mesuré les bénéfices et les plaisirs d'un séjour linguistique, tous sont prêts à repartir...

FORMULES DE SÉJOUR

Si le séjour linguistique est assez récent sous la forme organisée qu'on lui connaît aujourd'hui, partir dans un pays étranger pour en connaître les mœurs et la langue est une pratique qui remonte à l'Antiquité. Jusqu'à la Renaissance, les jeunes gens de familles fortunées faisaient ainsi leurs « humanités », souvent lors d'une longue période, pour s'instruire et se former l'esprit. A Athènes, les jeunes recevaient un enseignement philosophique et, en même temps, apprenaient la langue attique, celle de la rhétorique, de la philosophie et de l'histoire. Les jeunes Romains fortunés se devaient de s'expatrier pour suivre leurs études en Grèce.

Au Moyen Âge, les familles aisées faisaient appel à des nurses anglaises, allemandes ou d'autres pays pour que leurs enfants puissent découvrir une langue étrangère dès leur plus jeune âge. Les adultes, eux, voyageaient. De nombreux penseurs parcouraient l'Europe pour se familiariser avec d'autres cultures, apprenant au passage les langues locales. Puis au XIXe siècle vint l'école publique et l'enseignement des langues étrangères. Cet enseignement généralisé rendit accessible à tous, ou presque, une langue étrangère. On sait que les méthodes de cet enseignement ne furent pas toujours efficaces ! D'où le développement et l'intérêt des séjours linguistiques… Aujourd'hui, c'est une pratique courante et multiforme, qui va du voyage scolaire au stage en entreprise à l'étranger, en passant par le séjour en école de langue. Le séjour linguistique s'est adapté aux diverses situations personnelles et s'est démocratisé, bien loin des voyages linguistiques de la jeunesse dorée d'antan. Mais si les séjours linguistiques ont changé de forme, partir à l'étranger apporte toujours cette ouverture d'esprit qui vient avantageusement compléter l'apprentissage scolaire.

Le choix de la langue, les tendances. L'anglais reste la langue la plus populaire, la plus demandée et la plus enseignée dans le cadre des séjours linguistiques. C'est le choix numéro 1 pour de nombreux parents et enfants et de nombreux adultes assurés du sérieux et de l'utilité du séjour dédié à l'anglais. Suivent l'espagnol et l'allemand. Ces deux langues offrent des opportunités d'apprentissage supplémentaires et peuvent être particulièrement intéressantes pour ceux qui souhaitent explorer des cultures hispanophones ou germanophones tout en perfectionnant leur maîtrise de la langue. Nouvelle tendance de plus en plus affirmée : les offres et demandes concernant les langues asiatiques, le chinois et le japonais en tête. Outsider dont la cote monte en flèche : le coréen. Avec l'essor spectaculaire de l'économie asiatique et la nécessité croissante des échanges internationaux, au-delà de l'anglais, ces apprentissages ont le vent en poupe. La maîtrise d'une langue asiatique sera un plus sur le marché de l'emploi international. S'ajoute la passion de nombreux jeunes Occidentaux pour le Japon ou plus récemment pour la Corée. L'influence mondiale de la KPOP et de la culture coréenne chez les jeunes est en œuvre. Après le Japon, c'est désormais l'émergence des séjours linguistiques en Corée.

Quelques préalables de base

- **1. déterminer** les objectifs
- **2. définir** un budget et des dates
- **3. se renseigner** sur les possibles modalités de financement
- **4. identifier** un organisme susceptible d'offrir toutes les garanties.

© Sans frontières

Séjour linguistique en Croatie.

SÉJOURS LINGUISTIQUES ENFANTS, COLLÉGIENS OU LYCÉENS

Il existe des dizaines de séjours dédiés aux enfants. Peut-être votre enfant ne se sent-il pas prêt pour un séjour en immersion totale ? Dans ce cas, choisissez plutôt un séjour orienté détente. Selon ses préférences ou ses lacunes, privilégiez l'aspect culturel plutôt que sportif, ou l'inverse. Il existe une grande variété de séjours qui correspondent à tous les goûts et tous les niveaux dans de nombreux pays. L'important est que vous laissiez une large place à votre enfant afin qu'il se retrouve et s'implique à chaque étape du projet. Ainsi vivra-t-il cette expérience à venir comme ce qu'elle doit être : un plus dans sa jeune vie.

▸ **Séjours linguistiques multi-activités :** Ces séjours sont souvent privilégiés car ils allient une pratique intensive de la langue à une multitude d'activités qui occultent l'impression « d'être à l'école ». Ce contexte détendu incite à l'utilisation sans crainte d'une nouvelle langue. Cette formule est d'autant plus appréciable qu'elle est adaptable au désir de votre enfant tant en termes de nombre d'heures de cours que d'hébergement ou d'activités proposées.

▸ **Séjour linguistique et sportif :** Si votre enfant cherche un séjour linguistique dynamique, c'est la formule adaptée. Il partagera son temps entre des cours de langue et un stage sportif en VO encadré par des professeurs qualifiés. Parmi les activités proposées, on peut citer le golf, le rugby, le football, le basketball, la danse ou encore l'équitation.

▸ **Séjour linguistique, culturel et artistique :** Si votre enfant est intéressé par les activités artistiques, il peut s'initier à la réalisation d'un film, à la comédie musicale ou la création d'un magazine. Autant de situations où il pourra s'entraîner à perfectionner son niveau de langue tout en exerçant une activité qui le passionne.

▸ **Séjour linguistique intensif :** Cette formule est destinée à ceux qui ont besoin de faire des progrès rapides. Les séjours intensifs proposent un nombre de cours important, allant jusqu'à 30 h par semaine ; souvent, ils sont dispensés en mini-groupes de 4 à 6 élèves. Une formule conçue pour tirer le meilleur parti de son expérience à l'étranger et progresser de façon importante, qui a fait ses preuves pour les débutants comme pour les initiés qui veulent améliorer leur niveau.

▸ **Séjour linguistique en immersion totale :** Cette formule assure à votre enfant une plongée dans la vie du pays sans possibilité de contact avec d'autres francophones ou du moins des contacts restreints. La pratique de la langue étrangère est quotidienne et tout au long de la journée. On peut associer cette formule avec des cours sur mesure pour une progression encore plus rapide avec un « coaching » personnalisé.

▸ **Séjour linguistique indépendant en école de langue :** Si votre enfant est parfaitement autonome et qu'il est âgé de plus de 16 ans, cette formule peut lui correspondre. C'est l'occasion de suivre un programme de cours de langue de qualité dans une école internationale ouverte toute l'année. À vous de choisir les dates, la durée et la destination. L'hébergement se fait chez l'habitant ou en résidence.

▸ **Summer camp :** Voici une institution typiquement nord-américaine. Historiquement, lors des *summer camps*, les jeunes Américains se retrouvaient dans la nature. Au programme : dormir sous les tentes, randonner, pratiquer des sports de plein air, faire des feux de camp. Ces séjours ont évolué et se sont également adaptés aux enfants venant d'autres pays. Ainsi, il existe aujourd'hui nombre de *summer camps* et chacun offre une expérience différente. Certaines sont toujours

Séjour itinérant en Floride.

Un camp d'anglais en France ?

Si les colonies de vacances linguistiques à l'étranger sont très appréciées, votre enfant peut aussi participer à un camp d'anglais sans quitter le pays. Grand spécialiste de la formule, depuis 1994 : American Village. Il s'agit de colonies de vacances 100 % anglais situées en France. L'assurance d'un séjour avec une immersion totale dans la culture américaine ou britannique avec des animateurs bilingues ou natifs (1 encadrant pour 5 enfants). L'occasion d'une expérience authentique et inoubliable entièrement en anglais – version britannique ou version américaine selon les villages – qui permet de s'ouvrir au monde, tout en restant en France. Une douzaine de villages anglophones sont répartis à travers le pays avec un concept unique et des orientations différentes selon les villages : premier contact avec l'anglais, séjour *british*, séjour *american*, séjour aventure, séjour sorcier, séjour green... Accueil de 7 à 17 ans. Pour en savoir plus : www.americanvillage.fr/

en pleine nature, d'autres en centre-ville ou dans un village. Le choix est vaste en termes d'activités et de destinations et il peut convenir à tous les âges. La formule s'est largement exportée et ce style de camps existe désormais ailleurs qu'aux USA.

Séjour linguistique en collège international : Ce programme est idéal pour conjuguer une première expérience de la vie à l'étranger tout en étant bien encadré. Le personnel encadrant est qualifié, de langue maternelle du pays d'accueil, mais il y a toujours un membre du personnel qui maîtrise le français afin d'exposer clairement les consignes en cas de nécessité. À titre d'exemple, ces séjours peuvent être organisés dans des collèges britanniques qui bénéficient le plus souvent d'un environnement dédié au travail et à la détente avec des installations sportives de haut niveau et des bibliothèques richement dotées. Cette formule comprend des cours d'anglais (de 12 à 25 heures par semaine), des activités culturelles et sportives pour encourager le dialogue et renforcer la cohésion dans un groupe de jeunes internationaux. Les Français sont généralement en minorité dans ce type de programme. S'ajoutent des excursions pour découvrir le pays et sa culture. Ces séjours s'entendent avec logement et pension complète.

SÉJOURS LINGUISTIQUES ÉTUDIANTS

Quel que soit leur niveau d'études, les étudiants peuvent trouver différents types de séjours linguistiques tout au long de l'année. Ils ont le choix entre des cours de langues en école de langue visant des compétences linguistiques globales et regroupant des élèves de plusieurs nationalités.

Toujours en école de langue, des cours sont orientés vers la préparations aux examens pour l'obtention d'un diplôme de langue, le Cambridge, le TOEFL, etc. Dans ce cas, en préalable un test de niveau est souvent requis afin de composer des classes homogènes. Il est possible aussi de suivre des cours chez un professeur qualifié pour une immersion totale et efficace. Certains choisissent de suivre des études. Il est possible aussi de suivre des cours en marge d'un stage ou d'un job, par exemple à travers des systèmes tels que jeunes filles au pair, volontariat, Work and Study (Canada), visa vacances-travail (Australie, Japon).

SÉJOURS ITINÉRANTS

Ces séjours permettent aux jeunes de 8 à 25 ans de voyager et de découvrir différents lieux d'intérêt au sein d'un même pays, voire de plusieurs pays, dans un cadre éducatif ou de loisirs. Le séjour itinérant diffère comme son nom l'indique d'un séjour linguistique classique durant lequel les participants restent la majeure partie du temps dans un endroit fixe. Un séjour itinérant implique des déplacements afin d'explorer plusieurs richesses locales. Au programme : visite de villes, découverte de sites historiques, de parcs naturels, d'attractions culturelles et touristiques. Objectif aussi : voyager de façon responsable, en respectant l'environnement et les populations locales. D'un point de chute à l'autre, différents modes de déplacement sont mis en œuvre : la marche, le vélo, le bus, le train… Les activités peuvent inclure des visites guidées, des excursions, des activités de plein air, des ateliers, des rencontres avec des habitants, des pratiques sportives, etc. L'idée est de proposer une expérience immersive et diversifiée. L'accent est également mis sur la vie en communauté : montage du camp et préparation des repas, tout le monde met la main à la pâte. Un séjour itinérant est l'occasion de nouer des amitiés, de partager des expériences, d'apprendre à travailler en équipe, de développer des compétences interculturelles et de se créer des souvenirs indélébiles. Les animateurs qui accompagnent les groupes sont bien entendu des professionnels compétents et expérimentés. Ces séjours constituent ainsi un bel outil d'autonomisation, de découverte et d'enrichissement. L'immersion facilite, bien entendu, la découverte et la pratique de la langue locale et souvent de l'anglais, langue d'échange la plus courante lors de la rencontre avec d'autres jeunes.

La nouvelle silhouette londonienne.

LES DESTINATIONS

AFRIQUE DU SUD

Perfectionner son anglais en Afrique du Sud ? La bonne idée ! Un séjour linguistique sur place offre l'occasion de découvrir ce pays attachant d'une grande variété. À chaque visiteur son Afrique du Sud. Direction des parcs et réserves sauvages pour capter l'évolution d'un léopard dans la lumière du crépuscule, observer un groupe de lions somnolant sous un arbre, surprendre un guépard courant derrière un daim, s'étonner du jeu des éléphants dans l'eau ou marcher dans la brousse avec des rangers armés. C'est la magie du bush. Ceux qui sont fascinés par l'Afrique tribale découvriront les huttes pittoresques, les danses en peaux de léopard et en habits de perles, les transes des sorciers guérisseurs et les cérémonies des Zoulou, Xhosa, Sotho ou Swazi. Ceux qui rêvent d'action iront plonger avec des requins, faire du canoë au milieu des baleines, phoques et otaries, surfer avec des dauphins choisiront Le Cap ou les montagnes du Drakensberg pour des activités plus sportives. Les amateurs de mégalopoles pourront faire l'expérience de festoyer avec la jeunesse dorée du Cap. Nelson Mandela, père de la nation, l'affirmait avec conviction « L'éducation est l'arme la plus puissante pour changer le monde. » Ceux qui viennent perfectionner leur anglais en Afrique du Sud apportent une pierre à son édifice.

CAPE TOWN

Le cap de Bonne Espérance, c'est la pointe sud de l'Afrique, là où les océans se percutent avec force, creusant les reliefs de bord de mer en des côtes escarpées à la beauté sauvage. Le Cap – Cap Town – est aussi une cité trépidante, titanesque, sophistiquée, cosmopolite et métissée, dominée par l'envoûtante Table Mountain, au sommet drapé de nuages. Les ambiances qu'elle abrite sont aussi multiples que ses quartiers : l'industriel Woodstock aux anciennes usines couvertes de graffitis et réinvesties par les artistes, l'historique Bo-Kaap, le moderne Silo, le central et administratif CBD bien sûr, les populaires *townships*, sans oublier les iconiques Waterfront et Sea Point, propices à la flânerie, ou encore le quartier de Gardens, temple de la fête, puis Camps Bay et ses plages dorées garnies de villas splendides où l'on se régale de magnifiques couchers de soleil. Étudier l'anglais au Cap permet de combiner un enseignement de qualité et la découverte d'une ville dynamique à l'environnement exceptionnel.

PRATIQUE

- **Nom officiel :** Republic of South Africa
- **Devise nationale :** L'unité dans la diversité
- **Hymne national :** Nkosi Sikelel' iAfrika
- **Fête nationale :** 27 avril
- **Capitale :** Pretoria ou Tshwane (administrative, la plus connue), Le Cap (législative) et Bloemfontein (judiciaire)
- **Population :** 60 millions d'habitants
- **Langues :** Onze sont reconnues mais une vingtaine de langue sont pratiquées dont l'anglais, le zoulou (24 %), le xhosa (18 %), l'afrikaans (13 %), le venda, le tswana, le sotho du Nord, le sotho du Sud, le ndébélé, le siswati et le tsonga
- **Religion :** Christianisme Zion (11,1 %), pentecôtistes/renouveau charismatique (8,2 %), catholicisme (7,1 %), méthodisme (6,8 %), Église réformée hollandaise (6,7 %), anglicanisme (3,8 %), autres chrétiens (36 %), islam (1,5 %), sans religion (15,1 %)
- **Nature de l'État :** République constitutionnelle parlementaire unitaire

Vous avez le choix des destinations ! Des dizaines de pays s'offrent aujourd'hui aux apprentissages linguistiques. Fini le temps où ceux qui voulaient progresser en espagnol se voyaient uniquement proposer un séjour en Espagne et où les amateurs de la langue de Shakespeare partaient obligatoirement au Royaume-Uni. Bien entendu, pour le japonais, mieux vaut encore voyager au Japon ! Mais désormais plus de la moitié du monde est accessible aux apprenants et de très nombreux cursus de langues et découvertes sont proposés. Les destinations linguistiques les plus courues restent la Grande-Bretagne, Malte, les États-Unis et l'Australie. Pour chaque destination, vous séjournez généralement dans les villes principales où se déroulent la plupart des activités. Il est possible que les familles d'accueil résident dans les environs des villes citées, voire dans une ville voisine. Pour les séjours en immersion totale et de longue durée aux États-Unis et au Canada, les jeunes peuvent être placés dans un État limitrophe de celui de la ville d'arrivée. Quant aux séjours itinérants, ils se déroulent de même dans de nombreux pays. Cette rubrique détaille les avantages et les spécificités des destinations où suivre un séjour linguistique.

Le drapeau de l'Afrique du Sud

Le drapeau de l'Afrique du Sud est né officiellement le 27 avril 1994, jour de la Constitution provisoire déclarée après les premières élections libres du pays libéré de l'apartheid. L'ancien drapeau adopté en 1928 était contesté pour évoquer exclusivement l'histoire des colons néerlandais et britanniques. Le nouveau drapeau arbore le noir, le jaune et le vert, couleurs de l'ANC, tandis que le rouge, le blanc, le bleu symbolisent les anciennes républiques des Boers. Le Y signifie la convergence et l'unification. Une autre interprétation du drapeau s'avère plus poétique et fidèle aux symboles africains : le bleu représente le ciel, le vert la terre, le blanc les Afrikaners, le noir les populations noires, le jaune l'or du pays, le rouge le sang versé pendant les conflits et le Y renversé l'union de toutes ces composantes, signifiant « la nation arc-en-ciel », selon l'expression de Desmond Tutu si chère à Nelson Mandela. Rappelons que la devise du pays : ! ke e : Ixarra Ilke signifie en bochiman, la langue des plus anciens habitants de l'Afrique australe : « L'unité dans la diversité ».

- **Monnaie :** Le rand, symbolisé par ZAR.
- **Téléphone :** Pour téléphoner de la France vers l'Afrique du sud, composer le 00 27 puis le numéro privé du 0 initial
- **Décalage horaire :** + 1 heure en hiver
- **Formalités/visa :** Aucun visa n'est exigé pour des séjours de moins de trois mois. Un permis de séjour (*visitor's permit*) vous sera délivré au contrôle des passeports lors de l'entrée sur le territoire. De ce fait, il est nécessaire que le passeport contienne une page vierge.
- **Santé :** Traitement contre le paludisme recommandé, particulièrement entre le mois de novembre et le mois de mai. Eau non potable en zone rurale. Moustiques dans le nord et l'est du pays
- **Sécurité :** Fort taux de criminalité. Précautions à prendre pour les voyageurs individuels contre les risques éventuels, les séjours linguistiques, bien encadrés, ne posent pas de problème
- **Risques naturels :** RAS
- **Sport national :** Rugby, golf, cricket et football
- **Plat national :** Le braai (barbecue) et le pap, plat de semoule de maïs que l'on peut manger au petit déjeuner avec du sucre et du lait ou bien en plat avec une sauce, des oignons, des tomates et de la viande
- **Boissons nationales :** Le vin, le thé rouge, la bière de sorgho
- **Que rapporter ?** Tapis, coussins, bijoux en or et en argent, céramiques, broderies, objets en cuirs, en cuivre, céramiques...
- **Événements :** Carnaval du Cap (2 janvier), jour des droits de l'homme (21 mars), fête nationale (27 avril), jour de la réconciliation (16 décembre)

Phare de la pointe du Cap.

Guépards.

À VOIR - À FAIRE

L'Afrique du Sud est une destination de rêve pour les voyageurs en quête d'aventure, de paysages époustouflants et de rencontres culturelles uniques. Le Cap exerce sa séduction, entre montagnes et océan. On découvre la Route des Jardins, qui longe la côte sud-africaine et croise des plages immaculées et des forêts luxuriantes. La fameuse Garden Route mène à la rencontre des *« Big Five »* : lions, léopards, éléphants, rhinocéros et buffles.

Préparez-vous pour un incroyable voyage linguistique, dans un cadre naturel époustouflant. Vos visites et vos déplacements seront encadrés ou accompagnés par des locaux de confiance. En marge de vos cours, quelques incontournables s'offrent à vous : Robben Island, au large du Cap, Bo-Kaap, quartier coloré du centre-ville, un peu plus à l'ouest l'Addo National Park, refuge des éléphants, et Port Elizabeth, où l'on observe des baleines dans la baie.

LANGUES

L'Afrique du Sud compte de nombreuses langues officielles et parmi elles l'anglais et le xhosa sont parmi les plus répandues. En débarquant en Afrique du Sud, vous aurez instantanément le sentiment d'avoir fait des progrès en anglais, car les Sud-Africains parlent plus distinctement et roulent les *r*. Les Blancs et métis ont un accent afrikaner, avec des sonorités gutturales, tandis que les personnes noires parlent avec des intonations et des sonorités bantoues. Le xhosa, la langue bantoue, très proche du zoulou, est parlée en Afrique du Sud par environ 6 millions de locuteurs. Elle se caractérise et se reconnaît par le « clic », un claquement de langue très difficile à reproduire (proche du bruit d'une balle de ping-pong) qui rend les expressions sonores et musicales. Une quinzaine de consonnes à « clics » se classent selon trois catégories, que la langue claque contre les dents (lettre *c*), le palais (lettre *q*) ou les joues (lettre *x*).

LES OFFRES

Il est possible de se rendre en Afrique du Sud pour étudier l'anglais dans le cadre de séjours linguistiques et tout à la fois exotiques. Le choix du Cap est le plus courant. Si vous optez pour un séjour linguistique en Afrique du Sud, vous profiterez de plages ensoleillées, de paysages fabuleux et de safari à la rencontre des animaux de la savane… Dans cet environnement exceptionnel, vous bénéficiez de cours en classe internationale, à Cap Town, dispensés par des professeurs qualifiés. Vous améliorez rapidement votre niveau d'anglais, tout en faisant des rencontres enrichissantes en immersion linguistique !

Les maisons colorées de Bo-Kaap.

ALLEMAGNE

Au cœur de l'Europe, l'Allemagne est un pays riche à plus d'un titre. Son patrimoine, sa nature, sa culture, son artisanat et son industrie en font l'un des pays européens les plus prospères et influents. Moteur économique de l'Europe, pilier de son histoire, au centre d'enjeux continentaux, l'Allemagne est incontournable. Aussi l'apprentissage de l'allemand au cours d'un séjour linguistique dans l'une de ses nombreuses et attrayantes villes est-il hautement recommandable. D'ailleurs le choix de l'allemand au cours des études secondaires symbolise encore les bons élèves. De fleuves en châteaux, de façades baroques en monuments Art nouveau, de briques rouges en monuments romans, son patrimoine est remarquable. Au quotidien, ce pays est rythmé par une culture populaire décontractée et débonnaire : détente autour d'un stand à saucisses, cafés et bistrots, parcs investis par tous, loisirs verts…

Le pays a aussi pour lui une offre culturelle exceptionnelle et une gastronomie généreuse, moderne et ouverte aux influences extérieures. S'ajoute une grande diversité régionale. Quel contraste entre la conservatrice campagne bavaroise et les milieux alternatifs de Hambourg ou de Berlin ! Les orchestres philharmoniques les plus rigoureux rivalisent avec les sonorités d'avant-garde.

BERLIN

Créative, hétérogène, vivante, Berlin est une ville en mutation permanente. D'un côté, l'euphorie d'une économie de marché active (malgré la crise), de l'autre des communautés de vie qui s'improvisent autour des grands idéaux libertaires et qui oscillent entre revendications, créations et plaisirs éphémères. Capitale d'une Allemagne réunifiée, la ville se caractérise par une grande diversité architecturale et un urbanisme désordonné. C'est une métropole moderne et multiculturelle, qui est résolument tournée vers le futur ; ce qui ne l'empêche pas de préserver avec ardeur son histoire. De l'île des Musées qui recèle quelques-uns des plus impressionnants trésors de l'Antiquité, jusqu'aux lieux de mémoire du XXe siècle, en passant par les palais baroques de Charlottenburg et Sanssouci, c'est un patrimoine exceptionnel qui témoigne des tumultes du passé. Berlin fut marqué par deux conflits mondiaux, l'horreur des camps, la partition de la ville et une lente et laborieuse réunification. La ville s'offre à vous à travers son prodigieux patrimoine culturel et historique, et ses grandes avenues commerçantes. Une destination sécurisée, proche et abordable qui convient bien aux jeunes. Lors d'un séjour linguistique à Berlin, vous aurez l'occasion de découvrir les incontournables : la porte de Brandebourg, le Reichstag et le street art.

Bons plans pour les musées de Berlin

Le jeudi soir, les musées nationaux ferment à 22h et sont gratuits à partir de 18h. Sont concernés le musée de la Préhistoire et du Moyen Âge, le musée de la Photographie (Charlottenburg), le musée d'Art contemporain de la Hamburger Bahnhof, les musées de la Museumsinsel (Mitte), les musées de Dahlem et du Kulturforum. La Welcome Card Berlin offre des réductions pour l'entrée des principaux musées incluant une carte de métro incluse, avec pass pour 2, 3 ou 4 jours. Le Museumspass (32 €) donne accès à plus de 50 musées ou collections de Berlin pendant trois jours consécutifs. La Lange Nacht der Museum (l'équivalent de notre Nuit blanche) a lieu fin août, une session de rattrapage est organisée fin janvier. La majorité des musées de Berlin sont alors ouverts de 18h à 2h du matin aux personnes munies d'un ticket pour deux jours.

Le drapeau allemand

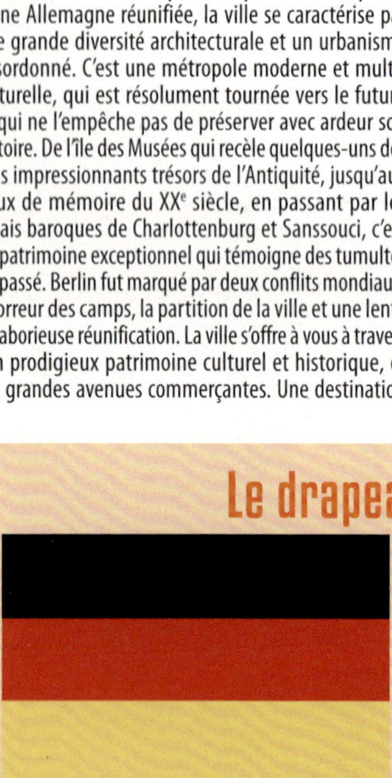

Le drapeau tricolore allemand, *Bundesflagge* (drapeau fédéral), adopté en 1949, se caractérise par trois bandes horizontales de couleurs noire, rouge et or. Certains évoquent l'uniforme des corps francs de Lützow en guerre contre Napoléon en 1813. Mais ces couleurs correspondent à celles adoptées par le Burschenschaft, camaraderie étudiante créée en 1815 à l'université d'Iéna et qui milita tout au long du XIXe siècle pour l'unification d'une Allemagne alors éclatée. Les nazis lui substituèrent la croix gammée, puis la République démocratique allemande apposa son blason communiste. Il faut attendre la réunification des deux États pour que le noir, le rouge et l'or s'imposent à nouveau comme couleurs de l'unité.

La porte de Brandebourg.

TOP 10

A VOIR/A FAIRE
BERLIN

Entre les parcs verdoyants, les musées et les lieux chargés d'histoire, Berlin ne manque pas de sites d'intérêt et il y en a tout autant pour les rats des champs que pour les rats des villes. Berlin est aussi connue pour abriter des endroits insolites, comme le parc du Tempelhofer Feld où la nature a repris ses droits sur les anciennes pistes de l'aéroport. Avec les Berliner Unterwelten, vous pourrez visiter les sous-terrains de la ville et découvrir l'histoire des bombardements ou de la guerre froide.

© NOPPASIN WONGCHUM - SHUTTERSTOCK.COM

BRANDENBURGER TOR - PORTE DE BRANDEBOURG

La Porte de Brandebourg, après 28 ans passés à l'ombre du Mur, est devenue un symbole de l'Allemagne réunifiée après 1989.

© MARTINWIMMER

HOLOCAUST-MAHNMAL

Ce mémorial impressionnant se veut être le témoin de la reconnaissance officielle des crimes commis par les nazis contre les juifs.

FERNSEHTURM - TOUR DE LA TÉLÉVISION

Forte de ses 368 m de hauteur, la tour se veut un symbole de la modernité du régime communiste. La vue au sommet est un *must*.

© SEAN PAVONE

© AUTHOR'S IMAGE

KULTURBRAUEREI

Un bel exemple de reconversion réussie. Cette ancienne brasserie est devenue un véritable centre culturel : théâtre, cinéma, etc.

NEUES MUSEUM

Le Neues Museum possède une superbe collection égyptienne, et son buste de la reine Néfertiti est connu dans le monde entier.

© UMUT ROSA - SHUTTERSTOCK.COM

© MO PHOTOGRAPHY BERLIN - SHUTTERSTOCK.C

SILENT GREEN

Installé dans un ancien crematorium, Silent Green est aujourd'hui un lieu innovatif de réflexion, de recherche et de création.

© AUTHOR'S IMAGE

OBERBAUMBRÜCKE

Ce pont, entre Kreuzberg à l'Ouest et Friedrichshain à l'Est, offre un beau panorama sur la Spree et la Tour de la télévision.

TEMPELHOFER FELD

Cet ancien aéroport est l'un des lieux les plus insolites de la ville. Venez flâner sur les anciennes pistes de décollage.

© VISITBERLIN - WOLFGANG SCHOLVIEN

REICHSTAG

Un concentré d'histoire allemande en plein cœur de la capitale et une vue exceptionnelle sur la ville depuis sa coupole de verre.

© MICHA WEBER - SHUTTERSTOCK.COM

© PANI GARMYDER - SHUTTERSTOCK.COM

TIERGARTEN (PARC)

Véritable forêt en plein cœur de la ville, le Tiergarten dissimule de charmants lieux pour se ressourcer, à l'ombre ou au soleil.

Une ville cosmopolite et polyglotte

À Berlin, outre l'allemand, il n'est pas rare d'entendre parler turc, français ou anglais, la ville étant multiculturelle et les Berlinois polyglottes. Plus de 13 % de la population est d'origine étrangère, en provenance de plus de 180 pays différents ! L'anglais est utilisé dans le monde du travail et de nombreux Allemands, surtout des jeunes, le parlent couramment. Le français est la seconde langue étrangère parlée, grâce à la francophilie légendaire des Allemands.

MUNICH

Par-delà les Alpes, Munich ne demande qu'à vous éblouir. Le ciel y est souvent plus bleu qu'à Milan, Turin ou Bergame, ses sœurs du Sud. Le fœhn souffle sur les clochers de la ville, chasse les nuages venus des montagnes pour se fixer sur les belles couleurs ocre et pastel des façades. La capitale de la Bavière prend des airs méridionaux avec ses cafés bondés, ses terrasses où la jeunesse munichoise sirote un *latte machiatto* en se dorant au soleil. S'ajoutent l'hospitalité et de la gentillesse des Munichois.

Ni complètement allemande, ni vraiment italienne, la Milan du Nord est une introduction magnifique à une immersion en terre allemande. Les jeunes en séjour linguistique visiteront avec plaisir, dans trois registres bien différents, le Bavaria Film Studio, le Parc olympique et le musée BMW.

ET AUSSI

Outre **Berlin** et **Munich**, l'Allemagne offre d'autres destinations pour un séjour linguistique agréable. Au sud-est du pays, vous avez la petite ville universitaire et médiévale de **Fribourg**, au sein de la Forêt-Noire. Et à proximité, **Stuttgart**, capitale du land Baden-Württemberg et un peu plus au nord, la charmante cité d'**Heidelberg**. Enfin, **Cologne** constitue également un camp de base de choix pour un séjour linguistique dédié à la langue de Goethe.

PRATIQUE

Olympiapark.

- **Nom officiel :** République fédérale d'Allemagne
- **Devise nationale :** Unité, Droit et Liberté
- **Hymne national :** *Deutschlandlied*
- **Fête nationale :** 3 octobre
- **Capitale :** Berlin
- **Superficie :** 351 021 km²
- **Population :** 83 millions d'habitants
- **Langues :** Allemand
- **Religion :** Catholicisme, protestantisme, islam
- **Nature de l'État :** République constitutionnelle parlementaire fédérale
- **Monnaie :** Euro (€)
- **Téléphone :** 00 + 49 + indicatif de la ville sans le zéro + numéro de correspondant
- **Décalage horaire :** Sans
- **Formalités/visa :** Carte d'identité ou passeport en cours de validité
- **Santé :** RAS
- **Sécurité :** RAS
- **Risques naturels :** RAS

- **Sport national :** Football
- **Plat national :** Le schnitzel, le schweinebraten (rôti de porc), la charcuterie et l'apfelstrudel (gâteau aux pommes)
- **Boisson nationale :** La bière
- **Que rapporter ?** Des vêtements traditionnels ou vintage, des décorations de Noël en bois

À VOIR – À FAIRE

A Berlin, vous ne raterez donc pas les grands monuments de la ville (porte de Brandenburg, Reichstag, Berliner Dom, vestiges du Mur…), les principaux musées, les galeries d'avant-garde et les lieux dédiés à l'art contemporain, le tout dans le centre historique et le quartier de Mitte, qui concentre les attractions les plus connues de la ville.
Pour d'autres facettes de Berlin, rendez-vous sur les marchés aux puces à Prenzlauerberg ou Friedrichshain, arpentez le Kurfürstendamm, l'avenue commerçante de l'ouest, et promenez-vous dans les nombreux parcs. Et il restera encore beaucoup à voir et particulièrement le Kaiser Wilhelm Gedächtniskirche, métaphore pétrifiée des atrocités de la guerre, la Gemäldegalerie, panthéon de la peinture européenne du XIIIe au XVIIIe siècle, la Neue Nationalgalerie d'architecture fonctionnaliste, dédiée à l'expressionnisme allemand et aux plus grands artistes internationaux ou encore la Gedänkstätte Bernauerstrasse, mémorial consacré à l'histoire du Mur de Berlin.
Quelques incontournables à Munich ? La Résidence, plus grand palais urbain du pays, et sa chambre du trésor, les merveilles antiques de la Glyptothek, le Deutsches Museum, superbe musée des sciences, les collections exceptionnelles de l'ancienne Pinacothèque, le séduisant château de Nymphenburg et ses jardins enchanteurs…

LANGUES

La langue officielle est l'allemand. L'allemand parlé est majoritairement le *hochdeutsch*, celui que l'on apprend à l'école, originaire du nord de l'Allemagne. La ville de Hambourg en revendique la paternité et les puristes peuvent s'exercer lors d'un séjour hambourgeois. En général, les Allemands parlent bien l'anglais et parfois le français (plus rare). Certains parlent aussi en plus le berlinois (*berlinerisch*), un dialecte dont on ne comprend pas tous les mots, même après plusieurs mois d'immersion en Allemagne. C'est relativement rare d'entendre parler *berlinerisch* à Berlin dans la mesure où peu de gens que vous y rencontrez viennent réellement de Berlin. Cependant, le vrai Berlinois a un accent reconnaissable. Les g sont transformés en [j], les s en [t], les ei en [ee]. *Ich liebe dich* («Je t'aime») deviendra [*ick liebe dir*] et on entend ainsi souvent *jut* (prononcez yout) pour *gut*. Ce dialecte est fortement influencé par le *sudmärkisch*, dialecte du Brandebourg, mais comporte aussi des éléments du néerlandais, du slave, de l'hébreu et du français. Parmi les mots d'origine française, les *bouletten* (boulettes de viande) bien sûr mais aussi *die bredullje* (bredouille), *aus der lameng* (à la main), *fisimatenten* (« visite ma tente » – c'est ce que murmuraient les soldats de Napoléon à l'oreille des Berlinoises – signifie les ennuis). Ce mélange à la grammaire toute relative (le génitif a tendance à disparaître et le datif et l'accusatif s'inversent souvent) peut être parfois perçu comme très direct, voire impoli.

- **Langue locale : le bavarois**

Si la langue officielle est l'allemand, le bavarois est également parlé à Munich. Voilà un dialecte germanique qui peut poser de sérieux soucis non seulement à tout étranger germanophone mais aussi aux visiteurs d'autres régions allemandes. Le *bairisch* a fortement reculé depuis la Seconde Guerre mondiale avec les déplacements de populations et les nouveaux moyens de communication, uniformisant le parler national. Il n'en demeure pas moins encore maîtrisé et utilisé en Bavière comme dans quelques circonscriptions de Suisse, dans la majeure partie de l'Autriche et même au Sud-Tyrol italien.

LES OFFRES

Bien entendu ce n'est pas pour apprendre l'anglais que vous choisirez un séjour en Allemagne mais pour l'allemand c'est la bonne formule ! Ceci dit, il est possible de cumuler des cours dans les deux langues. Cœur de l'Europe et voisine de la France, l'Allemagne est traditionnellement un pays où l'on se rend pour perfectionner son allemand. Aujourd'hui, on est loin de l'imagerie traditionnelle des programmes d'échanges car les organismes concernés proposent tous des séjours attrayants, en immersion bien sûr ou sur des campus alliant activités diverses et pratique intensive de l'allemand pour découvrir Berlin ou Munich sous un autre jour et vivre le *deutsche Lebensart* ! Berlin, au même titre que Barcelone, Madrid ou Londres, est une destination phare pour un séjour linguistique. Vous y trouverez toutes les formules et toutes les options.
Mais la capitale n'est pas la seule ville a vous accueillir. Munich, bien connue pour l'Oktoberfest, sa très populaire fête de la bière, l'est aussi pour ses séjours linguistiques en immersion. Ces derniers sont disponibles auprès de nombreux organismes, pour tous les âges et tous les niveaux.

ANGLETERRE

Une destination incontournable des séjours linguistiques ! Il faut dire que la langue de Shakespeare est la championne toute compétition. Ce pays de la musique, du théâtre, du football et du golf abrite avec Londres, une capitale royale et un spot de shopping où tradition et excentricité se donnent la main. Flegme, humour et panache au menu. A une trentaine de kilomètres seulement des côtes françaises, la Grande-Bretagne anglophone est la destination des séjours linguistiques historique et par excellence. Même toute proche, l'île britannique offre un vrai dépaysement. A peine sorti du tunnel ou débarqué du bateau, les différences sautent aux yeux ne serait-ce que le gazon franchement plus vert, les moutons plus nombreux, la circulation à gauche et l'heure qui change. Vous le constatez rapidement, l'Angleterre garde une certaine douceur de vivre et ce charme cosy auquel on l'associe souvent. Sa campagne coquette exerce un charme immédiat. Les paysages de landes, les côtes sauvages et l'environnement préservé des parcs nationaux également. Vous aurez le choix des randonnées pédestres ou cyclistes ! Le patrimoine bâti n'est pas en reste avec nombre de châteaux, édifices religieux, quartiers anciens et villages pittoresques. Tout concourt à l'enrichissement de votre séjour linguistique.

BRIGHTON

Pour un séjour linguistico-balnéaire... Ancien lieu de villégiature de la famille royale, Brighton, célèbre pour sa plage et son palace édifié sur une longue jetée, est la station balnéaire des Londoniens et des Anglais amoureux d'une ambiance un brin vintage. À une heure en train de Londres, Brighton offre un espace idéal pour évacuer le stress de la semaine aux quatre saisons et pour bronzer en été. Même si elle est de taille modeste, la ville brasse énormément de monde, les jeunes y trouvent tout pour s'amuser. La scène culturelle y est également variée. Lors d'un séjour, quelques incontournables : Brighton Pier, la célèbre jetée animée, la visite du Royal Pavilion, ancienne résidence royale, le British Airways i360, capsule d'observation vitrée qui vous transporte à 450 pieds (138 m) dans le ciel et le Sealife Center, aquarium spectaculaire. À Brighton, vous pourrez ainsi profiter de la mer et d'une ambiance de villégiature tout en pratiquant la langue anglaise avec des cours et des stages de qualité. Plaisant !

▶ **Le plus grand des évènements de l'année** est incontestablement le Brighton Festival qui se tient durant le mois de mai avec un foisonnement de spectacles de musique, danse, théâtre, cirque, etc., sans oublier la grande parade des enfants du premier samedi de mai.

CAMBRIDGE

Un séjour linguistique de prestige ? Cambridge résonne toujours bien ! Enserrée dans la région des Fens, anciens marécages aujourd'hui devenus terres agricoles fertiles, la ville est mondialement célèbre pour son université et son ambiance estudiantine. Une trentaine de collèges vénérables se partagent la vedette, marquant le paysage urbain de leurs chapelles et pelouses soignées. Étudier à Cambridge, symbole de la *upper class*, est un rêve que poursuivent nombre d'étudiants. Le cœur de la ville bat au rythme universitaire, quelques minutes suffisent pour savoir si l'on est en période d'examen ! On se promène avec plaisir près de la rivière Cam où filent les *punts*, longues barques typiques, mais plus rarement des avirons. Les berges bordées de saules pleureurs exercent leur charme romantique. Mais si vous vous imaginez retrouver l'Angleterre des années 1920, celle de Forster et d'Evelyn Waugh, quand les *colleges* étaient réservés à l'élite et n'étaient pas mixtes, cette époque est bien révolue. Développement du tourisme aidant, l'ambiance s'est globalisée. Et l'on visite les sites incontournables que sont le Trinity College, la Round Church, Peterhouse ou encore le King's College. Pour faire le tour des collèges le bon plan est de s'y rendre pendant l'office du soir (*Evening Song*) et ensuite d'aller flâner dans les jardins. Les chorales des collèges se produisent le soir vers 17h30, dans leur chapelle respective. Celle de Saint John's ne chante pas le mardi. Vous ne les manquerez pas lors de votre séjour linguistique à Cambridge.

CANTERBURY

Une destination authentiquement anglaise. Au sud de l'Angleterre, cette ville verte et coquette est célèbre pour sa cathédrale, siège de l'Église anglicane, située à l'intérieur de l'enceinte médiévale de la ville. Vous irez également voir la rivière Stour sur laquelle on fait des balades en *punt*, barque de bois à fond plat que l'on retrouve également glissant sur les canaux d'Oxford et de Cambridge. Incontournables également : la fameuse

La cathédrale de Canterbury.

cathédrale de Canterbury, le Wingham Wildlife Park, parc animalier aux 360 espèces et, à proximité de Deal, le château de Walmer, sur la côte, qui vit séjourner la reine Victoria, Sir Winston Churchill ou la reine mère.

Les *Contes de Canterbury* signés Geoffrey Chaucer (1343-1400)

Ils sont souvent considérés comme le premier ouvrage de la littérature anglaise. L'auteur entama la composition de cette œuvre inachevée en 1387. Celle-ci totalise 24 contes médiévaux mettant en scène des pèlerins en route vers la cathédrale de Canterbury et qui tentent de rompre la monotonie du voyage avec leurs récits. Les *Canterbury Tales* furent édités pour la première fois en 1478. Chaucer, enterré à l'abbaye de Westminster, fut le premier occupant du Coin des poètes.

JERSEY

Ne pas oublier les îles Anglo-Normandes, petites portions d'Angleterre à quelques brasses du Cotentin. Jersey se trouve à 170 km au sud des îles Britanniques et 20 km des côtes françaises. Voici une destination proche et dépaysante à la fois qui combine le charme des côtes bretonnes, le calme de la campagne normande et un mode de vie tout à fait *british*. **Jersey**, l'île la plus étendue, offre une grande variété de paysages et d'activités. Les amateurs de sports nautiques pourront y surfer ou y faire du char à voile le long d'immenses plages. Jersey est une île magique, imprégnée de contes et de légendes. Victor Hugo disait : « Ce que j'aime dans Jersey, je vais vous le dire : j'en aime tout. J'aime ce climat où l'hiver et l'été s'amortissent, ces fleurs qui ont toujours l'air d'être en avril, ces arbres qui sont normands, ces roches qui sont bretonnes, ce ciel qui me rappelle la France, cette mer qui me rappelle Paris. » Avec les îlots des Minquiers, au sud, et ceux des Ecréhous, à l'est, elle compose un bailliage distinct de celui de Guernesey. Si elle fait partie de la Couronne britannique, en revanche elle ne dépend pas du Royaume-Uni. Malgré sa fidélité à la royauté britannique, elle a toujours gardé son indépendance. Elle ne fait pas non plus partie de l'Union européenne et son régime fiscal attire de nombreuses sociétés et grosses fortunes. Plusieurs écoles de langues sont implantées dans la capitale Saint-Hélier, centre urbain très agréable. Vous apprécierez les côtes peu escarpées qui s'ouvrent sur la mer par de grandes baies de sable. Le sud est particulièrement bien abrité et les plages de Saint-Brelade et Saint-Aubin sont propices aux activités nautiques. A l'ouest, la grande plage de Saint-Ouen est un spot rêvé pour les surfeurs. Le vent d'ouest, qui ne rencontre aucun obstacle depuis l'autre côté de l'Atlantique, vient former de jolies vagues sur la plage et balaie la côte, n'y laissant que des dunes et des landes plates. Enfin, à l'est, la baie Royale de Grouville offre une grande plage face à la côte française. L'intérieur de l'île est un grand plateau verdoyant découpé en damier par des haies et de petites routes et entrecoupées de vallées boisées. Une qualité de vie règne sur cette île où il est de bon goût de résider pour un séjour linguistique. Depuis le XXe siècle, la langue officielle y est l'anglais qui a supplanté la langue jersiaise, mélange d'ancien français et de patois normand, dont subsistent encore quelques traces. L'île invite aussi à quelques visites incontournables dont celle du zoo de Jersey fondé par Gérald Durell, des War Tunnels, vestiges de la Seconde Guerre mondiale, et le Elizabeth Castel, au milieu de la baie de Saint-Aubin qui a défendu l'île de Jersey pendant quatre siècles, accessible à pied à marée basse, depuis les Jardins de la Mer, par une voie pavée de 1 km, ou, sinon, en navette amphibie.

LONDRES

Que l'on s'installe à Londres pour quelques jours ou pour des années, l'excitation est la même, celle de séjourner dans une ville-monde de près de 9 millions d'habitants, connue pour son *Tube*, sa famille royale et ses palais, Big Ben et Westminster, sa City futuriste, ses 4 garçons dans le vent qui posent sur Abbey Road... Une ville d'immigration où se côtoient des gens du monde entier : Londres est résolument multiculturelle. Il suffit de regarder en se baladant les enseignes des restaurants pour le comprendre. On peut manger chaque soir, et ce pendant des années, dans un lieu différent. Et l'on voyage plus que jamais à travers la cuisine, de l'Italie à l'Asie, de l'Inde à la France, sans oublier la cuisine britannique et le célèbre *fish & chips*. Londres est aussi incroyable pour tous les amoureux de culture. Il y a toujours une exposition à parcourir, une comédie musicale à applaudir, un groupe à écouter. Le V&A Museum ou le British Museum, gratuits, méritent même plusieurs jours de visite. Aux beaux jours, on flâne le long du Regent's Canal ou de la Tamise, on profite des pelouses bien tondues de Hyde Park. On pique-nique, on bronze et on se baigne même dans les étangs de Hampstead Heath. Et outre Big Ben, deux incontournables sont au programme d'un séjour linguistique dans la capitale : à moins d'heure de de Londres, la visite des studios de Harry Potter, ouverts à tous les sorciers, et London Eye ou Millennium Wheel, immense roue panoramique le long de la Tamise d'où l'on contemple la ville à 135 m de haut.

OXFORD

Oxford propose de très nombreux séjours linguistiques. Vous avez le choix entre séjourner chez l'habitant ou en campus international. Synonyme de prestige universitaire, Oxford abrite un vaste ensemble de bâtiments d'enseignement supérieur dont la construction s'est échelonnée sur plusieurs siècles. Au Xe siècle, Salerne, Pavie, Bologne et Paris abritait déjà des écoles d'enseignement supérieur accueillant des élèves de toute l'Europe alors qu'en Angleterre, l'illettrisme régnait. D'où la création, en 1133, d'une école supérieure à Oxford, ville alors l'une des plus importantes du royaume. Oxford devint une véritable ville universitaire lorsque Henri II ordonna aux clercs anglais de rentrer de Paris. Aujourd'hui, Oxford est surnommé par ses habitants The Bubble car on y vit comme en autarcie, dans un monde régi par des traditions universitaires bien plus vivaces qu'à Cambridge. Les étudiants, par exemple, doivent se parer de leur robe noire et du célèbre chapeau carré dès qu'il passent leurs examens, une obligation nommée *sub-fusc*. Si les collèges restent l'attraction principale d'Oxford, de nombreux musées et bibliothèques font également la fierté de la ville. Parmi les incontournables : Warwick Castel, sur les bords de l'Avon, château médiéval magnifiquement conservé qui abrite de riches intérieurs et de nombreuses animations, Christ Church College, le plus grand collège d'Oxford, connu pour abriter une chapelle également cathédrale, et Stratford-Upon-Avon, à proximité d'Oxford, connue pour avoir vu naître William Shakespeare en 1564.

- **Harry Potter à Oxford**. Pour ceux qui l'ignoreraient encore, de nombreuses scènes d'intérieur de la grande épopée cinématographique *Harry Potter* ont été tournées au cœur de Christ Church College. Si vous vous y rendez, vous devriez reconnaître sans difficulté la grande salle de Poudlard, son escalier monumental et même sa bibliothèque.

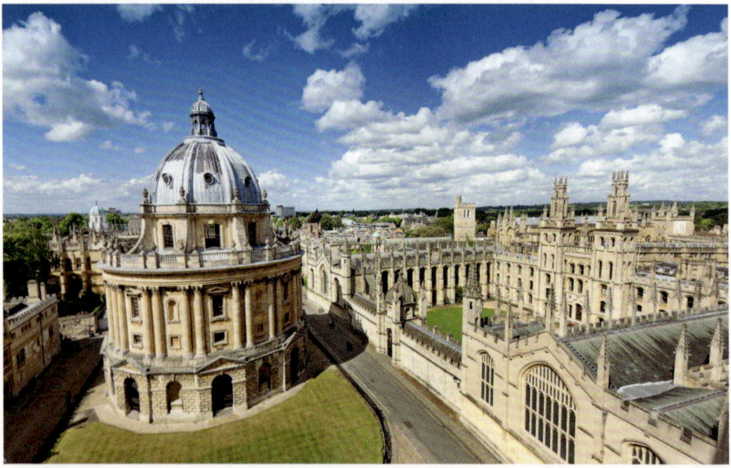

Université d'Oxford.

TORQUAY

Station balnéaire huppée et classique de la baie de Torbay, sur la Manche, Torquay est connu pour avoir vu naître et grandir Agatha Christie. La célèbre écrivaine y a situé plusieurs de ses romans policiers. Un festival lui est consacré tous les ans en septembre. La ville s'enorgueillit de sa grande marina où s'alignent les bateaux à voile et de son agréable région. Dès les beaux jours, les vacanciers envahissent les terrasses et les rues du front de mer. Torquay abrite certains sites archéologiques remarquables dont les grottes de Kent, à proximité du centre-ville. Cette petite cité de charme est enfin le cadre de cours d'anglais sur mesure pour des mini-groupes de jeunes au sein d'un fabuleux campus à l'anglaise.

ET AUSSI

Aux destinations anglaises de séjours linguistiques les plus réputées que nous avons traitées ci-dessus s'ajoutent plus d'une vingtaine d'alternatives tout aussi recommandées. Tout d'abord d'autres villes importantes dont **Birmingham**, ville centrale et seconde du pays avec plus d'un million d'habitants, cité industrielle et universitaire, la nordique **Manchester**, sa voisine **Liverpool**, qui évoque d'emblée le football et les Beatles, ou encore **Bristol** sur l'estuaire de l'Avon. Vous avez de nombreux séjours proposés dans le sud de l'île, dans de petites cités de charme et particulièrement **Ashford**, à proximité de Canterbury, **Bath** la romaine, le village bucolique de **Liddington**, **Warminster, Bournemouth** et **Weymouth**, petites stations balnéaires alanguies sur la côte, **Hailsham** dans le Sussex ou **Hindhead** et, sur la côte est, **Westgate-on-Sea**, **Woodbridge**, **Ipswich, Norwich**, **Rochester**, etc. On peut aussi citer le port de **Plymouth, Woking**, ville touristique et sportive connue pour abriter l'usine de l'écurie MacLaren, **Reading**, proche de Londres, tout comme le petit bourg de **Shiplake**, de même situé le long de la Tamise, sans oublier le charme de **Totnes** sur l'estuaire de la Dart. Le nord de l'Angleterre n'est pas à négliger et offre dépaysement et authenticité lors d'un séjour dans l'historique **York**.

- **Trois découvertes à Bournemouth** dans le cadre d'un séjour linguistique : le Boscombe Arts Trails, cheminement urbain où l'on découverte sept sculptures contemporaines signées Andy Kirkby, dont une pieuvre casquée de 3 m de haut, la cathédrale de Sulisbury dont la flèche est la plus haute du Royaume-Uni et le cloître le plus vaste d'Angleterre, le Lower Garden, à proximité de la mer et de la jetée, une oasis de verdure fleurie avec kiosque à musique, volière, mini-golf et exposition d'art.
- **Trois découvertes à Plymouth** : Eden Project, incroyable espace dédié à la biodiversité et à l'écologie avec des serres en dôme, des bio-jeux et une architecture originale, Tour de Smeaton, ancien phare marin des Eddystone Rocks démonté de son emplacement d'origine et reconstruit sur Plymouth Hoe, National Marine Aquarium, le plus grand aquarium d'Angleterre.

PRATIQUE

- **Nom officiel :** l'Angleterre est l'une des quatre nations de l'United Kingdom of Great Britain and Northern Ireland
- **Devise nationale :** Dieu et mon droit
- **Hymne national :** *God Save the King*
- **Capitale :** Londres
- **Population :** 67 millions d'habitants
- **Langues :** Anglais, écossais et gallois
- **Religion :** Anglicans, catholiques, presbytériens, musulmans
- **Nature de l'État :** Monarchie constitutionnelle parlementaire unitaire
- **Possessions, territoires et États associés :** Gibraltar, îles Anglo-normandes, Bermudes, Falkland, Sainte-Hélène, Anguilla, Cayman, Montserrat, Turks et Caicos, Pitcairn, îles Vierges britanniques
- **Monnaie :** La livre sterling (£).
- **Téléphone :** Pour téléphoner de la France vers la Grande-Bretagne, composez le 0044 + indicatif de la ville sans le 0, puis le numéro de votre correspondant
- **Décalage horaire :** – 1h
- **Formalités/visa :** La carte d'identité ne suffit plus, il vous faut montrer votre passeport en cours de validité.
Pas besoin de visa pour un séjour linguistique d'une durée inférieure à 6 mois. Pour les séjours linguistiques d'une durée de 6 à 11 mois, un visa « Short-term study visa » est nécessaire.
- **Santé :** RAS
- **Sécurité :** RAS
- **Risques naturels :** RAS
- **Sports nationaux :** Cricket, football et rugby
- **Plat national :** Le fish and chips
- **Boissons nationales :** Thé et bière
- **Que rapporter ?** Lainages, thé et accessoires, porcelaine, cristal de Cornouailles

TOP 10

À VOIR / À FAIRE
LONDRES

A Londres, tout le monde trouvera une activité à son goût. Ville de musées, elle en compte un nombre incroyable, dont la plupart sont gratuits. Ils abordent des thématiques variées allant de l'histoire de Londres jusqu'au design, en passant par l'art, la science ou encore les transports, les monuments historiques incontournables et des trésors d'architecture. Sa famille royale et ses lieux emblématiques fascinent toujours autant les visiteurs, curieux de découvrir cette monarchie qui traverse les siècles.

125

BRITISH MUSEUM

Découvrez la pierre de Rosette et les fragments de la frise du Parthénon d'Athènes dans l'un des plus vieux musées du monde.

126

CAMDEN MARKET

Camden Market c'est le résumé parfait de Londres : fringues vintage, *food* du monde entier, *vibes* underground, punks...

BUCKINGHAM PALACE

Désormais habité par Charles III et Camilla, le palais de Buckingham, emblématique résidence royale, dévoile plus de 600 pièces.

108

135

LONDON EYE

Une vue à couper le souffle sur Big Ben et les maisons du Parlement, à 135 mètres au-dessus de la Tamise !

REGENT'S CANAL

Notre lieu de balade préféré à Londres, calme et bucolique. Et encore peu connu des touristes ! Il traverse tout Londres.

129

148

TOWER OF LONDON

Forteresse historique de Guillaume le Conquérant, palais royal, prison… L'histoire de Londres gravite autour de la Tour de Londres.

TATE MODERN

Musée incontournable de Londres pour ses collections d'art contemporain, ses expos et sa vue sur la City depuis le 10e étage !

134

VICTORIA & ALBERT SOUTH KENSINGTON MUSEUM

On peut passer des heures à errer dans le V&A Museum. Il possède l'une des plus grandes collections d'art décoratif du monde !

147

TOWER BRIDGE

Le pont le plus célèbre de Londres, véritable symbole de la ville avec ses tours gothiques et son pont à bascule.

158

122

WESTMINSTER ABBEY

Westminster Abbey est l'église des couronnements des monarques d'Angleterre, de Guillaume le Conquérant jusqu'à Elisabeth II.

À VOIR – À FAIRE

L'Angleterre offre une grande variété de destinations pour un séjour linguistique, particulièrement à Londres et dans le sud de l'île. Les activités proposées, les visites à faire, voire les coutumes changent selon votre point de chute. De Buckingam Palace à Trafalgar Square, du British Museum à la National Gallery, vous avez des incontournables, et surtout une manière de profiter des particularités locales que sont le *teatime* ou le shopping dans le quartier des friperies. Vous serez bien inspiré d'aller entendre une pièce de Shakespeare dans le texte. Sentiers pédestres dans les parcs naturels et circuits cyclistes dans la campagne, équitation dans les allées forestières, golf sur un gazon anglais… sont également au programme. Et en été, dans les stations balnéaires des côtes de la Manche, c'est baignade et sports nautiques.

LANGUES

Comme on peut s'en douter, l'anglais est la langue officielle de l'Angleterre, dans une version connue pour son académisme, notamment quant à sa *bonne* prononciation qui se distingue nettement de celle de l'anglais américain. Pour autant de nombreuses nuances d'anglais ont cours en Angleterre et de nombreuses langues étrangères sont parlées dont l'hindi, surtout à Londres où la communauté d'origine indienne est nombreuse. Les nuances d'anglais sont légion et plus ou moins vivantes. Le cornique, (Kernewek / Kernowak), langue celtique brittonique disparue au XVIIIe siècle a quelques centaines de locuteurs et défenseurs qui tentent de la faire revivre dans certaines régions du comté des Cornouailles. C'est d'ailleurs, depuis 2002, la seule langue régionale reconnue en Angleterre. Sa syntaxe et sa phonétique sont relativement proches de celles du breton, au point que les pêcheurs cornouaillais et bretons pouvaient se comprendre en pêchant sur la Manche il y a quelques siècles. Dans un autre registre on peut citer le *cockney*, un parler populaire de l'East End londonien. Au-delà d'une intonation caractéristique, il existe tout un vocabulaire ainsi que de nombreuses expressions qui peuvent être incompréhensibles pour celui qui ne le parle pas. Tout un système de rimes remplace également un mot courant par un autre, sans lien apparent. Ainsi, si l'on vous parle d'Aristote (*Aristotle*), il faut comprendre que l'on discute d'une bonne bouteille (*bottle*). Bref, pas facile quand on débarque !

LES OFFRES

L'Angleterre est la mère des séjours linguistiques. C'est la destination historique et cela reste la destination phare pour apprendre l'anglais. Ici des dizaines de milliers d'apprenants ont découvert ou amélioré leur anglais. Aujourd'hui l'offre est immensément fournie et particulièrement, bien entendu, à Londres. Tous les organismes proposent dans la capitale anglaise des séjours pour tous les âges et tous les niveaux de langue. Parmi eux Nacel est l'un des pionniers et une forte référence, de même CLC est en bonne place. Vous avez le choix d'un hébergement chez l'habitant ou en campus international. Quelques séjours itinérants partent de Londres avant de sillonner le Royaume-Uni. Sur le même modèle, des villes universitaires prestigieuses comme Cambridge ou Oxford offrent des décors uniques pour l'apprentissage de l'anglais. D'autres villes comme Brighton, station balnéaire mythique, ou Portsmouth, ville d'arrivée des ferries, font rimer séjours linguistiques avec embruns. Notez bien que les destinations citées ci-après ne constituent qu'une infime partie des possibilités, notamment dans le cadre de séjours en immersion, mais pour en citer certaines, Bristol, Canterbury, Manchester ou Liverpool seront d'excellents points de chute. Il ne faudra pas oublier, en dehors des frontières anglaises, des villes à l'offre aussi complète comme Édimbourg et Cardiff, qui constituent en outre le point de départ de séjours itinérants vers l'Écosse ou le pays de Galles.

ARGENTINE

D'un exotisme certain, l'Argentine possède ce supplément d'âme qui comblera les envies d'ailleurs. Avec ses mille et un sites fascinants, son histoire épique et sa culture unique, ce bout du monde recèle mystères et merveilles. Des tribulations des peuples autochtones aux enjeux sociaux actuels en passant par ses reliefs géographiques et la richesse de sa faune et de sa flore, cette destination offre une expérience inoubliable. Un séjour linguistique à Buenos Aires ou un séjour itinérant en immersion dans l'une ou l'autre région du pays invite à l'aventure et à des apprentissages passionnants. Sur la voix chaude et suave de Carlos Gardel, au son mélancolique du bandonéon, les Porteños dansent le tango dans les milongas de Buenos Aires. Dans ce pays, la pelota (le ballon rond) est une religion, les stades débordent de supporters déchaînés et le débat footballistique est pris très au sérieux. Loin des lumières de la ville, les gauchos de la Pampa ne portent pas leur beau costume traditionnel pour le folklore touristique, mais pour parader sur leurs chevaux le dimanche.

À Salta, les locaux dansent volontiers au son des guitares et des chants traditionnels polyphoniques de la chacarera ou la zamba, dans un tourbillon de foulards. Mais au-delà de ces différences culturelles, un rituel unit tous les Argentins : la parrilla, ce barbecue développé en art de la cuisson parfaite de la viande.

BUENOS AIRES

C'est la plus européenne des capitales du continent sud-américain. Forte de plus de 3 millions d'habitants, les Porteños, elle est située sur la rive sud-ouest de l'estuaire Río de la Plata et le centre-ville se trouve à 33 km au sud-est de l'embouchure du fleuve Paraná. Sachez que le grand Buenos Aires accueille près d'un tiers de la population du pays, soit environ 13 millions d'habitants. Atterrissant à Buenos Aires, vous n'aurez pas un choc d'exotisme et de pittoresque. Pour cela vous devrez vous enfoncer dans les provinces. De son passé colonial, la capitale d'Argentine garde quelques édifices disséminés aux quatre coins de la ville, coincés entre deux bâtiments modernes. D'un barrio (quartier) à l'autre, la ville se dévoile peu à peu. Grouillante d'activités dans le centre, nostalgique du côté de San Telmo et de La Boca, riche et aérée à Palermo Chico, tranquille et branchée dans Palermo Viejo, prétentieuse aux abords de La Recoleta, elle est multiple et se découvre au fil du temps, chaque coin de rue portant une histoire différente qui se fond dans la vie mouvementée de la capitale. Les locaux se plaignent des problèmes de circulation, mais pour un visiteur qui prend le temps de découvrir la ville, Buenos

Chutes d'Iguazú en Argentine.

Le drapeau argentin

Tous les pays sont fiers de leur drapeau, l'Argentine encore plus que les autres ! C'est l'un des emblèmes argentins les plus célèbres et le symbole de la liberté et de l'indépendance du pays. Celui-ci arbore trois bandes horizontales bleu clair/blanc/bleu clair. Au centre de la bande blanche, un soleil radieux, d'un jaune éclatant, à face humaine, évoque le soleil de mai qui rayonnait sur le pays lors de l'indépendance en 1810 et rend hommage au dieu inca Inti. Les couleurs de ce drapeau représentent les trois éléments constitutifs de la nation : le ciel, la poussière du désert et le sang des combattants pour l'indépendance. C'est l'un des plus anciens drapeaux nationaux du monde. Adopté pour la première fois en 1812 par le gouvernement provisoire de la république argentine, il a été utilisé jusqu'en 1816, date de l'indépendance du pays. On doit sa conception au général Manuel Belgrano, intellectuel puis libérateur du pays lors de la guerre d'indépendance.

Aires demeure très agréable à découvrir. Le prix des taxis reste correct, l'immense réseau de bus permet d'aller partout à moindre frais, et le métro qui continue son développement s'affirme comme une option intéressante pour traverser la capitale.
Buenos Aires est une ville plutôt verte en comparaison des autres capitales d'Amérique du Sud. Toutefois de nombreuses améliorations restent à faire notamment dans les domaines du recyclage, de la récupération et du nettoyage des eaux usées du fleuve Riachuelo, qui traverse la ville. Celui-ci est considéré comme l'un des cours d'eau les plus sales et pollués de la planète, tant et si bien que des centaines de familles vivant sur ses berges ont dû être déplacées. Buenos Aires n'en reste pas moins connue et appréciée pour ses très beaux parcs et ses grandes artères arborées. Cette ville reste donc avant tout très agréable à vivre, vivante, vibrante, passionnante.

PRATIQUE

- **Nom officiel :** República Argentina
- **Devise nationale :** Dans l'union et la liberté
- **Hymne national :** Himno Nacional Argentino
- **Fête nationale :** 25 mai
- **Capitale :** Buenos Aires
- **Superficie :** 2 780 400 km^2
- **Population :** 46 millions d'habitants
- **Langues :** Espagnol
- **Religion :** Catholiques 92 % (mais moins de 20 % de pratiquants), protestants 2 %, juifs 2 %, autres 4 %
- **Nature de l'État :** République fédérale
- **Monnaie :** La monnaie officielle du pays est le peso argentin (ARS). 1 € = 375,039 ARS
- **Téléphone :** Pour téléphoner de la France vers l'Argentine : 00 + 54 + indicatif téléphonique sans le 0 + numéro du correspondant
- **Décalage horaire :** – 4h en hiver, – 5h en été
- **Formalités/visa :** Pour rentrer sur le territoire argentin, les ressortissants de la Communauté européenne n'ont pas besoin de visa. Vous devez présenter un passeport en cours de validité (encore valable six mois, à la date du voyage) à votre descente d'avion. Un permis de séjour d'une durée de trois mois au maximum sera alors mentionné par un tampon sur votre passeport (c'est gratuit).
- **Santé :** Eau non potable hors des grandes villes. En cas d'ascension des montagnes andines, se prémunir contre les risques liés à l'altitude (froid, soleil, mal des montagnes, préparation physique)
- **Sécurité :** RAS
- **Risques naturels :** RAS
- **Sport national :** Football
- **Plat national :** L'asado est un plat de viande cuite lentement sur la braise
- **Boissons nationales :** Vin, mate (infusion à base d'herbe)
- **Que rapporter ?** Lainages (lama, alpaga…), bijoux en argent, ponchos, tissus andins, objets sculptés en bois, céramique, poteries, masques…
- **Événements :** Carnaval à Esquina (février), Semaine sainte (mars-avril), Festival du cinéma indépendant à Buenos Aires (avril), Gaucho festival à San Antonio (novembre), fête de l'Immaculée Conception (8 décembre), Festival international de tango à Buenos Aires (début décembre)

Un peuple mosaïque

Selon la formule : les Mexicains descendent des Aztèques, les Péruviens des Incas et les Argentins... des bateaux. Ici le métissage est fascinant. Si le pays jouit d'une identité forte, dont chacun a des origines très diverses : historiquement Espagnols, Amérindiens et descendants d'esclaves africains, mais aussi depuis le XIXe siècle Italiens, Arabes, Allemands, Français, Britanniques et Asiatiques. Avec un divan pour 500 Argentins, le pays bat le record mondial du nombre de psychologues par habitants. Témoignage, peut-être, d'une distance que l'on cherche à résoudre entre la civilisation occidentale dont la majorité de la population est aujourd'hui issue, et les origines indigènes et métisses, si éclatantes dans le nord du pays.

À VOIR – À FAIRE

Buenos Aires est à l'image de l'Argentine, grande et variée. Il vous faudra choisir ! Entre deux cours d'espagnol, vous aurez toutefois le temps de profiter de sa richesse. Flânez dans les différents *barrios* : la Boca, le quartier populaire, San Telmo, le quartier bohème, Palermo, le quartier tendance, La Recoleta, le quartier chic, les quartier modernes aux gratte-ciel, et Tigre, la ville sur l'eau... Prenez un plat traditionnel dans la cour ombragée d'un petit restaurant, offrez-vous un opéra lyrique au théâtre Colón, restez à l'affût des évènements culturels. Les quotidiens nationaux annoncent les expositions à venir.

Procurez-vous aussi la petite revue gratuite *Mapa de las Artes* publiée tous les 2 mois (www.mapadelasartes.com). On la trouve dans les points d'informations touristiques ou les musées importants. Sinon, il peut être utile de faire une visite du site répertoriant l'essentiel des musées de la ville (www.museos.buenosaires.gob.ar).

LANGUES

Le castillan argentin (castellano) possède quelques spécificités qui effarouchent ceux dont l'espagnol se limite à un vague bagage scolaire. Tout d'abord, il existe une règle particulière, qui veut que le ll suivi d'une voyelle se prononce plus ou moins comme le « ch » français. Caballo (cheval) se prononce « cabacho » ; lleno (plein) se prononce « cheno ». Cette prononciation permet de repérer un Argentin dans n'importe quel pays hispanophone ou, pour être plus exact, certains Argentins, et surtout le Porteño, l'habitant de Buenos Aires. Dans les provinces de Misiones ou de La Rioja, par exemple, qui possèdent, elles aussi, leur propre façon de parler, cette particularité n'a pas cours. Autre changement notable, qui risque de vous dérouter au début : le *tu* espagnol est remplacé par le *vos*, qui s'accompagne d'une conjugaison particulière. Ainsi on dira *vos creés* à la place de *tu creés* (et en accentuant sur le dernier « e »), ou *vos querés* à la place de *tu quieres* ! La conjugaison se permet ainsi quelques fantaisies : *vos tenés* du verbe *tener*, ou même *vos sos* du verbe *ser*... au lieu de *tu tienes* ou *tu eres*. C'est un peu le bazar, mais, point positif, cette mutation grammaticale est toujours respectée et l'on s'habitue au bout d'un moment. Vous finirez peut-être même par commencer vos phrases d'un *che !* ou *che, loco !* (ou encore *che, boludo !*) que l'on peut traduire « eh » ou « eh, mec ». Cette langue espagnole spécifique, que l'on identifie à l'extérieur du pays comme de l'argentin, est en fait l'espagnol de Buenos Aires. Si vous voyagez sur place, vous constaterez que chaque grande région de l'Argentine dispose de ses propres spécificités. Vous apprécierez certainement, par exemple, l'accent cordobais particulièrement chantant.

Les langues autochtones

Si la Constitution de 1994 n'accrédite aucune langue officielle, l'Argentine apparaît toutefois clairement comme un pays unilingue espagnol. Néanmoins, l'Argentine est loin d'être uniquement peuplée de Blancs parlant espagnol. S'ajoute une vingtaine de langues autochtones pratiquées par 600 000 Amérindiens : aymara, guarani, chiripá, choroti, chulupi, kaiwá, mapuche, mocoví, ona, pilagá, puelche, quechua... Parmi elles, seules quatre langues sont parlées par plus de 10 000 locuteurs : le quechua (environ 900 000 personnes), le mapudungun (40 000), l'amuzgo (famille otomangue, 27 000 locuteurs) et le chatino (même famille, environ 21 000 personnes). Les autres langues sont en voie d'extinction... ou déjà éteintes.

LES OFFRES

L'Argentine est une très belle destination pour effectuer un séjour linguistique en immersion et donc pour perfectionner son niveau de langue espagnole tout en découvrant une culture d'une grande richesse. Il est possible, en outre, de combinant votre apprentissage linguistique avec d'autres activités locales typiques. Pourquoi pas vous initier au tango, par exemple ? De nombreux séjours itinérants sont également organisés en Argentine. L'occasion de découvrir Tucumán, les plages de Mar del Plata, Ushuaïa et la Terre de Feu, la Patagonie, les lacs andins, la Pampa, la sierra de Córdoba, les parcs nationaux d'Iguazú et de Lanin, le glacier Perito Moreno...

Le Cerro Torre est un sommet de Patagonie.

AUSTRALIE

Pays-continent baigné par les océans Indien et Pacifique, l'Australie fait rêver avec sa nature préservée de début du monde. Une destination un brin magique à découvrir lors d'un séjour linguistique. Les étendues sont infinies et les paysages de toute beauté. L'île-continent abrite des animaux sauvages aux noms étranges comme quokka, wombat ou casoar. Et bien entendu, l'émeu, le kangourou et le koala, les dromadaires sauvages des déserts du Centre ou les crocodiles marins et ceux d'eau douce du Nord. Quant à l'épopée des hommes, elle voit se succéder et s'enchevêtrer deux histoires. Il y a celle des Aborigènes sur plusieurs dizaines de milliers d'années, des premières peintures rupestres, de l'invention du boomerang et du didgeridoo aux premières luttes de revendication des terres, et puis celle, récente, de l'homme blanc et de ses conquêtes. Une jeune histoire émaillée de dur labeur pour relier par la route, puis par le rail, les extrémités d'une terre aride, 4 000 km d'une côte à l'autre. C'est toute la période des ruées vers l'or et des mines fantômes, des nouveaux émigrants et de leurs rêves de liberté, de richesse et de réussite. Aujourd'hui, la population vit majoritairement dans des cités modernes. Reste l'immensité d'un continent en grande partie désertique.

MELBOURNE

Melbourne, ancienne capitale d'État et deuxième agglomération urbaine d'Australie, compte plus de 4,2 millions d'habitants. Fondée en 1835 au bord de la baie de Port Phillip, la ville s'est peu à peu étendue vers l'est en longeant le fleuve Yarra. Son nom lui a été donné en l'honneur du Premier ministre britannique William Lamb Melbourne (1779-1848). De la création de la Fédération en 1901 jusqu'à la construction de Canberra – capitale de l'Australie – en 1927, Melbourne servit de siège fédéral au gouvernement. Lors de la ruée vers l'or dans les années 1850, les activités portuaires s'amplifièrent très rapidement et l'effervescence de la ville de Melbourne devint alors indéniable. Dans les années qui suivirent, la ville devint la deuxième ville de l'Empire britannique et fut surnommée « Melbourne la Magnifique ». Après avoir été en 1880 le siège de l'Exposition universelle, elle fut dès 1885 l'une des premières villes au monde à se doter d'un tramway. La ville continua son expansion au XXe siècle avec l'arrivée de nombreux immigrants après la Seconde Guerre mondiale (Melbourne compte aujourd'hui la communauté grecque la plus importante d'Australie) ainsi que par le prestige apporté par l'organisation des Jeux olympiques de 1956. La ville conserve de sa grande époque de nombreux bâtiments victoriens auxquels se sont mêlés des bâtiments de style gothique et de remarquables tours de verre et d'acier issues de l'architecture nouvelle. En dépit d'une importante croissance, Melbourne a dû faire face à la concurrence livrée

Vue de Melbourne.

Le drapeau australien

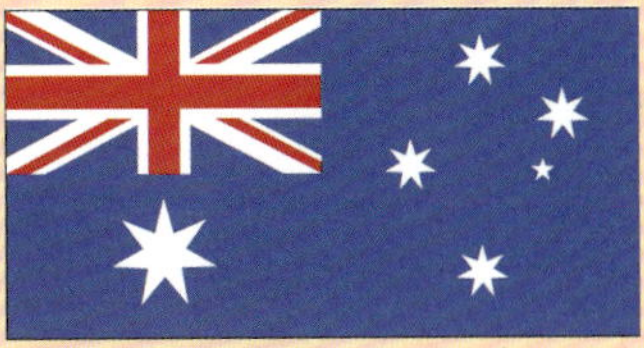

Sa version actuelle fut adoptée officiellement en 1953, mais il présentait déjà une forme similaire dès le 1er janvier 1901, à la proclamation du Commonwealth australien. Constitué de l'Union Jack (le drapeau britannique), le drapeau australien ajoute en bas à gauche l'étoile de la Fédération (Commonwealth), une étoile à sept branches qui représente les six États et le territoire de l'Australie. Dans sa partie droite, cinq étoiles représentent la constellation de la Croix du Sud, qui symbolise la place de l'Australie dans l'univers.

par Sydney, sa grande rivale. Dans les années 1990, le gouvernement a entrepris de revitaliser la ville en perte de vitesse, notamment par la construction de nouveaux bâtiments, dont le Crown Casino, le Melbourne Museum et le Melbourne Exposition Centre. Avec le nouveau siècle est sorti de terre le quartier des buildings de Melbourne Docklands. La ville abrite plusieurs universités de prestige dont l'University of Melbourne, classée 28e dans le monde, la Monash University ou la Victoria University of Technology.

SYDNEY

Au sud-est du pays, sur les rives de la mer de Tasman, avec plus de 5 millions d'habitants, Sydney est la ville la plus peuplée d'Australie, ceinturée de parcs nationaux qui ajoutent à son attrait. Le site est occupé par les Aborigènes depuis des millénaires s'est imposée en deux siècles comme métropole économique et financière. Profitant d'un environnement exceptionnel, elle s'étend de l'océan Indien aux pieds des Blue Mountains, Sydney se distingue aussi par sa diversité humaine. Toutes les nationalités ou presque s'y croisent. Outre l'Opera House, symbole de la ville et visite incontournable, ce sont les rues escarpées de The Rocks et le majestueux Harbour Bridge qui ouvrent le bal pour nombre de visiteurs. Lorsque tombe la nuit, alors que les ferries glissent sur les eaux limpides de la baie, les buildings s'illuminent. Votre séjour vous permettra de mesurer la richesse et la diversité de cette ville passionnante, de Circular Quay aux plages de Bondi ou de Manly, de Observatory Hill dans le centre de Sydney, sur sa colline, à la verdure de Royal Botanic Gardens.

PRATIQUE

- **Nom officiel :** Commonwealth d'Australie.
- **Devise nationale :** Avance, belle et juste Australie.
- **Hymne national :** Advance Australia Fair.
- **Fête nationale :** 26 janvier.
- **Capitale :** Canberra.
- **Superficie :** 7 669 551 km^2, hors territoires extérieurs.
- **Population :** 26 millions d'habitants.
- **Langues :** Anglais.
- **Religion :** Chrétiens, athées, bouddhistes.
- **Nature de l'État :** Monarchie parlementaire

Le drapeau aborigène

Reconnu par le gouvernement le 14 juillet 1995, il a été créé en 1971 par l'artiste aborigène Harold Thomas. Il est constitué d'un cercle jaune sur fond bicolore rouge et noir. Le fond noir représente les Aborigènes, le fond rouge la terre et le cercle jaune le soleil. À l'origine, ce drapeau était utilisé par les Aborigènes comme symbole de leur lutte pour la reconnaissance de leurs droits. Depuis sa reconnaissance officielle, il est devenu l'un des drapeaux officiel de l'Australie.

Le street art à Melbourne

Capitale culturelle de l'Australie, Melbourne est l'une des vitrines les plus actives du street art. C'est au début du XXIe siècle que de nombreux artistes ont développé l'art du graffiti dans les rues de Melbourne. Que vous soyez amateurs, passionnés ou juste curieux, vous serez impressionnés par les très belles fresques artistiques en plein cœur de la ville, à travers des ruelles devenues aujourd'hui emblématiques.
À la périphérie du centre-ville, un quartier symbolise lui aussi le côté branché de la ville : le quartier un peu bohème de Fitzroy. Les façades des maisons victoriennes peintes de jaune, de rouge ou de bleu dégagent une atmosphère décontractée et une ambiance atypique.

- **Monnaie :** Le dollar australien (AU$ ou AUD).
- **Téléphone :** Pour téléphoner en Australie depuis la France, le code est 00 + 61.
- **Décalage horaire :** L'Australie est divisée en 3 fuseaux horaires. + 6h à + 10h.
- **Formalités/visa :** Pour entrer en Australie, il vous faudra être en possession de votre passeport et d'un visa, soit un visa e-Visitor, soit un Electronic Travel Authority (ETA), soit un visa spécifique.
- **Santé :** En ville pas de souci. Dans les zones désertiques, attention aux araignées, serpents et scorpions. Dans le centre, l'été austral affiche souvent plus de 35 °C, protégez-vous des méfaits du soleil. Le long des côtes, attention aux requins.
- **Sécurité :** RAS.
- **Risques naturels :** RAS.
- **Sport national :** Rugby et rugby à XIII, cricket et surf.
- **Plat national :** La meat pie (tourte à la viande) et la vegemite (pâté à base d'extrait de levure).
- **Boissons nationales :** Bière et vin.
- **Que rapporter ?** Pierres précieuses, art aborigène (didgeridoo, boomerang, vannerie), accessoires des cowboys de l'Outback, peinture sur bois.

À VOIR - À FAIRE

- **Melbourne** est réputée pour sa qualité de vie, l'une des plus élevées su monde. Elle s'impose finalement comme l'une des villes les plus créatives du pays et est reconnue pour sa cuisine variée. C'est indiscutablement l'un des meilleurs lieux d'Australie pour découvrir l'art sous toutes ses formes.
Vous ne manquerez pas de vous rendre à l'Australian Centre for the Moving Image, à la National Gallery of Victoria, à l'Immigration Museum, à l'Australia Centre for Contemporary Art, au Royal Botanic Gardens ou encore au Melbourne Museum, sans oublier l'une des meilleures localisations de l'art urbain de Melbourne au centre-ville : Hosier and Rutledge Lane, 21 Degraves Street, à l'angle de Flinders Lane et Cocker Alley ou Centre Place.
- **Sydney** se place aujourd'hui parmi les métropoles les plus agréables à visiter mais aussi à vivre. Pour une perception globale de la ville commencez par faire une balade en bateau dans la baie de Sydney, l'une des plus belles du monde. Pour vous imprégner de l'histoire et de l'art de vivre local, vous flânerez ensuite dans The Rocks, le premier quartier habité par les colons et les forçats, en traversez le Harbour Bridge pour rejoindre Milsons Point et Kirribilli pour d'autres points de vue sur Sydney, en admirant la vue à 360 degrés du haut de la Sydney Tower. Cherchez du regard les Blue Mountains. Prenez un cocktail sur les quais, à Darling Harbour, Circular Quay ou Woolloomooloo Bay. Contemplez le coucher de soleil depuis les Royal Botanic Gardens sur l'Opera House et ses magnifiques toits en forme de voiles. Dégustez un plateau de fruits de mer dans l'un des nombreux restaurants du Sydney Fish Market. Découvrez Manly, à pied ou à vélo. Contemplez la vue offerte sur Sydney depuis North Head Scenic Drive. Goûtez à l'océan et au surf sur les plages de Bondi Beach. Beau programme !

LANGUES

Bien que la langue officielle soit l'anglais, le *strine* ou *aussie slang*, ensemble de mots et d'expressions purement australiens (parfois dérivés de mots aborigènes), ponctue inévitablement toutes les discussions. À cette difficulté de compréhension pour qui ne connaît que l'anglais, pourra s'ajouter celle de l'accent. Ce dernier varie beaucoup d'une région à une autre. Il est plus fortement marqué dans le bush. En ce qui concerne les Aborigènes, le nombre de langues encore parlées voisine actuellement les 145, auxquelles s'ajoute une centaine qui ont disparu depuis le début de la colonisation. Seule une petite partie de la population aborigène, parmi ses plus anciens représentants, utilise encore ces langues.

Circular Quay.

Quelques mots en aussie slang

- **The Great Australian Salute** : chasser les mouches (l'Outback est souvent infesté de mouches pendant la saison chaude).
- **Give someone a bell** : téléphoner à quelqu'un.
- **Good on yer** : bien, bien fait.
- **Beg yours** : (pour « I beg you pardon ») pardon, désolé.
- **To be interstate** : être dans un autre État.
- **Fair dinkum** : honnête, vrai (aussi « dinki di » ou « true blue »).
- **Fill the hole in** : manger de bon cœur.
- **Full as a goog** : repu.
- **Hoo roo** (kangourou = roo) : au revoir, salut, dans le style « see you later alligator ».
- **Mousetrap** : piège à souris, donc fromage.
- **U-ey :** (pour « make a U-turn ») demi-tour.
- **U-right** : (pour « are you allright ») puis-je vous aider ou puis-je prendre votre commande (dans un restaurant) ?

Have a Captain Cook : (rime argotique pour « to have a look ») regarder.

LES OFFRES

En Australie, on parle anglais et le temps est le plus souvent au beau fixe. Avec ces deux facteurs combinés, on comprend le relatif succès de la destination auprès de tous les publics désireux de parfaire leur connaissance de la langue anglaise. Cela d'autant plus que les équipements scolaires sont réputés et le logement en campus universitaire de bonne qualité.

La gentillesse des Australiens est un atout de plus pour ceux qui choisiront l'option en immersion, à tenter à Brisbane, Melbourne ou Perth par exemple, histoire de découvrir ce pays-continent de l'intérieur. Des séjours itinérants à la découverte de la culture sont également proposés.

- **Melbourne** est une ville où il fait bon vivre mais aussi où il fait bon étudier ! Vous y trouvez l'éventail classique des séjours linguistiques, pour enfants, étudiants et adultes dans tous les niveaux.
- **Sydney** est une merveilleuse destination pour un séjour linguistique en campus international ou en immersion pour être au plus proche de la culture australienne, voire en associant notamment des séjours sportifs à des cours de langue intensifs.

Sydney et son emblématique opéra.

AUTRICHE

L'Autriche ne manqua pas d'atouts : un patrimoine d'une grande richesse, la présence des Alpes et du Danube, un environnement et des traditions préservés... Cette destination associe des monuments et des collections d'art majeurs, des paysages somptueux et une nature d'une biodiversité exceptionnelle. Moyennant quoi, les possibilités et les plaisirs y sont variés : randonnée en haute montagne, ski alpin, baignade dans les lacs, festivals, expositions grandioses. Vienne, capitale de la valse et de l'opéra, des musées, du baroque et du bien-vivre, ou Salzbourg, la ville de Mozart, de la bière et de la Mélodie du bonheur, justifient à elles seules votre choix d'un séjour en Autriche. Bien entendu, il y a aussi le Tyrol aux villages préservés avec des chalets débordants de géraniums, des sommets majestueux, des lacs de montagne, des alpages fleuris et des domaines skiables superbes. L'Autriche, c'est aussi des vignobles et des vins de qualité, des spécialités gourmandes autour du goulash et de l'incontournable Schnitzel. Venez prendre tranquillement un café avec une pâtisserie dans un bâtiment viennois historique, découvrir des toiles de maîtres ou d'artistes d'avant-garde, entendre un opéra dans un palais ou vibrer avec un live de musique électronique en plein air. Le bien-être n'est pas oublié avec des stations thermales haut de gamme. L'Autriche attire aussi bien les amateurs d'opéra ou de bals sophistiqués que ceux de danses folkloriques, voire de musique électro dans les lieux alternatifs de Vienne. Les amateurs d'architecture baroque ou Art nouveau se régalent dans la capitale. Osez la Vienna Gay Pride et ne vous privez pas du plus grand festival gratuit de musique au monde sur l'île du Danube.

VIENNE

Accréditée comme la ville la plus verte et la plus écolo au monde, la capitale de l'Autriche est aussi au top des villes les plus agréables à vivre. Le visiteur apprécie l'excellence et la variété de la programmation culturelle et l'incomparable richesse des musées où l'on admire les œuvres des Bruegel ou de Klimt aussi bien que celles d'Andy Warhol. On peut aussi partir sur les traces de Freud ou d'Hundertwasser pour ne citer que ces deux Viennois inspirants. Vienne, c'est aussi une ouverture d'esprit avec des fresques murales qui apportent leur contribution à la culture et une fameuse *Vienna Gay Pride*. Art de vivre ? L'art des cafés viennois bien sûr ! Et le bonheur de randonner en forêt, découvrir les vignobles, flâner sur l'île du Danube, et festoyer. Car Vienne s'amuse, valse et patine. Voici pourquoi, de séjour en séjour, Vienne nous met du baume au cœur et nous reste en mémoire. Dès lors, un séjour linguistique dans cette ville magnifique et distinguée s'avère toujours passionnant et très enrichissant.

PRATIQUE

- **Nom officiel** : République d'Autriche
- **Capitale** : Vienne
- **Nombre d'habitants** : 9 millions
- **Langue** : Allemand
- **Argent**. L'Autriche est dans la zone euro. Le coût de la vie à Vienne est sensiblement le même qu'à Paris. Ce n'est pas une destination bon marché, mais en combinant les abonnements et les bons plans, vous limiterez vos dépenses.

Le drapeau autrichien

Simplissime ! Trois bandes horizontales : rouge, blanche, rouge. Ce fut la bannière de la maison de Babenberg. Selon la légende, le duc de Babenberg, Léopold V, l'aurait adoptée après une violente bataille, lors du siège de Saint-Jean-d'Acre en 1191. Couvert de sang de la tête aux pieds, il découvrit que, grâce à sa ceinture, une partie de sa tenue blanche était restée immaculée. Plus tard, les couleurs deviennent les armoiries des territoires héréditaires des Habsbourg. Le drapeau, dans son état actuel, est devenu l'emblème officiel national au lendemain de la Première Guerre mondiale, après la chute de l'empire. En 1938, en raison de l'annexion de l'Autriche par l'Allemagne, il fut délaissé au profit de la croix gammée. Le peuple autrichien a retrouvé son drapeau en 1945.

Se déplacer à Vienne : un plaisir

Parcourir le land de Vienne vous sera très facile grâce au réseau de transports en commun jumelant train, tram, bus et métro et reliant efficacement les quartiers de la ville jusqu'au 22e arrondissement, le plus lointain d'entre eux. Un seul ticket vous suffit pour arriver à bon port. Toutefois, l'achat d'une Vienna City Card, pour une mobilité totale jusqu'à 7 jours, peut être une option économique et très pratique. Aucun contrôle ni portique dans les transports en commun, il vous suffit de poinçonner votre carte la première fois et vous êtes tranquille.

Sachez que le système de transports en commun de Vienne est l'un des plus efficaces au monde. Il couvre 1 150 km grâce à 5 lignes de métro, 28 lignes de tramway et 129 lignes d'autobus. Aussi, dans presque chaque rue vous trouverez un bus, un tram (bim), un S-Bahn ou une station de métro. Les trams 1 et 2 font le tour du Ring. Un vrai circuit historique ! Vous pouvez aussi louer l'un des vélos du réseau de la ville pour sillonner Vienne comme les locaux. Et bien sûr marcher pour vous imprégner de l'atmosphère viennoise.

- **Climat**. Vienne connaît un climat tempéré à tendance continentale, avec des hivers assez froids et enneigés, des étés assez chauds et des saisons intermédiaires marquées.
- **Décalage horaire.** L'Autriche est comme la France dans le fuseau horaire UTC +1.
- **Formalité.** Pays membre de l'Union européenne, l'Autriche requiert une carte d'identité en cours de validité pour un citoyen de l'UE. Un permis de conduire de l'UE permet d'y conduire librement.
- **Internet.** L'accès à Internet est très développé et le réseau d'excellente qualité. De nombreux lieux publics, centres commerciaux, cafés, bars et hôtels proposent un accès wifi gratuit.
- **Sécurité**. Vienne est l'une des capitales européennes les plus sûres.
- **Téléphone.** Le code d'accès pour l'Autriche est 0043 (suivi du numéro de votre correspondant sans le 0). Le code pour la France est 0033 (suivi du numéro de votre correspondant sans le 0). Le code pour la ville de Vienne est 01.
- **Que rapporter ?** Souvenirs gourmands, objets artisanaux, costumes folkloriques, enregistrements d'opéra, bijoux Swarovski, porcelaine et verres en cristal.

À VOIR – À FAIRE

L'Autriche est un pays aux attraits multiples où l'on vient pratiquer l'alpinisme, faire une croisière sur le Danube, suivre une route des vins, visiter des musées et des châteaux, suivre la saison des bals, le programme des opéras, prendre les eaux, etc. La capitale de l'Autriche elle-même aligne palais baroques, édifices gothiques,

Visite de Vienne.

Le Palais du Belvédère.

immeubles Art nouveau et places grandioses avec leurs statues d'empereur ou de musiciens qui évoquent la richesse de son histoire.
D'autres monuments, futuristes, se dressent au sein du quartier des affaires ou du fantastique MuseumsQuartier. Vienne innove également avec des quartiers qui développent une citoyenneté réconfortante, autour d'immeubles participatifs, de fêtes conviviales et de jardins partagés. On admire le nouvel éco-quartier d'Aspern Seestadt, avec son lac artificiel, sa navette électrique et ses rues baptisées de noms de femmes, pour rétablir la parité.

LANGUES

La langue officielle en Autriche est l'allemand, avec un standard sensiblement différent de l'allemand d'Allemagne. L'anglais est assez largement compris, du moins en ville, tout comme, dans une bien moindre mesure, le français. Au Tyrol autrichien, l'italien est fréquemment maîtrisé. Vous avez pour les sites touristiques des audioguides en français et des guides francophones. Et vous n'aurez pas de mal à vous faire comprendre en français à la réception des hôtels et dans les offices de tourisme. Mais pour le reste, nous sommes loin de l'époque où le français était la langue de l'aristocratie autrichienne ! Tant mieux, votre immersion sera ainsi totale lors de votre séjour linguistique en Autriche, y compris à Vienne, et vous n'aurez pas d'autre solution pour échanger que de travailler votre allemand.

LES OFFRES

La majorité des offres de séjours linguistiques d'Autriche se déroulent à Vienne. L'occasion de découvrir une ville où la culture, l'art, la musique et l'histoire se combinent en version allemande. Une immersion totale et de grande qualité intellectuelle pour perfectionner votre maîtrise de la langue de Goethe dans le texte. Nacel propose un séjour linguistique en immersion à Vienne avec pause sucrée dans l'un des mythiques cafés viennois, visites des quartiers de la ville sur les pas de Sissi, balade le long du Danube, opéra ou concert de musique classique dans l'une des prestigieuses salles de la ville... Les cours d'allemand général individualisés dispensés par un professeur particulier avec trois intensités de cours au choix : 15, 20 ou 25 heures par semaine. Un test de niveau à l'arrivée chez le professeur permet d'adapter le contenu des cours. Ce programme permet d'apprendre à utiliser l'allemand dans les situations de la vie quotidienne. Pour les participants mineurs, 3 visites culturelles par semaine sont automatiquement intégrées au séjour (obligatoires pour tous les participants de moins de 18 ans).

CANADA

Le Canada s'étend des côtes du Pacifique à l'océan Atlantique, vaste comme près de vingt fois la France ! C'est un pays multiple, il existe un Canada riche et industrialisé, un autre sauvage, un Canada anglophone proche de son voisin américain et un autre francophone, qui revendique sa particularité, un pays montagneux à l'ouest et un plat pays à l'est, un pays vêtu de blanc l'hiver, mais qui dévoile ses couleurs lors de l'été indien… Une diversité qui s'offre à vous lors de séjours linguistiques ou itinérants. Les forêts sont tantôt denses et interminables (sur la rive nord du fleuve Saint-Laurent), tantôt clairsemées (dans l'Okanagan). Les montagnes sont parfois escarpées et impressionnantes (à Lillooet), parfois douces et arrondies (au Bic). Les lacs peuvent être immenses (les Grands Lacs) ou de taille humaine (dans les environs d'Edmonton). L'eau est omniprésente et s'il y a une constance dans ce pays, ce sont les habitants bien conscients de profiter d'un environnement exceptionnel, accueillants, sympathiques et bons vivants. Québec, plus vieille ville d'Amérique du Nord avec ses fortifications et son château Frontenac, s'oppose avec force à Vancouver, métropole tirée vers le haut avec ses gratte-ciel.

MONTRÉAL

Riche du mélange des vagues d'immigration qui en ont fait l'une des villes multiculturelles les plus courues, Montréal n'en finit plus d'étonner et de se réinventer. Entre ses parcs et ses clochers, ses gratte-ciel et son quartier historique, c'est une cité plébiscitée pour sa qualité de vie, son ouverture et son bilinguisme. Forte de cette diversité, la métropole ne cesse d'évoluer et de redéfinir son identité aux yeux du monde, s'imposant peu à peu comme une ville exceptionnelle à bien des égards. Il est vrai qu'elle dispose de nombreux attraits. Vous aurez le choix des activités culturelles et sportives, de festivals en pistes cyclables, sans oublier la gastronomie avec d'innombrables restaurants. Montréal se distingue aussi comme une ville jeune et dynamique qui abrite de nombreux collèges et universités, dont la réputée McGill University. Bref, une ville vivante et passionnante. Idéale pour une immersion partielle puisque le français est ici utilisé et donc une initiation en douceur de l'anglais… En prime, la possibilité d'y fleurir votre français.

TORONTO

C'est la plus grande ville du Canada, cinquième plus grande ville d'Amérique du Nord et capitale économique du pays. Une agglomération récente puisque ce n'est qu'en 1998 que les autorités décident de regrouper plusieurs communes pour composer cette grande vitrine du Canada sur la scène internationale.

L'hôtel de ville de Toronto.

Le drapeau canadien

En 1925, un comité nommé par le Conseil privé canadien est chargé d'imaginer un drapeau pour sceller l'unité de la nation. 2 600 propositions et quarante ans plus tard, sur la colline d'Ottawa, le drapeau à la célèbre feuille d'érable est inauguré par le gouvernement canadien et la reine Élisabeth II. Une quête laborieuse qui s'est soldée par l'abandon du Red Ensign portant l'Union Jack au profit de l'unifolié qui figure une feuille d'érable – emblème du peuple depuis le XIXe siècle – stylisée à onze points en son centre. Le rouge et le blanc, déclarés couleurs officielles en 1921 par le roi George V, symbolisent respectivement les grandes étendues enneigées du nord et le sang versé par les Canadiens lors de la Première Guerre mondiale. Les deux bandes latérales qui encadrent la feuille d'érable renvoient à la position géographique du Canada, cerné de part et d'autre par les océans Pacifique et Atlantique.

Toronto apparaît comme un conglomérat de quartiers. D'un *neighbourhood* à l'autre, la limite géographique est parfois incertaine, mais l'atmosphère totalement différente. Une balade à pied ou à vélo permet de s'imprégner des différentes ambiances régnant au sein de ces communautés.

La ville abrite plusieurs universités et centres de recherches reconnus, et attire une population étudiante ou professionnelle sans cesse renouvelée. A l'image du Canada, Toronto a bien compris l'utilité d'attirer à lui les cerveaux et les bras pour enrichir ses compétences. La ville met également en valeur son patrimoine culturel, rénovant ses quartiers, attirant dans ses musées de nombreux artistes et expositions. Ce n'est certainement pas en choisissant Toronto que vous risquez de vous ennuyer lors de votre séjour linguistique ! Accueil sympathique, qualité des enseignements, animations culturelles et sportives sont au rendez-vous. Et vous serez aux premières loges pour découvrir l'un des musts touristiques du pays : les chutes du Niagara ! Mais aussi le Centre des Sciences, superbe musée scientifique, moderne et attractif, et le Parc Provincial d'Algonquin, au nord de la ville, immense espace naturel d'une grande richesse en biodiversité, fort de 2 400 lacs et 1 200 km de cours d'eau, refuge pour de nombreuses espèces animales et végétales.

VANCOUVER

Depuis une dizaine d'années, Vancouver caracole dans le peloton de tête des villes du monde les plus agréables à vivre. La grande métropole de l'Ouest canadien est plébiscitée par ses habitants comme par ses visiteurs. Porte ouverte sur l'océan Pacifique et vers l'Asie, elle attire de nombreux immigrants de la zone. Plus de la moitié de sa population est d'origine étrangère et ses communautés se côtoient sans heurts Méconnue par les voyageurs venus d'Europe du fait de son éloignement, la capitale économique et culturelle de la Colombie-Britannique sortit de l'ombre à l'occasion des Jeux olympiques d'hiver de 2010. C'est avant tout l'environnement exceptionnel de Vancouver qui en fait un lieu unique.

Les nombreuses plages qui bordent la ville et ses environs immédiats sont un atout supplémentaire. La proximité des montagnes Rocheuses et des îles de la côte, avec en tête l'île de Vancouver, offre un terrain de jeu hors pair pour tous les amoureux des activités nature et sport, dont la randonnée, le kayak. Parmi les incontournables lors d'un séjour, la plage populaire de Kitsilano Beach, le parc urbain de Stanley (400 ha) planté de cèdres et de sapins et son impressionnant pont suspendu de Capilano traversant le fleuve du même nom (140 m de long à 70 m au-dessus de l'eau). Enfin, les élèves et les étudiants ne ratent pas la découverte du muséum d'Anthropologie qui présente des œuvres d'art remarquables des peuples premiers.

ET AUSSI

Autre camp de base superbe pour un séjour linguistique au Canada : le **Saskatchewan**, province de l'ouest canadien, au sein des trois provinces des Prairies, région de lacs et de forêts, territoire agricole et minier, au climat rigoureux. Peuplés pendant des millénaires par les Amérindiens, les Européens s'y sont installés en 1774. Durant un mois en été, en immersion complète dans une famille de la Saskatchewan, ce séjour s'adresse à un jeune qui appréciera d'expérimenter la vie locale. Au menu, gastronomie de terroir et prairies fleuries d'un jaune lumineux. L'occasion de pratiquer l'anglais au quotidien et de vivre une expérience unique.

TOP 10

A VOIR / A FAIRE
TORONTO

Grande métropole nord-américaine, Toronto est une ville qui bouge. Ce ne sont donc pas les options qui manquent pour se tenir occupé. Dans ce top 10, on vous fait découvrir des incontournables tels que l'Art Gallery of Ontario et le charmant quartier historique de la Distillery, mais aussi des perles rares bien cachées comme une incroyable ruelle de graffitis ou encore un jardin botanique entièrement gratuit. Pour vos escapades, on vous envoie découvrir les œuvres du Groupe des Sept, prendre une douche au pied des chutes du Niagara ou encore visiter un ancien fort britannique.

© VALÉRIE FORTIER

ALLAN GARDENS CONSERVATORY

L'endroit idéal pour humer le parfum de fleurs exotiques et déambuler dans une nature luxuriante. Totalement dépaysant en hiver !

© VALÉRIE FORTIER

FORT HENRY

KINGSTON

Ancienne unité défensive britannique, elle est inscrite au patrimoine mondial de l'UNESCO. La cérémonie militaire est à voir !

ART GALLERY OF ONTARIO [AGO]

Un superbe musée d'art rassemblant, entre autres, de nombreuses œuvres canadiennes. Mention au bâtiment réalisé par Frank Gehry.

© VALÉRIE FORTIER

© STÉPHAN SZEREMETA

GRAFFITI ALLEY

Pour s'en mettre plein la vue, c'est ici qu'il faut venir ! Longue ruelle remplie de *street art*, elle vaut vraiment le détour.

HOCKEY HALL OF FAME

Pour voir la Coupe Stanley, visionner la Série du siècle ou visiter le vestiaire des Canadiens, c'est ici qu'il faut venir !

© VALÉRIE FORTIER

© VALÉRIE FORTIER

NIAGARA PARKS POWER STATION

NIAGARA FALLS

Nouvelle attraction à ne pas manquer à Niagara ! À faire également : le tunnel jusqu'au pied des chutes et le spectacle immersif.

© ESKYSTUDIO - SHUTTERSTOCK.COM

MCMICHAEL CANADIAN ART COLLECTION

VAUGHAN

Entièrement voué à l'art canadien, c'est surtout pour son incroyable collection d'œuvres du Groupe des Sept qu'on y vient.

PARLEMENT DU CANADA

OTTAWA

Siège du gouvernement fédéral, ses édifices gothiques valent à eux seuls la visite. En été, ne ratez pas la relève de la garde.

© VALÉRIE FORTIER

NIAGARA CITY CRUISES

NIAGARA FALLS

Depuis plus d'un siècle et demi, les excursions en bateau au pied des chutes du Niagara attirent les foules. Un grand classique !

© VALÉRIE FORTIER

© VALÉRIE FORTIER

THE DISTILLERY HISTORIC DISTRICT

Un joli quartier historique entièrement piétonnier, autrefois haut lieu de la production de spiritieux de l'Empire britannique.

Plage de Sunset Beach.

PRATIQUE

- **Nom officiel :** Canada
- **Devise nationale :** D'un océan à l'autre
- **Hymne national :** *Ô Canada !*
- **Fête nationale :** 1er juillet
- **Capitale :** Ottawa
- **Population :** 40 millions d'habitants
- **Langues :** Anglais et français
- **Religion :** Catholiques, protestants
- **Nature de l'État :** Monarchie constitutionnelle parlementaire fédérale
- **Monnaie :** Le dollar canadien (CAD, $ CA, CAN $).
- **Téléphone :** Pour téléphoner de la France vers le Canada, composez le 00 + 1 + code régional + les 7 chiffres du numéro local
- **Décalage horaire :** Le Canada est divisé en six fuseaux horaires. – 4h30 à – 9h
- **Formalités/visa :** Les visiteurs français n'ont pas besoin de visa pour des séjours de moins de 3 mois. Il suffit d'être en possession d'un passeport valide, d'un billet de retour (idéalement) et disposer d'une somme suffisante en argent pour assurer le séjour et remplir au préalable une autorisation de voyage électronique (AVE).
- **Santé :** Pour affronter l'hiver canadien (jusqu'à – 30 °C dans le Nord), ne lésinez pas sur les vêtements chauds
- **Sécurité :** RAS
- **Risques naturels :** RAS
- **Sport national :** Hockey sur glace, football américain, curling, baseball
- **Plat national :** Bangbelly (pudding dense à base de riz cuit, de farine, de mélasse, de raisins secs, de porc salé et d'épices), la poutine, saumon et langouste
- **Boisson nationale :** Bière, vin de glace
- **Que rapporter ?** Sirop d'érable, peaux tannées, bijoux, artisanat amérindien

À VOIR - À FAIRE

- **Toronto** est une ville à vivre plus qu'à visiter. Comme la plupart des villes nord-américaines, son histoire est assez récente et elle n'a pas le patrimoine des capitales européennes. Cela ne veut pas dire qu'il n'y a rien à voir à Toronto ! Baladez-vous dans ses différents quartiers pour vous imprégner de sa diversité. Incontournables : la tour CN, symbole de la ville, St. Lawrence Market, immense marché public à l'ambiance bon enfant, Kensington Market, quartier bohème du nord-ouest du centre-ville, les Toronto Islands, le Air Canada Center, pour assister à un match de hockey de la Ligne nationale, le Royal Ontarion Museum, plus grand musée du Canada, Cabbagetown et ses maisons victoriennes et enfin Casa Loma, impressionnant manoir du début du XXe siècle.
- **Vancouver** donne accès à la mer comme à la montagne et son agglomération se distingue par un ensemble de parcs magnifiques, à commencer par le parc Stanley, dans lequel se ruent les Vancouvérois dès que le soleil pointe son nez !

Ensemble de totems dans Stanley Park.

La ville abrite également dynamique de nombreux musées de grande qualité. Vous ne manquerez pas Vancouver Lookout, tour abritant l'office de tourisme qui offre des vues spectaculaires sur la ville, ni Granville Island, pour une balade dans le marché et les galeries d'art, ou encore Canada Place, à l'architecture surprenante donnant sur la rive nord.
Attractifs aussi l'aquarium de Stanley Park et les plages, tout le long de la presqu'île et jusqu'à l'université, Le musée d'Anthropologie (MOA) avec ses collections d'art autochtone, le Museum of Vancouver (MOV) sur l'histoire de la ville, et la Bill Reid Gallery, dédié à l'art des Amérindiens sont des visites incontournables. Et pour encourager l'équipe des Canuks direction la Rogers Arena.

Deuxième ville francophone du monde après Paris, **Montréal** est la seule ville du Canada à avoir su concilier les influences du Vieux Continent et la modernité nord-américaine, à avoir pu réunir les communautés anglophone et francophone que l'histoire a longtemps opposées, et à avoir réussi à intégrer une mosaïque ethnique issue de l'immigration. C'est aussi un agglomérat de villes et villages jadis distincts et une métropole culturelle d'une grande vitalité. On ne manquera pas les incontournables dont la basilique Notre-Dame de Montréal, le musée du château Ramezay, le parc Jean Drapeau, le musée des Beaux-Arts de Montréal, le parc du Mont-Royal, le musée d'Art contemporain, le Biodôme de Montréal, les Jardins botaniques, le musée du château Dufresne ou enfin l'oratoire Saint-Joseph du Mont-Royal.

LANGUES

L'anglais et le français sont les deux langues officielles au Canada. La grande majorité des Canadiens parlent anglais (77 %), 21 % parlent français. Le gouvernement fait toujours de grands efforts pour maintenir et promouvoir le bilinguisme. La majorité des autochtones parlent à la fois la langue de leur communauté et le français ou l'anglais. Au Canada, qui se distingue par une mosaïque ethnique, plus d'une centaine de langues maternelles différentes sont en vigueur. Les gains de population étrangère les plus importants sont représentés par les groupes venant de l'Asie et du Moyen-Orient. A **Toronto**, environ 45 % de la population a une langue maternelle autre que l'anglais ou le français ; à savoir, selon l'ordre d'importance, le cantonais, le tagalog (philippin), l'italien et l'espagnol. En **Ontario** s'ajoutent le pendjabi, le portugais, l'arabe, l'allemand et l'ourdou. A **Vancouver** un peu plus de la moitié des habitants ont une autre langue maternelle que l'anglais : le chinois (mandarin et cantonais) pour 26,6 % des Vancouvérois, le punjabi pour 2,7 %, le français pour 1,7 %. Au **Québec**, le français est utilisé partout, dans les commerces, les institutions publiques, etc. On désigne par **allophone** un résident du pays dont la langue maternelle n'est ni le français ni l'anglais.
Les habitants des parties ou enclaves francophones des provinces canadiennes (Québec, Nouveau-Brunswick, Nouvelle-Écosse, Labrador, Ontario, Manitoba, Saskatchewan, Colombie-Britannique) sont appelées **Canadiens français**. Quant aux Franco-Canadiens, ils sont qualifiés de ***frogs*** (grenouilles donc !). Sachez enfin qu'il est déplacé d'évoquer, encore plus d'imiter, l'accent québécois. Les Québécois considèrent que ce sont les Français qui ont un accent. Le sujet est hautement sensible.

LES OFFRES

Le Canada, du fait tant de son bilinguisme en vigueur que de son immensité, est un « terrain de jeu » incroyable pour les organismes proposant des séjours linguistiques et itinérants.
On pourra donc se perfectionner en anglais dans la ville de son choix, pourquoi pas à Toronto ou Vancouver, en immersion complète ou en campus international. Ou alors choisir une ville francophone, Montréal (la plus grande ville francophone après Paris !) ou ailleurs au Québec, pour que l'acclimatation ne soit pas trop difficile dans un premier temps. Les aventuriers pourront partir à la découverte du pays lors d'un séjour itinérant, en Ontorio par exemple. Nacel est bien placé sur cette destination.

Le joual

Sociolecte du français québécois issu de la culture populaire urbaine de la région de Montréal, le joual symbolise ces « sous-langues » détériorées qui sont partagées par un groupe linguistique dont la langue maternelle est gravement ébranlée par la proximité et la pression d'une langue étrangère. En l'occurrence, l'anglais. Son nom illustre la prononciation particulière qui le caractérise, « cheval » se prononçant « joual ». Dans les années 1970, alors qu'on redécouvrait et valorisait une certaine culture populaire, le joual devint pour certains un mode d'affirmation par rapport au français de France. Un demi-siècle plus tard, le joual reste vivace mais a perdu cette charge symbolique et identitaire.

CHILI

Étiré sur une étroite langue de terre de 4 300 km de long sur 200 km de large, le Chili décline une variété unique de climats et de panoramas sauvages. Adossé à l'interminable Cordillère des Andes qui lui sert de colonne vertébrale, le pays alterne les paysages rocheux de la Terre de Feu dans la Patagonie chilienne, désert et vallée arides au nord à Atacama, pampa à perte de vue au centre, mais aussi plages de sable fin, volcans actifs ou enneigés, fjords, geysers, glaciers et lagunes multicolores. Sans oublier la partie de l'Antarctique que revendique le Chili ou encore l'île de Pâques et ses mystérieux moaï plantés à des milliers de kilomètres au large dans l'océan Pacifique. Une nature farouche dans laquelle se complaisent manchots de Magellan et autres flamants roses. En choisissant un séjour linguistique au Chili, vous combinez l'apprentissage et le perfectionnement de l'espagnol et une aventure à la découverte d'un pays du bout du monde. L'occasion de vous immerger dans une culture très riche qui panache les traditions héritées des Araucans et des Incas et une forte « occidentalité ». Un métissage dont vous aurez un magnifique aperçu à Valparaiso, cité portuaire et artistique aux 45 collines. Mais c'est à Santiago, la capitale, que vous poserez certainement vos valises pour un séjour linguistique.

SANTIAGO

Le 12 février 1541, Pedro de Valdivia ordonne la construction de Santiago de la Nouvelle Estrémadure ; le plan est tracé en carrés comme un jeu d'échecs. C'est sans doute le site extraordinaire de cette vallée ensoleillée, baignée par le fleuve Mapocho et mordant les flancs enneigés de la cordillère des Andes, qui séduit le conquistador. Aujourd'hui, la capitale du Chili accueille plus d'un tiers de la population du pays. On peut être un peu déçu d'emblée par son manque de cohérence architecturale, dérangé par son taux de pollution, agressé par sa frénésie perpétuelle. Mais son charme finit toujours par opérer. Charme de ses grands parcs et de ses petits restaurants, charme de sa vitalité culturelle et de sa position stratégique. Santiago marque la frontière entre le Grand Sud sauvage et le Nord des mines, des lumières brutes et d'une population chaleureuse.

PRATIQUE

- **Nom officiel :** République du Chili.
- **Capitale :** Santiago.
- **Superficie :** 755 776 km^2.
- **Langues :** Espagnol.
- **Population :** 19,5 millions d'habitants
- **Religion :** Catholicisme.
- **Décalage horaire :** Il est de 4 h avec la France au moment de l'été chilien (inversé par rapport au nôtre) et de 6 h au cours de l'hiver. Donc, au mois de janvier, lorsqu'il est 20h à Paris, il est 16h au Chili. En revanche, au mois de juillet, lorsqu'il est 20h à Paris, il est 14h au Chili.

Le drapeau chilien

Le **drapeau** national du **Chili**, dit de « l'étoile solitaire », fut officiellement adopté le 18 octobre 1817. Il s'agit d'un drapeau tricolore composé de deux bandes horizontales de même étendue. La bande inférieure est uniformément rouge. La bande supérieure est divisée en deux portions l'une petite de couleur bleue, l'autre de couleur blanche. Dans la portion bleue s'inscrit une étoile à cinq branches de couleur blanche. Le bleu ferait référence au ciel et à l'océan Pacifique, le blanc aux sommets enneigés de la cordillère des Andes, le rouge au sang versé par les héros nationaux dans la lutte pour l'indépendance du pays et l'étoile aux trois pouvoirs de l'État chilien (exécutif, législatif et judiciaire). Une autre interprétation veut que l'étoile unique face référence à l'État unitaire, à la différence des nombreuses étoiles du drapeau des États-Unis qui représentent l'État fédéral.

Les bonnes attitudes

- **Les Chiliens** sont hospitaliers et ouverts mais certains sujets sont sensibles. Par exemple, ne pas évoquer la guerre du Pacifique et l'appropriation par le Chili de territoires boliviens et péruviens (proclamer que la Bolivie doit avoir accès à la mer n'est pas une attitude très judicieuse !).
- **Ne parlez pas trop du passé et de Pinochet.** Certes il s'agit d'une période historique forte et encore assez proche, mais aujourd'hui les Chiliens ont d'autres sujets de préoccupation et nombre d'entre eux ne se sentent plus vraiment concernés.
- **Prétendre** que le *pisco* est exclusivement d'origine péruvienne ne va pas vous attirer que des amis !
- **Ne chantez pas** sans cesse les louanges de l'Argentine, et d'une manière générale ne comparez pas les Chiliens aux Argentins.
- **Ne refusez** pas une invitation à un *asado*, surtout à la campagne, et préparez-vous à manger énormément !
- **Si vous avez rendez-vous,** n'oubliez pas l'heure chilienne ! Compter souvent une demi-heure à une heure de retard. Mais ne faites jamais remarquer à votre interlocuteur qu'il n'est pas arrivé à l'heure…
- **Soyez poli** et courtois en toute occasion, et vous ne devriez rencontrer aucun problème dans ce pays qui apprécie les gens posés et réfléchis.

- **Monnaie :** Peso chilien ($).
- **Coût de la vie :** Le coût de la vie est relativement élevé au Chili.
- **Moyens de paiement :** De façon générale, évitez d'avoir trop d'espèces sur vous.
- **Pourboires :** Bien qu'aucune loi ne vous y oblige, il est toujours bon de laisser 10 % de l'addition finale aux serveurs des bars, restaurants et pubs. C'est en tout cas une pratique répandue dans le pays.
- **Formalités :** Pour se rendre au Chili, les personnes de nationalité française, belge et suisse ont uniquement besoin d'un passeport en cours de validité excédant de six mois la date de retour ainsi qu'un billet d'avion retour.
- **Santé :** Voyager dans ce pays ne requiert pas de précautions sanitaires particulières si ce n'est une protection contre la chaleur dans le désert du nord ou sur l'île de Pâques et contre le froid et les malaises dus à l'altitude en haute montagne.
- **Indicatif téléphonique :** 56

À VOIR - À FAIRE

Vue sur Santiago du Chili.

Santagio abrite quelques pépites. Et tout d'abord l'**Universidad de Chile** que vous visiterez certainement, monument historique national dont le bâtiment central est considéré comme l'un des plus beaux édifices chiliens du XIXe siècle. Aujourd'hui, avec ses 50 000 étudiants, l'université est un symbole sociétal fort du pays. On se promène avec plaisir dans le **barrio París-Londres**, zone piétonne construite entre 1922 et 1925, mais son histoire remonte à 1618 et l'édification d'une église et de son cloître. En 1921, les Franciscains décidèrent de vendre le terrain et le tracé des rues de la zone fut établi. Aujourd'hui, le Barrio París-Londres a été déclaré zone typique. Sa richesse et sa diversité architecturales en font un quartier unique à Santiago. Autre incontournable du centre-ville, le **mercato central** avec son immense structure métallique en fer galvanisé dont les éléments furent fondus en Angleterre. Achevé en 1868, le bâtiment fut inauguré à l'occasion de l'Exposition nationale de 1872. Aujourd'hui, il est divisé en petites boutiques artisanales et petits restos de spécialités chiliennes assez touristiques ; pour plus d'authenticité, dirigez-vous vers le marché de La Vega.

On ne manque pas le **Museo de arte procolombino** aux 11 salles d'exposition, la collection permanente de

Plaza de las Armas.

céramiques, sculptures et pièces textiles de différentes cultures précolombiennes est saisissante. Ce musée est l'un des plus intéressants de Santiago. Autre incontournable de Santiago le **Palacio de la Moneda,** l'un des plus beaux palais du continent et l'un des bâtiments les plus emblématiques du pays. Siège actuel du gouvernement, le palais de la Moneda fut construit entre 1784 et 1805 pour le ministère des Finances. Il abritait alors l'atelier national où l'on frappait la monnaie, la Casa de Acuñación de la Moneda. On peut franchir les patios intérieurs en semaine et assister au cérémonial de la relève de la garde. Petites boutiques au rez-de-chaussée et au sous-sol, centre culturel avec galeries, expositions et restaurants.

Enfin la **plaza de Armas,** cœur de la capitale, doit son tracé à Pedro de Valdivia, en 1541. Elle était le théâtre d'exercices militaires. La place est entourée d'édifices historiques importants : la cathédrale de Santiago, la Casa de Gobernadores de Chile, qui abrite aujourd'hui la municipalité de Santiago, la Poste centrale et le musée d'Histoire. Sur la place, la statue équestre de Pedro de Valdivia fut offerte à la ville par la communauté hispanique à l'occasion du 150e anniversaire de l'indépendance du Chili. Au sud, sous les arches une multitude de petits restos chiliens, ainsi que des étals qui servent le *completo*, le hot-dog du cru, à bas prix. Toujours très animée, qu'importe l'heure de la journée.

LANGUES

L'espagnol est la langue officielle du Chili, langue maternelle de 93 % de la population. Des minorités, généralement bilingues ou trilingues, parlent allemand, anglais, croate, français, italien, romani. S'ajoutent des langues amérindiennes autochtones, sans statut officiel, dont le runa simi, le mapuche ou l'aymara, et une langue polynésienne, le vânaga rapanui, parlé sur l'île de Pâques. Toutefois, nombre de ces nombreuses langues autochtones ont disparu depuis l'arrivée des Européens.

- **L'espagnol chilien** (ou **castillan chilien**), variante d'espagnol en usage au Chili, diffère des autres variantes ou accents d'Amérique latine par la prononciation, la syntaxe des phrases et le vocabulaire. La façon chilienne de parler se caractérise par une multiplicité de tons pour chaque situation, en plus de sa façon particulière de conjuguer le *tú* (tu, toi) ou *vos* (vous), mais ce mot est considéré comme très informel et d'un niveau inférieur de langue.

LES OFFRES

Vous pensez qu'il n'y a que l'Espagne pour apprendre l'espagnol à l'étranger ? Eh bien non ! Il est possible de choisir une immersion linguistique dans l'un des plus beaux pays d'Amérique latine. Magnifique et atypique, le Chili est une destination rêvée pour des cours de langue à l'étranger chez un professeur particulier. Un apprentissage de l'espagnol sur mesure et intensif pour des progrès certains. A l'enseignement s'ajoute la découverte des paysages époustouflants d'une grande diversité que nous offre le Chili. Sa capitale Santiago réserve à elle seule de belles surprises culturelles ! Nacel propose des séjours chez un professeur particulier dont la famille compte au moins un membre parlant français. Les séjours peuvent durer une ou plusieurs semaines et sont possibles toute l'année. En option, possibilité d'une dizaine de cours en ligne avant et après le séjour.

CHYPRE

Καλώς ήρθατε στην Κύπρος ! (Kalos irthate stin Kypros !) Kıbrıs Hoşgeldiniz ! En grec ou en turc – les deux langues officielles –, bienvenue à Chypre, un des pays les plus étranges d'Europe. Mais d'abord, est-ce encore l'Europe ici ? Oui, bien sûr, mais on est ici à l'extrême sud-est du continent, dans sa partie la plus ensoleillée, qui plus est sur une île, au carrefour des grandes civilisations méditerranéennes, tout près de la Turquie, du Liban, de la Syrie, d'Israël, des territoires palestiniens et de l'Égypte. Géographiquement et culturellement très orientale, la République chypriote n'en est pas moins solidement arrimée au Vieux Continent. Cette ancienne colonie britannique indépendante depuis 1960 a rejoint l'UE en 2004 et adopté la monnaie unique en 2008. Territoire d'une richesse historique incroyable, l'île d'Aphrodite est coupée en deux depuis l'invasion turque de 1974. Casques bleus, barbelés et miradors font partie du paysage au même titre que les plages paradisiaques, les caravansérails ottomans, les fortifications vénitiennes, les églises gothiques franques et les fresques byzantines du Moyen Âge. Paradoxe, les diplomates lassés d'attendre une union ont finalement accepté que l'île entre dans l'Union européenne en dépit de l'occupation d'une portion du territoire par un pays lui-même candidat à l'intégration. Le nouveau président, Nikos Christodoulides, a fait de la réunification sa ligne de bataille.

LIMASSOL

Limassol (Λεμεσός/Lemesos en grec, Limasol ou Leymosun en turc) se situe à 67 km à l'est de Paphos, 68 km au sud-ouest de Larnaka et 85 km au sud-ouest de Nicosie. Si Limassol n'est que la deuxième ville de Chypre en termes de population derrière Nicosie, elle est la plus dynamique et la plus cosmopolite. Son front de mer bordé de plages concentre cinq immeubles qui s'élèvent à plus de 100 m de haut, dont la tour « One », achevée en 2022, la plus haute de l'île (170 m). On y trouve aussi une rutilante marina conçue pour accueillir les yachts des oligarques russes. Le petit centre-ville est très agréable avec son château médiéval, son vieux quartier turc et ses anciens entrepôts conviviaux abritant musées et restaurants. Parmi les sites incontournables le château de Kolossi, imposant château médiéval à proximité de Limassol, mais aussi, au sein du grand jardin municipal du centre-ville, le zoo avec des animaux domestiques de l'île, quelques singes et lémuriens et des flamants roses, sans oublier le plus apprécié : Fasouri Watermania, parc aquatique de 10 ha est aujourd'hui le plus grand de Chypre avec 30 attractions différentes dont le Kamikaze Slide, toboggan à pic de 50 m de longueur qui assure une chute dans l'eau à 50 km/h !

Limassol, rue Genethliou Mitellla.

Les deux drapeaux de l'île

Le drapeau de la république de Chypre

Le drapeau officiel de la république de Chypre a été adopté l'année de l'indépendance. Il fut choisi le 16 août 1960. L'île y est représentée en jaune, pour symboliser le cuivre qui lui donna son nom. Le champ blanc du drapeau et les rameaux d'olivier symbolisent la paix entre communautés grecques et turques. Tant que la division durera, on peut parler d'un drapeau qui reflète plus l'espoir que la réalité. Durant la période ottomane, il n'y avait pas de drapeau chypriote, l'étendard turc était utilisé. Durant la présence anglaise, Chypre a connu deux drapeaux « classiques » des dépendances britanniques : fond bleu et Union Jack dans le coin en haut à gauche. De 1881 à 1922, un rond blanc avec l'inscription CHC y était inséré. De 1922 à 1960, il fut remplacé par deux lions rouges.

Le drapeau de la république turque de Chypre du Nord

Au nord, la partie turque se dota de son propre drapeau le 13 mars 1984 pour bien marquer son indépendance et se faire reconnaître aux yeux du monde (qui ne reconnaît néanmoins ni le pays ni le drapeau). Il est blanc, en souvenir du drapeau de l'indépendance chypriote. On y a ajouté deux bandes rouges et un croissant, symbole de l'islam.

ET AUSSI

Vous pouvez choisir un séjour linguistique en dehors de Limassol, en vous rendant à **Larnaca**, port de la côte sud de l'île de Chypre, au riche patrimoine et à l'ambiance balnéaire. Durant une semaine de stage vous pouvez suivre des cours intensifs d'anglais dans une école de langue ou préparer un diplôme. A Larnaca, on profite de l'environnement du massif du Troodos qui culmine au mont Olympe, à 1 952 m, riche en itinéraires de randonnée. A proximité aussi, il y a le village d'artisans de Lefkara qui abrite de vrais artistes en matière de broderie et d'orfèvrerie. Autre site à ne pas manquer : Kourion, cité-royaume importante de l'Antiquité, dont le théâtre, d'une capacité de 3 500 places, vit un temps des combats avec des animaux sauvages. On y programme, en été, des activités culturelles et des spectacles de théâtre.

PRATIQUE

- **Nom officiel** : République de Chypre – Kypriaki Demokratia (en grec) – Kibris Cumhuriyeti (en turc).
- **Capitale** : Nicosie (Lefkosia).
- **Langues** : Le grec et le turc.
- **Nombre d'habitants** : 1,2 million d'habitants dont 25 000 Chypriotes turcs.
- **Religion** : Les Chypriotes grecs sont chrétiens orthodoxes (Église autonome grecque orthodoxe de Chypre) à 95 %. Les Chypriotes turcs sont musulmans. Minorités de catholiques, de protestants, de chrétiens arméniens, de maronites.
- **Monnaie** : L'euro au détriment de la livre chypriote depuis 2008, au nord la livre turque est en vigueur, même si l'euro est le plus souvent également accepté.
- **Coût de la vie** : Sensiblement identique à celui de la France. Les transports sont assez bon marché. Les prix baissent hors saison touristique.
- **Moyens de paiement** : Le liquide est le moyen le plus courant pour payer vos achats quotidiens. Ce mode de paiement devra avoir votre préférence dans le nord de l'île. Les prix sont fixes, le marchandage n'est pas en vigueur.
- **Décalage horaire** : + 2h par rapport à l'heure du méridien de Greenwich. Ajoutez donc 1h à l'heure française.
- **Climat** : Le soleil brille presque toute l'année.
- **Bagages** : Vêtements légers sauf en hiver où des lainages chauds sont souvent utiles.

Promenade du front de mer à Limassol.

- **Électricité** : 240 volts. Prévoir fiches à trois broches plates dans les constructions modernes.
- **Formalités** : Les citoyens de l'Union européenne sont autorisés à entrer à Chypre munis d'une simple carte d'identité à condition qu'elle comporte une photo. Un passeport suffit ensuite pour pénétrer dans la partie Nord.
- **Santé** : RAS
- **Sécurité** : RAS
- **Indicatif téléphonique** : 357.

Savoir-vivre

- Soyez décemment vêtu et ne portez pas de short quand vous allez visiter des **églises et des monastères**. Visitez les **mosquées** de préférence en dehors des heures de prières collectives, laissez vos chaussures à l'entrée et évitez de passer devant une personne en train de prier.
- Ne pas présenter la **main ouverte** devant un Chypriote, ce geste n'a rien d'amical et signifie « stop ». Nous ne sommes pas en Italie : les Chypriotes utilisent assez peu le langage des gestes. Sur un mode oriental, l'assentiment est discret, l'**enthousiasme contenu** ; on parle assez bas et, contrairement à de nombreux pays méditerranéens, on klaxonne assez peu en voiture.
- Respectez les pancartes portant la mention « **Restricted area – Photography forbidden** » qui signalent souvent des bases militaires et des lieux proches de la frontière avec la zone turque.
- L'eau est un bien précieux à Chypre, et les visiteurs comme les Chypriotes se doivent d'**éviter tout gaspillage.**

À VOIR – À FAIRE

L'île n'est pas très grande, tout est accessible en assez peu de temps. Chypre bénéficie d'excellentes infrastructures en termes de transports et l'on peut facilement glisser d'une plage à l'autre, d'un port à l'autre, d'une ville à l'autre. Vous découvrez alors des paysages de plaines fertiles couvertes d'agrumes et d'oliviers, des collines et des vallées où pousse la vigne et où s'accrochent des villages pittoresques ou encore des montagnes dominées par le mont Olympe où s'accrochent des forêts riches et variées propices aux randonnées et même au ski en hiver. Depuis Limassol, vous pourrez facilement relier les ruines de Phatos, le port de Larnaca, Nicosie, la capitale, Ayia Napa, station balnéaire réputée pour ses plages, son monastère et ses discothèques. Les sportifs apprécieront de pratiquer sur place la plongée sous-marine et, en hiver, de s'adonner au ski et au snowboard à Troodos.

LANGUES

Le grec est parlé par les Chypriotes grecs, le turc par les Chypriotes turcs. L'anglais est parlé partout, et en particulier dans tous les lieux touristiques. Le français et l'allemand sont beaucoup plus rares. Si officiellement les langues parlées à Chypre sont le grec et le turc, il s'agit pour chacune des communautés de dialectes sensiblement différents, le grec chypriote diffère de celui d'un Athénien, de même le turc chypriote diffère de celui d'un Stambouliote. Une part conséquente du vocabulaire est propre à Chypre.

LES OFFRES

Lycéen, étudiant ou adulte, vous souhaitez progresser en anglais ? Un séjour linguistique à Chypre est un bon moyen de découvrir le pays et sa culture tout en améliorant votre anglais.
Et surtout de profiter de l'environnement d'une île méditerranéenne aux saveurs de paradis. À partir de 16 ans, vous pouvez profiter d'un séjour linguistique ensoleillé à Chypre. Des propositions pour renforcer votre anglais général dans une école de langue internationale de Limassol durant une semaine (20h de cours) vous attendent. L'occasion pour les jeunes d'évoluer en autonomie dans un cadre multinational avec des cours d'anglais divulgués au sein d'une école reconnue. Vous séjourner en résidence. L'opportunité de favoriser la rencontre et les échanges avec d'autres étudiants internationaux.

Nicosie.

CORÉE DU SUD

Bienvenue au Pays du matin calme. Ce petit pays de l'Asie du Nord-Est a pendant bien longtemps été dans l'ombre de ses voisins, la Chine et le Japon. Mais depuis quelques années, la « crevette » fait de l'ombre aux baleines. Ce pays aux nombreux trésors exerce une attraction toujours plus forte sur les Occidentaux, grâce notamment à l'exportation de la K-pop au succès mondial, surtout chez les plus jeunes. Mais ne résumons pas sa popularité et sa valeur à cette seule composante. Dans ce pays, encore méconnu, les temples anciens côtoient les buildings futuristes ; l'ultra-modernisme vit en harmonie avec une nature omniprésente composée de mers et de montagnes ; la sérénité des lieux saints est relayée par des nuits endiablées. Sa gastronomie épicée est une autre de ses richesses. Pulsée par sa capitale Séoul, mégalopole qui ne dort jamais, la Corée du Sud a cette magie de pouvoir satisfaire toutes les envies. En effet, que l'on aime la randonnée, l'histoire, le shopping, que l'on soit jeune ou moins jeune, la Corée du Sud sait vous rassasier et vous accueillir.

SÉOUL

Bienvenue à Séoul, nouvelle capitale culturelle de l'Extrême-Orient. Mégalopole verticale, elle offre un paysage urbain flamboyant de néons, niché entre les montagnes et parsemé de parcs. Séoul c'est aussi un joyau d'histoire, opulente de palais royaux et de sanctuaires. Cette ville rayonne par sa culture à travers ses musées et ses nombreux événements artistiques. Ses quartiers marchands attirent des fashionistas d'Asie et d'ailleurs ; ses restaurants par milliers ravissent les plus gourmands. Des sites incontournables en passant par d'autres bien plus secrets et mystérieux, Séoul surprend toujours. Assurément, la nouvelle destination à la mode ! Vois trouverez sans peine la facette de la capitale sud-coréenne qui vous charmera.

PRATIQUE

- **Nom officiel** : République de Corée.
- **Capitale** : Séoul.
- **Langues** : Coréen (한국어), le chinois, le japonais, l'anglais sont enseignés dans les écoles.
- **Nombre d'habitants** : 52 millions habitants.
- **Religions** : Bouddhistes 24 %, protestants 24 %, catholiques 7 %. À noter que 43 % des Coréens sont non-croyants.
- **Monnaie** : Le won.
- **Décalage horaire** : 7h en été, 8h en hiver.

Palais Gyeongbokgung (Bonheur Radieux).

- **Coût de la vie** : C'est l'un des plus élevés de la région avec celui du Japon.
- **Moyens de paiement** : Carte bancaire (Visa, MasterCard, etc.), acceptée presque partout.
- **Marchandage** : Sur les marchés seulement.
- **Pourboires** : Ce n'est pas une pratique locale.
- **Bagages** : En été, tenues légères mais sans dénuder trop le haut du corps, aux maillots de bain préférer short et tee-shirt (personne en bikini sur les plages coréennes), lunettes de soleil, casquette et crème solaire, produits contre les moustiques, imperméable. Pour l'hiver, gros pulls, gants, écharpe et manteau.
- **Électricité** : Pas besoin d'adaptateur.
- **Formalités** : Passeport, pas besoin de visa pour un séjour de moins de 3 mois.
- **Santé** : RAS en ville, dans les zones rurales reculées certains moustiques sont vecteurs de l'encéphalite japonaise. Dans les lieux publics le port du masque est généralisé.
- **Sécurité** : La Corée est l'un des pays les plus sûrs de la planète.
- **Indicatif téléphonique** : +82.
- **Sport national** : Le baseball
- **Plats** : Riz, kimchi
- **Boissons** : Bière, alcool de riz
- **Que ramener ?** Matériel électronique, bijoux en nacre, vêtements *made in Korea*, céramiques, baguettes, cosmétiques, thé, ginseng...

Savoir-vivre

- Saluez en vous courbant légèrement comme **marque de respect** pour votre interlocuteur.
- Tachez de maîtriser **quelques formules de politesse** en coréen, particulièrement appréciées dans un pays où la pratique des langues étrangères reste limitée, sauf chez les jeunes.
- **Ôtez vos chaussures** avant de pénétrer dans une maison ou même dans certains lieux publics et restaurants. Prévoyez des chaussettes, il est mal vu d'être pieds nus.
- **Gardez toujours votre calme**.
- Ne vous montrez pas trop familier en public. Les Coréens sont en général **très pudiques**.
- Portez des **tenues correctes**. Les Coréens attachent de l'importance à l'apparence physique.
- Comme les Coréens, **mangez vite et en silence**.

Le drapeau de la Corée du sud

C'est l'emblème le plus connu et le plus symbolique du pays. Sur un fond blanc, se détache au milieu un cercle composé de 2 parties en forme d'apostrophes s'emboîtant l'une dans l'autre de façon dynamique. Celle du haut, rouge, symbolise le yang, et celle du bas, bleue, le yin. Ce symbole taoïste appelé taegeuk représente le mode d'être de l'univers où yin et yang, terre et ciel, éléments féminins et masculins s'interpénètrent et se transforment en permanence. Le résultat de cette transmutation perpétuelle génère le cercle, symbole de perfection et d'harmonie éternelle. Aux 4 coins du drapeau, se trouve un trigramme issu du fameux *Yi Jing* (ou *Livre des mutations*) chinois.Les 3 barres pleines symbolisent le ciel, les 3 barres coupées, la terre. Les 2 autres trigrammes opposés représentent le feu et l'eau ou le soleil et la lune. Ces 4 éléments regroupés en couples de contraires représentent, comme le taegeuk, la complémentarité essentielle du yin et du yang, fondement de l'harmonie dynamique du monde. Vous savez tout !

À VOIR – À FAIRE

La cuisine de rue coréenne est une expérience en soi. En plus de la multitude de restaurants qui peuplent les rues de Séoul, vous remarquerez, dans les quartiers les plus animés, souvent les quartiers universitaires, et autour des marchés de nuit, un nombre impressionnant d'étals proposant des snacks à petits prix. Un vrai voyage gustatif ! La capitale révèle la magnificence de ses palais royaux Cheongdeokgung, Gyeongbokgung et Gyeonghuigung. On flânera dans les villages traditionnels de Bukchon et de Namsangol, joyau du patrimoine et de la culture. On se laissera conter un passé souvent douloureux en visitant un des nombreux et passionnants musées d'histoire. On s'abandonnera à la découverte de la Séoul luxueuse, opulente et ultra moderne du quartier de Gangnam. On se baladera avec plaisir sur les flancs du mont Namsan dominant la ville, on se rafraîchira le long du cours d'eau Cheonggyechon. C'est avec bonheur qu'on ira se perdre dans le dédale de ses milliers de rues, de ses marchés traditionnels grouillant de vie et de ses zones commerciales.

LANGUES

Le coréen est une langue dont la classification interroge. Certains la comptent parmi les langues ouralo-altaïques et d'autres en font une langue unique en son genre. Les 24 lettres qui composent le hangul 한글, furent inventées en 1443 par le roi Sejong qui souhaitait un apprentissage plus facile qu'avec les idéogrammes chinois et japonais. Moins d'une heure d'apprentissage suffit pour pouvoir lire le coréen. Le coréen a fait beaucoup d'emprunts au chinois et à l'anglais. Pour ne donner que quelques exemples, on peut citer le mot « glace », en anglais *ice cream* et en coréen 아이스크림 (aiseukeulim) ou bien le mot *television*, 텔레비전 (tellebijeon). La Corée affiche un taux d'alphabétisation de 99 %. L'enseignement de l'anglais développé dans le système scolaire permet aux jeunes générations une maîtrise convenable de cette langue.

▸ **Les dialectes** sont très nombreux. Chaque région a le sien. D'une région à l'autre, il est parfois difficile de se comprendre. La langue officielle reste toutefois le coréen de Séoul, diffusé par les médias et enseigné par les ouvrages linguistiques.

LES OFFRES

Entre campagne vallonnée et verdoyante, paysages parsemés de cerisiers, temples bouddhistes et mégalopoles aux immenses gratte-ciel, les séjours linguistiques en Corée du Sud offrent une belle de diversité. Séoul, sa capitale, est un lieu idéal pour apprendre le coréen. Que ce soit pour un objectif personnel ou professionnel, par passion de la K-culture, un séjour linguistique en Corée du Sud est une bonne idée. Dans ce dernier cas, optez pour un séjour linguistique en école de langue internationale avec option K-pop (pour étudiants et adultes aussi). Face à l'engouement pour la Hallyu, ou culture coréenne, Nacel a lancé deux nouveaux séjours linguistiques à Séoul pour les jeunes dès 16 ans. Au programme : des cours de coréen général (16, 24 ou 25 h/semaine) dans une école moderne du quartier dynamique de Hongdaedes, avec hébergement en studio ou résidence. Possibilité d'options avec des cours de chant et de danse pour apprendre des chorégraphies de groupes coréens.

Séoul.

COSTA RICA

Bienvenue au pays de la pura vida. Paradis naturel bordé par la mer des Caraïbes et l'océan Pacifique, le Costa Rica est une terre envoûtante. Ébloui par les parures des Amérindiens qu'il rencontre lors de son quatrième voyage, Christophe Colomb l'a surnommé la «côte riche». Aujourd'hui, son vrai joyau, c'est «l'or vert», une biodiversité parmi les plus riches du monde (6 % de la biodiversité de la planète). La protection de la nature est une priorité au Costa Rica. Près d'un tiers du territoire est protégé en réserve naturelle. Précurseur en matière d'environnement et de développement durable, le pays respecte l'environnement comme un trésor. Y alternent volcans actifs et inactifs, jungles luxuriantes, eaux claires et fonds marins d'une grande richesse. Et ce n'est pas tout ! Pays démocrate depuis son indépendance en 1821, le Costa Rica a aboli la peine de mort en 1882, n'a plus d'armée depuis 1948 et a donné le droit de vote aux femmes dès 1949. Depuis les années 1980, il se mobilise en faveur de la paix et de la liberté. Officiellement neutre, le Costa Rica cultive un état d'esprit pacifiste. Dans cette mouvance, ce petit État d'Amérique centrale est au nombre des pays où l'on vit le plus heureux. Preuve que la pura vida n'est pas juste une façon de penser mais bien une manière de vivre.

SAN JOSÉ

L'agglomération de San José abrite plus de 40 % de la population du Costa Rica. Perchée à 1 150 m d'altitude, la province de San José se situe au cœur même du pays, au milieu de la vallée Centrale, la bien nommée, et sa capitale est le centre de la vie sociale, économique, culturelle et, bien sûr, politique du Costa Rica. Les Josefinos et Josefinas vivent sous un climat printanier toute l'année. Un éternel printemps dû à la combinaison des tropiques et de l'altitude ; il fait en moyenne 25 °C de décembre à avril (saison sèche) et 22 °C de mai à novembre (saison des pluies). On vous contera souvent la ville de San José comme une ville loin d'être agréable. Or, si vous y passez quelques jours, vous prendrez plaisir à aller à la rencontre des habitants et découvrir leur mode de vie. Une parfaite introduction à la culture costaricienne, même si San José n'est pas tout à fait le Costa Rica.

PRATIQUE

- **Nom officiel :** República de Costa Rica
- **Devise nationale :** Que vivent pour toujours le travail et la paix !
- **Hymne national :** Noble patria, tu hermosa bandera
- **Fête nationale :** 15 septembre
- **Capitale :** San José
- **Population :** 5,3 millions d'habitants
- **Langues :** Espagnol. Également de nombreuses langues indigènes : maleku, cabécar, bribrí, guaymí et brunca (boruca)
- **Religion :** Catholiques (76 %), évangéliques (14 %), témoins de Jéhovah (1,3 %), autres (5,5 %), athées (3,2 %)
- **Nature de l'État :** République
- **Monnaie :** La monnaie du Costa Rica est le colón (¢) – colones au pluriel – du nom du « découvreur » Christophe Colomb. 1 € = 572 ¢
- **Téléphone :** Pour téléphoner de la France vers le Costa Rica, composez le 00 + 506 puis le numéro de votre correspondant
- **Décalage horaire :** – 7 h en hiver et – 8 h en été
- **Formalités/visa :** Le visa n'est pas exigé pour les ressortissants français qui se rendent au Costa Rica, si le séjour n'excède pas 90 jours : un passeport est suffisant. Attention cependant, toute personne qui quitte le Costa Rica par l'aéroport international doit s'acquitter d'une taxe de 29 US$ (ou la somme équivalente en colones)

Le drapeau du Costa Rica

Il est bleu, blanc, rouge comme celui de la France, mais à l'horizontal. « La France dresse ses couleurs verticalement, car elle est au centre de la civilisation. Le Costa Rica les érigera horizontalement car c'est une nation qui commence à recevoir les premiers rayons de sa véritable indépendance et de la civilisation du siècle » (José María Castro Madriz, président de la République, 1848).

- **Santé :** Un traitement contre le paludisme est recommandé. Présence endémique de la fièvre jaune. Eau non potable
- **Sécurité :** RAS
- **Risques naturels :** Risques d'inondations et de glissements de terrain pendant la saison des pluies (zone caraïbe et cordillère centrale principalement), risques sismiques et d'éruptions volcaniques (volcan Arenal)
- **Sport national :** Football, volley-ball, basket-ball
- **Plat national :** Le gallo pinto (plat à base de riz et de haricots auxquels on ajoute soit des œufs, soit de la viande), le casado (repas complet comprenant une salade de crudités, du riz, des haricots et de la viande, du poisson ou des fruits de mer)
- **Boissons nationales :** Le guaro (alcool de canne à sucre), les jus de fruits et le café
- **Que rapporter ?** Objets et sculptures en bois (acajou, chêne, cèdre), café, hamac, objets en céramique, en cuir, vannerie, vêtements de coton…
- **Événements :** Fiestas de Santa Cruz (janvier), journée des charretiers à San Antonio de Escazú (mars), foire d'artisanat national à San José (mars), jour de l'indépendance (15 septembre), carnaval à Puerto Limón (octobre), Fiesta de los diablitos à Talamanca (novembre)

À VOIR - À FAIRE

Parmi les spots les plus populaires du Costa Rica : sa capitale San José, ses multiples parcs nationaux et réserves, qui occupent 25 % de son territoire, comme dont Antonio, Corcovado, Tortuguero Monteverde, ou encore ses impressionnants volcans tels que Poás, Arenal ou Rincón de la Vieja. Ajoutons des plages aux eaux cristallines dont celles de Manuel Antonio, des rivières aux chutes sublimes... Le Costa Rica a vraiment de quoi offrir une *pura vida,* la devise du pays. Une leçon de bien vivre.

LANGUE

La langue officielle est l'espagnol. En réalité, c'est plutôt le castillan, qui a la réputation d'être l'un des plus purs d'Amérique latine, mais il est actuellement tellement coloré que l'on se demande à quand remonte cette pureté. Les différences entre l'espagnol d'Espagne et celui du Costa Rica sont peu nombreuses dans le fond. Plus difficiles à saisir sont les déformations ou les usages anciens comme le *voseo* (forme ancienne du vouvoiement), correspondant au vouvoiement français, où *vos* remplace *tu*. La conjugaison de la deuxième personne du singulier s'en trouve modifiée : *tu puedes* = *vos podés*. Mais *tu puedes* est parfaitement compris des Costariciens, comme en Argentine, en Uruguay et au Paraguay. De même, *usted* (« vous », au singulier) et *ustedes* (« vous », au pluriel) sont moins formels qu'en Espagne et s'emploient en famille, entre amis et marquent plutôt l'estime et l'affection. Pour ne pas se tromper, autant employer *usted* pour tout le monde, c'est d'ailleurs ce que font les Costariciens depuis quelques années.

© NicolasMcComber - iStockphoto.com

Séoul.

© alexmikon - iStockphoto.com

Sur la côte Caraïbe, on parle un anglais à la syntaxe espagnole héritée des travailleurs jamaïcains venus s'installer ici à la fin du XIXe siècle – un espagnol métissé d'anglais ou *vice versa* –, mais tourisme et invasion *gringa* obligent, de nombreux Costaricains parlent l'anglais, en plus de l'espagnol qui est un peu différent de celui qu'on a appris à l'école. Ils le parlent vite et en altèrent souvent la prononciation. Ainsi, le *ll* et le *y* s'entendent plutôt « dj » que « y » (par exemple, *amarillo*, « jaune », se prononcera plutôt « amaridjo » ; et *yo*, « je », « djo »).

Quelques tiquismos

- **Entre amis,** *qu'ihubo* remplacera l'habituel *¿ Como está ?* (Comment allez-vous ?), auquel on pourra répondre *pura vida* (qui veut tout dire pourvu que cela soit positif). *Pura vida* est une expression typique du Costa Rica qui est presque devenue sa devise. Sur la côte Caraïbe, on répond parfois *tuanis*, qui est une déformation de l'anglais *too nice* (trop bien).
- ***Con gusto* ou *mucho gusto*** (littéralement « avec goût ») se dit très souvent dans le sens « d'enchanté », de « je vous en prie » ou « avec plaisir » pour le second.
- ***Vieras vos*** (« tu vois »), *fijate vos* ou *imaginaten* reviennent fréquemment dans la conversation, un peu comme une ponctuation.
- **Pour une femme,** on dira *madre* (mère), *mamita* (petite mère) ou *mi hijita* (ma petite fille, de *hija*) qui équivalent à « ma chérie ». Dans la rue, cela devient *chiquita*, *muchacha*, *corazón*, *amor*…
- ***Es buena nota* :** « il/elle est sympathique ».
- **Les jeunes gens** s'appellent entre eux *majes* qui, tout en signifiant « crétin », se traduirait ici plutôt par « mec ».
- **Quelques surnoms sympathiques** servent à définir, voire à interpeller les gens. Ainsi, on pourra vous appeler *gordo/gorda* (gros/grosse), *flaco/flaca* (mince), *negro/negra* (de peau foncée), *macho* (aux cheveux clairs), ou *chino/china* (aux yeux en amandes), *gato* (aux yeux de chat, verts) sans chercher à vous vexer. Ces adjectifs s'emploient un peu n'importe où et n'importe quand.
- ***Achára*** exprime le regret, en cas de perte de quelque chose par exemple.
- ***¿ Y diay ?*** est l'expression d'un grand étonnement.
- ***Ya casi viene*** signifie que ça arrive, ça vient, tout de suite… Y'a pas l'feu, quoi !
- **Une bonne habitude à prendre** qui vous fera presque sentir *tico* est de crier (doucement tout de même) *upe* (« oupé ») à la porte de la maison de l'ami que vous visitez. Ce petit mot serait un reste de *ave de Guadalupe*, une bénédiction au nom de la Vierge du même nom, et remplace ici la sonnette. N'oubliez pas d'ajouter *-ito* ou *-itico* à la fin de vos adjectifs. Enfin, on donne du *don* et du *doña* à tout va. N'hésitez pas à l'utiliser avant le prénom de la personne respectée à qui ou de qui vous parlez, ce sera très apprécié…

LES OFFRES

Le Costa Rica est une belle destination pour améliorer son niveau d'espagnol dans le cadre de séjours linguistiques ou pour partir à la découverte du pays lors d'un séjour itinérant ou encore pour s'investir dans un séjour solidaire ou de volontariat. Sachez que partir à la découverte du Costa Rica en séjour linguistique en immersion, c'est possible avec Nacel.

CROATIE

Indépendante que depuis 1991, la Croatie a une histoire ancienne et agitée. Née suite à l'éclatement de l'ex-Yougoslavie, cette jeune nation des Balkans, située face à la mer Adriatique, est devenue une destination importante du tourisme en Europe. Le pays fait rêver avec ses nombreuses îles posées sur les eaux bleues de l'Adriatique : île de Krk, île de Rab, Archipel de Cres… C'est le pays d'une nature préservée et protégée : montagnes, forêts, cascades, lacs, zones maritimes… La Croatie regorge également de trésors architecturaux. On y découvre des vestiges romains (amphithéâtre de Pula, palais de Dioclétien à Split), du Moyen Âge et de la Renaissance (monastères et églises en Dalmatie et Istrie notamment), de l'époque ottomane, de l'époque communiste, de la période moderne… Zagreb, Split, Pula, Zadar ou Dubrovnik offrent ainsi un patrimoine unique.

PRATIQUE

- **Nom officiel :** Republika Hrvatska
- **Hymne national :** Lijepa nasa domovino
- **Fête nationale :** 25 juin
- **Capitale :** Zagreb
- **Population :** 4 millions d'habitants
- **Langues :** Croate
- **Religion :** Catholiques romains (86,3 %), non-croyants et agnostiques (5,2 %), orthodoxes (4,4 %), musulmans (1,5 %), protestants (0,3 %), divers (1 %)
- **Nature de l'État :** République parlementaire
- **Monnaie :** Anciennement le kuna (kn). La Croatie est passée à l'euro en 2023, mais l'affichage des prix dans les deux monnaies va perdurer encore quelque temps.
- **Téléphone :** Pour téléphoner de la France vers la Croatie, composez l'indicatif international (00) + celui de la Croatie (385), enfin l'indicatif régional, sans le 0 initial, suivi du numéro local.
- **Décalage horaire :** Aucun
- **Formalités/visa :** Carte nationale d'identité ou passeport en cours de validité
- **Santé :** RAS
- **Sécurité :** RAS
- **Risques naturels :** RAS
- **Sport national :** Football
- **Plat national :** Les štrukli (beignets de fromage blanc cuit), le pršut (jambon séché), le chou farci…
- **Boissons nationales :** Vin, bière et rakia (eau-de-vie)
- **Que rapporter ?** Huile d'olive, céramique, bijoux, objets en bois
- **Événements :** Fête nationale (25 juin), festival de Dubrovnik (juillet), festival du folklore à Zagreb (juillet), festival de musique légère à Split (juillet), jeux hippiques à Korčula (septembre), jour de l'indépendance (8 octobre)

Dubrovnik fait face à l'île de Lokrum.

Le drapeau croate

Bleu, blanc, rouge comme le drapeau français, mais avec des bandes à l'horizontale, le drapeau croate porte le blason national en son centre. Les trois bandes tricolores représentent la liberté, un symbole emprunté à la Révolution française. Le blason est constitué d'un damier de 25 cases rouge et blanc. Couronnant le blason, cinq petits boucliers portent les blasons historiques croates. Le premier – le plus ancien du pays – porte l'étoile et la demi-lune, le deuxième représente le blason de la république de Dubrovnik (écu bleu avec deux bandes rouges), le troisième le blason de Dalmatie avec ses trois têtes de lion, le quatrième figure la chèvre en or, symbole de l'Istrie et le dernier, avec la martre et l'étoile, est le blason de Slavonie. Historiquement, c'est en 1508 que le blason de la Croatie apparaît pour la première fois. Le drapeau tricolore est officialisé, qui fusionne le rouge et blanc de la Croatie et le bleu et blanc de la Slavonie. Au moment de la création de l'État yougoslave, en 1918, il fut suspendu mais réapparaît, en 1939, avec le blason au centre du drapeau tricolore, comme emblème national. À partir de 1941, le drapeau est repris par les différents partis au pouvoir : le régime oustachi applique un U dans son angle supérieur gauche. De 1945 à 1990, l'étoile rouge communiste remplace le blason national et il faudra attendre 1990, après l'entérinement de la nouvelle Constitution, pour que le drapeau national soit définitivement adopté.

À VOIR – À FAIRE

Commençons par le sud du pays ! Sur les routes du soleil, de l'Istrie à la Dalmatie, de vastes domaines maritimes défilent comme dans un film. C'est la mer infinie, un riche littoral à découvrir par la côte adriatique ou ses grands fonds. Au large, on passe d'un archipel à l'autre pour en découvrir quelques-uns parmi plus d'un millier d'îles et îlots.
On profite des joies de la plaisance, des fonds sous-marins à explorer, de l'apéritif sur le port avec les pêcheurs, des plaisirs de la table, des nuits chez l'habitant. Si on entre un peu plus dans l'intérieur des hautes terres, les images de grandes plaines, des montagnes tournées vers la mer apparaissent, celles que les fans de la série *Game of Thrones* connaissent bien. Et dans les villes, les monuments historiques dialoguent avec l'art contemporain, l'artisanat vivant, le folklore, la scène musicale, les nombreux festivals. La gastronomie apporte sa contribution.

LANGUE

Le croate est la langue maternelle de 96 % de la population. C'est la langue officielle de la République de Croatie, qui regroupe trois dialectes se distinguant par la forme du pronom interrogatif « quoi ? » : *kaj*, *što*, *ča*. Le kajvakien est parlé au nord de Zagreb, le čakavien à l'ouest du pays et, enfin, le štokavien utilisé partout ailleurs. La plupart des Croates parlent au moins une langue étrangère. La première langue que l'on apprend à l'école est l'anglais. Comme seconde langue, les enfants peuvent choisir l'italien ou l'allemand. Généralement, au nord, en Slavonie, les enfants apprennent plutôt l'allemand comme langue optionnelle et, en Istrie et en Dalmatie, l'italien.
Le français s'apprend très peu à l'école, mais de plus en plus de jeunes s'y intéressent car cette langue est très demandée dans le secteur du tourisme en raison de l'afflux important des visiteurs français ces dernières années. De même, l'afflux des touristes espagnols et portugais motive l'apprentissage de l'espagnol et du portugais.

LES OFFRES

La Croatie est une belle destination pour les jeunes en séjour itinérant. L'occasion de découvrir la beauté de la côte, les parcs naturels régionaux de Plitvice et Krka et leurs cascades, la ville fortifiée de Dubrovnik qui a servi au tournage de *Game of Thrones*, et encore bien d'autres merveilles. En immersion vous pratiquerez facilement l'anglais souvent maîtrisé par les jeunes Croates. Pour les séjours linguistiques, les cours ont généralement lieu en école de langue internationale, à Dubrovnik. Ces séjours conviennent aux jeunes à partir de 16 ans souhaitant évoluer en autonomie dans un cadre multinational avec des cours d'anglais dans une école reconnue. Séjour en résidence.

CUBA

Cuba n'est certes pas le pays de l'abondance de biens de consommation, mais celui d'autres richesses plus précieuses. L'égalité des chances instaurée depuis la révolution castriste de 1959 a éradiqué l'insécurité et une bonne partie de la misère de l'île. Dans le cadre d'un séjour itinérant, Cuba offre un voyage unique qui sort des sentiers battus où l'on apprécie tout particulièrement la chaleur de son peuple et sa philosophie de vie. Autant d'atouts pour enrichir votre niveau de langue lors d'un séjour linguistique. Cuba cultive l'art du dédoublement et du contrepied, lié certainement à son talent inné pour le mouvement, la danse et le rythme. Là où chacun pensait que le régime s'effondrerait après la désintégration de l'URSS, Raúl Castro, assura la continuité du pouvoir, soutenu par un peuple plus fidéliste que communiste. En 2018, Miguel Díaz-Canel Bermúdez a prix sa succession, tout comme il est devenu premier secrétaire du parti, communiste en succédant à Raúl Castro. Ironie des temps, depuis les années 1990, l'État socialiste se livre à l'économie de marché dans l'industrie du tourisme, la principale ressource en devises du pays. L'île accueille chaque année près de 3 millions de touristes. Le marxisme version tropicalisée semble s'accommoder de tout ! Depuis les réformes de Raúl Castro lancées en 2010 pour encourager le développement du secteur privé et de l'auto-emploi, l'économie cubaine semble en pleine métamorphose. Cependant, Cuba reste Cuba. Authentiquement rebelle, fière et résolument insulaire.

LA HAVANE

« Cuba, c'est La Havane, le reste c'est du paysage », disent les Havanais ! Véritable mythe, la capitale cubaine entretient sa légende. La sortie en 1997 de l'album *Buena Vista Social Club* et le succès des films de Wim Wenders stimulent encore un peu plus l'imaginaire autour de la destination. Décalée et altière, La Havane distille ses saveurs toute particulières. Sillonner ses rues, c'est un peu déambuler dans le temps entre ces vieilles *máquinas* américaines des années 1950 (Chevrolet, Pontiac, Buick) amoureusement astiquées et des véhicules français (Peugeot) ou japonais bien plus récents. Bicyclettes, coco taxis et planches à roulettes se mêlent à l'effervescence d'une joyeuse pagaille urbaine. Un tour dans la Habana Vieja et vous voilà plongé dans le plus grand ensemble architectural colonial d'Amérique latine, inscrit au patrimoine mondial de l'Unesco et remarquablement restauré. Ses églises baroques, ses édifices plateresques espagnols, ses palais, ses places, ses bâtiments Art nouveau ou Art déco, sont autant de témoignages d'un patrimoine unique. Loin de se transformer en musée, le quartier historique vibre encore d'une vie sociale authentique : vous verrez les fans de dominos en train de jouer, installés à l'ombre sur un trottoir, les enfants et les adolescents en uniforme, en route pour l'école ou encore ces familles plantées devant la sacro-sainte *telenovela* (feuilleton) du soir, fenêtres et portes grandes ouvertes.

Dans les rues de La Havane.

Capitole de La Havane.

PRATIQUE

- **Nom officiel :** República de Cuba
- **Devise nationale :** La patrie ou la Mort, nous vaincrons
- **Hymne national :** La Bayamesa
- **Fête nationale :** 1er janvier
- **Capitale :** La Havane
- **Superficie :** 110 922 km^2
- **Population :** 11,4 millions d'habitants
- **Langues :** Espagnol
- **Religion :** Catholiques romains (60 %), minorités de protestants (3 %), de cultes afro-cubains et de juifs. Un tiers des Cubains sont non croyants
- **Nature de l'État :** République. État communiste à parti unique
- **Monnaie :** Les Cubains utilisent le peso cubain (noté $) pour les achats courants (nourriture, boisson, etc.) mais aussi le peso convertible (noté CUC) pour les biens de consommation plus chers (meubles, TV, produits multimédias, chambres d'hôtel, etc.). Le CUC est la monnaie utilisée exclusivement par les touristes. Elle remplace le dollar américain (US$) depuis le 8 novembre 2004.Aujourd'hui, 1 € = 1,05 CUC ;
- **Téléphone :** Pour téléphoner de la France vers Cuba, composer le 00 53 + indicatif de la ville + numéro de votre correspondant

Le drapeau cubain

Dessiné par Miguel Teurbe Tolón en 1849, le drapeau cubain est levé pour la première fois lors de la prise de Cárdenas (Matanzas), le 19 mai 1850, lorsqu'un groupe d'aventuriers dirigés par le général Narciso López s'oppose à l'annexion de Cuba aux États-Unis. De symbole de l'indépendance, il est devenu celui de la patrie... Ses 3 bandes bleues représentent les 3 régions de Cuba à l'époque de sa création (l'Occident, l'Orient et le Ventre) alors que les deux bandes blanches symbolisent la pureté. S'ajoute un triangle rouge à gauche, près de la hampe, avec au centre une étoile blanche solitaire à cinq branches. Voici ce que disaient les patriotes réunis en 1848 de la signification du choix de ces couleurs : « Le drapeau de notre République devrait être tricolore comme la cocarde avec laquelle les patriotes français semèrent la terreur parmi les tyrans. Le bleu et le blanc des franges sont comme le ciel et les nuages de notre île. L'étoile nous guide vers un avenir radieux. L'arbre de la liberté se nourrit parfois de sang : le rouge de notre drapeau est celui de notre sang. »

L'ajiaco.

- **Décalage horaire :** – 6h
- **Formalités/visa :** Deux pièces seront indispensables à votre entrée sur le territoire cubain : un passeport en cours de validité et une carte de tourisme. Cette dernière est délivrée par les autorités consulaires cubaines à Paris sur présentation d'un passeport et d'un billet d'avion. Une attestation doit également certifier votre réservation des deux premières nuits dans un hôtel ou une *casa particular*. Le visa n'est valable qu'un mois avec une possibilité de prorogation de 30 jours sur place, sous réserve de l'autorisation des services cubains d'immigration.
- **Santé :** Eau non potable
- **Sécurité :** RAS
- **Risques naturels :** RAS
- **Sport national :** Athlétisme, boxe, base-ball
- **Plat national :** L'ajiaco, ragoût de viande, d'ail et de légumes, les beignets de maïs et les maduros fritos (bananes douces frites)
- **Boissons nationales :** Rhum
- **Que rapporter ?** Percussions, café, guayabera (chemise cubaine), bijoux, musique
- **Événements :** Percuba (avril), fête du feu à Santiago (juillet), carnaval de Santiago de Cuba (juillet), commémoration de la mort de Che Guevara (9 octobre), Las Parrandas à Remedios (décembre).

À VOIR – À FAIRE

Avec plus de 4 000 km de côtes, Cuba offre une multitude de plages aux eaux cristallines, de Varadero en passant par des îles de rêve comme Cayo Largo ou encore Cayo Guillermo et Cayo Coco. Mais Cuba, c'est aussi un pays à l'histoire fascinante, à l'image de ses villes dont l'héritage colonial est vraiment bien préservé. Le quartier de La Habana Vieja à La Havane, les villes de Trinidad et Santiago de Cuba ou encore la vallée de Vinales sont ainsi inscrites au patrimoine mondial de l'Unesco. C'est aussi le pays de la Révolution menée par les figures historiques mondialement connues que sont Che Guevara et Fidel Castro. On visitera des musées et des espaces qui dévoilent cette histoire unique… Et pourquoi pas une randonnée pédestre ou équestre dans la belle vallée sauvage de Viñales ? Au-delà même de l'image de carte postale et des clichés historiques, Cuba est plus complexe qu'il n'y paraît et pour mieux percevoir la réalité de cette île crocodile, l'idéal est de séjourner au plus près de la population cubaine en choisissant de passer quelques nuits en *casa particular*, par exemple.

LANGUE

À Cuba, on parle espagnol. Pas de dialectes comme dans d'autres îles des Caraïbes. Cependant, il existe un argot typique dans certaines régions de l'île, particulièrement à La Havane ou à Santiago.

- **Variantes phonétiques.** L'espagnol de Cuba se distingue par une simplification de prononciation : pas besoin de prononcer le *z* et le *c* espagnols de la *ceta*, ni le *j* de la *jota*, qui ici devient à peine un *h* aspiré. C'est un espagnol très chantant et adouci dont les sifflantes sont pratiquement gommées. Attention, en fin de mot, on dit *do* pour *dos*, et si vous dites *dos* (deux), votre interlocuteur cubain a toutes les chances de comprendre *doce* (douze). Ceci pour échanger avec les locaux, car vos cours d'espagnol, eux, seront en espagnol classique, bien entendu.

LES OFFRES

Un séjour linguistique ou itinérant à Cuba est une destination exotique pour travailler votre espagnol tout en découvrant une culture différente, dans une ambiance chaleureuse et festive. Nacel propose des séjours linguistiques à La Havane à partir de 16 ans avec des cours particuliers d'espagnol. Une immersion linguistique dans la culture, la langue et dans la famille de l'enseignant pour des progrès et une expérience unique.

VERSION NUMÉRIQUE
OFFERTE
Obtenez votre guide numérique en scannant le QR code
ou rendez-vous sur le site
www.ebookfute.com
avec le code avantage
BGJPHU
petit futé
VERSION NUMÉRIQUE OFFERTE
SÉJOURS LINGUISTIQUES
DÉCOUVERTE ET ITINÉRANTS
SPÉCIAL JEUNES
OFFRE VALABLE JUSQU'À L'ARRÊT DE COMMERCIALISATION DU TITRE EN FRANCE MÉTROPOLITAINE ET DANS LE MONDE ET SOUS RÉSERVE QUE LE NOMBRE DE TÉLÉCHARGEMENTS SOIT INFÉRIEUR OU ÉGAL AU NOMBRE D'EXEMPLAIRES DE GUIDES PAPIER IMPRIMÉS. FORMATS DISPONIBLES POUR SMARTPHONES, TABLETTES, LISEUSES ET ORDINATEURS PC OU MAC.
© PERFECTLAB - SHUTTERSTOCK.COM

DANEMARK

À la pointe du design et des nouvelles technologies, riche d'une nature très typée, ce pays où il fait bon vivre mêle tradition et modernité, simplicité et originalité constitue une destination intéressante pour un séjour linguistique ou itinérant. Il arrive en 3e position des pays où l'on maîtrise le mieux l'anglais ! La mer Baltique, toute proche, baigne la capitale et son flot de cyclistes dans les embruns. Les landes du nord de la presqu'île du Jutland offrent un paysage peu familier de dunes vallonnées s'accrochant à des falaises ou recouvertes progressivement par le sable. Les fjords offrent d'autres paysages spectaculaires de lacs, de forêts de hêtres et d'innombrables et charmantes îles. C'est à mi-chemin entre l'Islande et la Norvège, dans l'Atlantique Nord, que l'on découvre l'un des joyaux de la couronne danoise : les îles Féroé, archipel volcanique et verdoyant, balayé par un souffle pur qui caresse de douces montagnes où reposent d'anciennes bourgades. Voyager dans le Grand Nord, c'est finalement se laisser porter par une nature bienfaisante et un peuple accueillant… Alors, selon la devise locale « Vivez et laissez vivre ! ». En toute simplicité puisqu'en danois, le vouvoiement a été abandonné par souci d'égalité. On ne dit plus « vous » qu'à la reine…

COPENHAGUE

La capitale du Danemark, connue pour être à la pointe du design et des nouvelles technologies, est également appréciée pour sa qualité de vie. Il fait bon séjourner dans ce port paisible en profitant des pistes cyclables et de cette façon locale de prendre son temps. Les Copenhaguois sont les inventeurs du courant *hygge* et du délicieux *smorrebrod*. Ici cohabitent modernité, simplicité et originalité. Et s'affirme une identité qui puise dans un passé viking et les sagas nordiques. Alliant courtoisie, rigueur et décontraction, les habitants se distinguent par une discrétion légendaire qui dissimule une redoutable efficacité. Copenhague la paisible, celle qui inspira les contes de Hans Christian Andersen, ne manquera pas de vous séduire. Et n'oubliez pas d'aller saluer la petite sirène sur son rocher en bord de mer. En séjour linguistique à Copenhague, nul doute que vous ayez au programme les incontournables, la visite du château d'Amalienborg, un ensemble de 4 palais au centre de la ville autour d'une place, résidence d'hiver de la famille royale qui d'ailleurs n'y réside plus guère, la visite. Celle des Jardins de Tivoli, le parc d'attractions le plus visité et l'un des plus vieux au monde, et de Christiana, ancien quartier hippie de Copenhague.

PRATIQUE

- **Nom officiel :** Kongeriget Danmark
- **Devise nationale :** L'aide de Dieu, l'amour du peuple, la force du Danemark
- **Hymne national :** Der er et yndigt land
- **Fêtes nationales :** 5 juin et 16 avril
- **Capitale :** Copenhague
- **Superficie :** 43 098 km²
- **Population :** 5,8 millions d'habitants

Le drapeau danois

Le Dannebrog, c'est le fameux drapeau rouge à croix blanche du Danemark, qui représente le pays depuis cinq cents ans et qui, selon la légende, est tombé du ciel en 1219 lors de la conquête de l'Estonie. Mais il n'apparaît sur les navires de la marine danoise qu'à partir de 1580. Aujourd'hui, il est partout. Sur les bâtiments officiels, bien sûr, à tous les coins de rue des villes, mais aussi sur les gâteaux d'anniversaire, en guirlande sur les sapins de Noël, hissé sur les hampes des jardins des maisons et des cours d'immeuble. On agite aussi frénétiquement des petits drapeaux de papier à l'aéroport pour accueillir quelqu'un qui rentre au pays ! Les membres de la famille royale y inscrivent leurs propres armoiries.

Quartier du Nyvahn.

TOP 10

A VOIR / A FAIRE
COPENHAGUE

Aucun risque de vous ennuyer lors de votre séjour dans la capitale danoise. Le charme de la ville opère dès le premier pas posé sur ses pavés, au demeurant fort nombreux, alors les stilettos ou les chaussures aux semelles rigides… aux oubliettes ! Pensez confort, enfilez plutôt vos sneakers ! Car Copenhague a la magie des villes qui ont su préserver l'atmosphère d'un passé historique riche et s'ouvrir au monde contemporain sans altérer sa beauté. Musées, quartiers, édifices altiers… : le programme est varié et vous ne serez jamais déçu, foi de *Petit Futé* !

© XAVIER ALLARD - ADOBE STOCK

CHRISTIANIA
Quartier à la fois champêtre et urbain, friche à street-art, patrie du cannabis. Bienvenue à Christiania, la « ville libre » quinqua !

© SEANPAVONEPHOTO

JARDINS DE TIVOLI
Bienvenue dans le monde enchanté des fêtes foraines. Un univers de sucreries et de décors féeriques où retrouver son âme d'enfant.

DEN BLÅ PLANET-AQUARIUM
Plongez dans l'univers marin de la Planète Bleue. Une découverte à la fois ludique et pédagogique pour toute la famille.

© LOUISIANA MUSEUM OF MODERN ART

© EVIKKA - SHUTTERSTOCK.COM

LOUISIANA - MUSÉE D'ART MODERNE
HUMLEBÆK
Un lieu magique dédié à l'art dont la visite est indispensable, même par mauvais temps ! Un musée aussi beau dehors que dedans.

NOUVEAU PORT (NYHAVN)

Le port de Nyhavn est superbe avec le reflet de ses maisons de toutes les couleurs et les mâts nus de ses bateaux à voile.

© THIERRY LAUZUN - ICONOTEC

© CINOBY

LA PETITE SIRÈNE (DEN LILLE HAVFRUE)

Nul ne peut l'ignorer, la Petite Sirène est le symbole de Copenhague, immortalisée à jamais par le célèbre conte d'Andersen.

© LEPNEVA IRINA - SHUTTERSTOCK.COM

NY CARLSBERGS GLYPTOTEK

Des collections exceptionnelles dans un cadre exceptionnel ! Un panorama complet de l'Antiquité au tournant de l'art moderne.

THE GRAND CANAL TOUR

Une croisière sur les canaux, un voyage au cœur de la ville sur les flots, aborder l'histoire et son patrimoine depuis l'eau.

© THE ROYAL DANISH COLLECTION

PALAIS D'AMALIENBORG

Pour tout savoir du quotidien de la famille royale, une visite à Amalienborg s'impose. À midi pétante : la relève de la garde !

© ISSAURINKO - ISTOCKPHOTO

© ANIBAL TREJO - SHUTTERSTOCK.COM

TOUR RONDE (RUNDETÅRN)

Observatoire-clocher, la Tour ronde vaut le détour. Une vue à couper le souffle mais pas la montée... grâce à sa rampe d'accès.

Amagertorv à Copenhague.

- **Langues :** Danois
- **Religion :** Évangéliques luthériens (84,7 %), autres protestants et catholiques romains (2 %), autres religions (7 %)
- **Nature de l'État :** Monarchie constitutionnelle
- **Monnaie :** Couronne danoise (DKK)
- **Téléphone :** Pour téléphoner de la France vers le Danemark, composer le 00 + 45 + numéro local à 8 chiffres. Il n'y a pas de différence de numéros entre une ligne fixe et les lignes pour les portables
- **Décalage horaire :** Sans
- **Formalités/visa :** Carte nationale d'identité ou passeport
- **Santé :** RAS
- **Sécurité :** RAS
- **Risques naturels :** RAS
- **Sport national :** Football
- **Plat national :** Les fricadelles (boulettes de viande), le smørrebrød (tranche de pain de seigle recouverte de hareng, saumon, salade, œufs durs, oignons...), le hareng (nombreuses recettes)
- **Boisson nationale :** Bière
- **Que rapporter ?** Verrerie, porcelaine, argenterie, céramique, objets en bois, textiles et Lego.

Île de Møn.

- **Événements :** Marché Viking à Ribe (mai), festival de rock de Roskilde (juin), festival viking à Frederiksund (juin), congrès mondial des Pères Noël à Bakken (juillet), festival Andersen à Odense (juillet), grande parade de Noël à Copenhague (fin novembre)

À VOIR - À FAIRE

Vous prendrez le temps de déambuler dans la capitale, en profitant de son port typique Nyhavn, en découvrant le palais d'Amalienborg, le château de Christiansborg, le jardin de Tivoli et le Musée national et la Glyptoteket, ainsi que des tours à l'architecture audacieuse et la brasserie Carlsberg. Empruntez des ponts défiant la logique et l'imagination pour rejoindre Christianshavn et la ville libre de Christiania... Le Danemark est aussi une belle destination nature qui impressionne avec les régions de fjords, les falaises de craie sur l'île de Møn ou encore l'île de Bornholm.

LANGUE

Le danois fait partie du groupe des langues germaniques. L'ancien nordique, langue viking, fut utilisé en Scandinavie du VIe au XIIIe siècle. L'alphabet alors utilisé consistait en signes divers appelés runes dont on retrouve encore des traces, des fameuses pierres runiques de Jelling jusqu'à celles du Jutland. Les langues scandinaves se sont ensuite diversifiées en introduisant l'ancien danois jusqu'au XVIe siècle, puis le danois moderne utilisé de nos jours. On retrouve de grandes similarités entre le danois, le norvégien et le suédois. Ceux qui maîtrisent l'allemand ont des facilités pour apprendre le danois, du moins pour la lecture : la prononciation et la compréhension sont plutôt difficiles ! Sachez enfin que l'alphabet danois compte trois lettres de plus que nos vingt-six lettres, en fin de liste : *æ* (« è »), *ø* (« eu »), *å* (« o »). Par ailleurs, le *y* se prononce « u ».

LES OFFRES

Les pays du Nord sont connus pour l'excellence de leur système éducatif et par le bilinguisme en cours chez les plus jeunes. Au Danemark, vous pourrez vous perfectionner en anglais, voire en danois, et vous immerger dans la culture et la nature en découvrant le pays lors d'un séjour itinérant. CLC, Club Langues & Civilisations propose aux lycéens, étudiants ou adultes des cours particuliers d'anglais lors d'un séjour avec logement chez le professeur à Amsterdam, Helsinki, Oslo, Copenhague ou Stockholm.

ÉCOSSE

L'Écosse évoque des images de brume, de lochs, de châteaux, le son d'une cornemuse, des hommes en kilt, un accent à couper au couteau... Un pays tout à la fois de clichés et de mystères, une nation fière, rebelle, clanique. Mais c'est surtout une destination enchanteresse qui se découvre de l'intérieur. Un séjour linguistique vous donnera cette occasion. On apprécie les paysages écossais comme autant d'œuvres d'art sous une luminosité unique. On admire une nature tantôt verdoyante, tantôt désertique, voire lunaire.
On découvre l'histoire à la fois soudée et tendue avec l'Angleterre, mais aussi celle de la relation amicale avec la France. Peut-être aurez-vous la chance d'observer des macareux et des phoques, des dauphins et des cervidés. Et sans nul doute vous croiserez les belles vaches des Highlands.

ÉDIMBOURG

La capitale écossaise est une cité magique, intrigante et romanesque, qui fascine chaque visiteur. Il y en a ici pour tous les goûts. Édimbourg est tout à la fois la ville de la jeunesse et celle de vieux bardes en kilt, celle d'une histoire gravée dans la pierre et de l'innovation, celle des traditions préservées et de l'ouverture sur le monde... Une richesse qui lui vaut d'être doublement classée par l'Unesco : au patrimoine mondial de l'Humanité et comme ville de la Littérature. On s'y sent comme dans un petit village chaleureux et à la fois dans une capitale effervescente. Une immersion vraiment dépaysante mais également efficace pour un apprentissage coloré et agréable de l'anglais. La ville est marquée aussi par la présence du château d'Édimbourg, ancienne forteresse située dans le centre de la ville et celle de Holyrood Palace, le palais où séjournait la reine d'Angleterre lors de ses séjours officiels en Écosse. Lors d'un séjour linguistique estival à Édimbourg, les participants ont l'occasion de participer à des fêtes populaires et d'assister à des spectacles variés.

GLASGOW

Ce n'est pas la capitale de l'Écosse mais une ville pourtant plus grande qu'Édimbourg. Cela tient à son histoire industrielle. Son architecture est essentiellement issue de la Révolution industrielle et de l'ère victorienne. D'où de superbes quelques trésors stylistiques comme l'Université ou le Kelvingrove Museum. Longtemps l'une des portes d'entrée principales du commerce avec les colonies américaines, en gagnant son indépendance, son

Kelvingrove Art Gallery and Museum à Glasgow.

Le drapeau écossais

Réputé pour être la plus vieille bannière nationale encore utilisée, le drapeau écossais est aussi connu sous le nom de Saltire ou St Andrew's Cross. Ses bandes blanches sont censées représenter la croix en diagonale où fut supplicié saint André, le patron du pays.
La légende raconte que ce dernier serait apparu au roi Angus en rêve au IXe siècle, alors qu'il menait les Pictes et les Gaëls contre les ancêtres des Anglais (les Angles). Le saint lui avait promis la victoire et le lendemain, durant la bataille, le roi affirma avoir vu les nuages former une croix blanche dans le ciel bleu. Les Écossais furent victorieux et leur symbole était né.

port s'oriente vers la construction navale et sa prospérité attire de nombreux travailleurs venus des Highlands et d'Irlande. La confrontation entre catholiques et protestants déclenche dès lors et pour longtemps une animosité connue sous le simple nom de *sectarism*. Avec l'émergence de nouvelles économies dans les années 1950 et 1960, la désindustrialisation frappe durement Glasgow alors gagné par la pauvreté, le chômage et la violence. Il faut attendre la fin des années 1980 pour voir la ville devenir un pôle culturel, commercial et universitaire de premier ordre. Aujourd'hui les séjours linguistiques y sont nombreux et c'est une nouvelle vocation qui lui permet de tirer également son épingle du jeu. Les apprenants vont visiter le Robert Burns Birthplace Museum, maison natale du poète national écossais, la Hunterian Art Gallery, au sein de l'université qui entend présenter ses collections d'art en les rendant accessibles à tous, et le magnifique Stirkling Castel qui nous plonge dans l'époque de la Renaissance de façon très vivante.

PRATIQUE

- **Nom officiel :** Royaume-Uni.
- **Capitale :** Édimbourg (Edinburgh).
- **Superficie :** 77 933 km². Le territoire écossais représente 30 % de l'ensemble du Royaume-Uni.
- **Langues :** L'anglais et le gaélique écossais, reconnu langue officielle depuis 2005. S'ajoutent des langues celtiques locales et le scots, langue germanique proche de l'anglais.
- **Nombre d'habitants :** 5,45 millions d'habitants (moins de 10 % de la population totale du Royaume-Uni).
- **Religion :** L'Église presbytérienne (Église officielle d'Écosse) compte près d'un million de membres.
- **Monnaie :** La livre sterling et la livre écossaise ont la même valeur et circulent toutes deux sur le territoire écossais.
- **Décalage horaire** : – 1 h
- **Monnaie :** La livre sterling et la livre écossaise ont la même valeur et circulent toutes deux sur le territoire écossais.
- **Coût de la vie :** Semblable à celui en cours en France.
- **Bagages :** Été comme hiver, prévoir un imperméable, en été, crème solaire, casquette, lunettes de soleil, en hiver, prévoir un gros pull en laine et des vêtements chauds. Si vous voyagez au printemps ou en automne, le climat est assez doux. Prévoir de bonnes chaussures de marche.
- **Électricité :** Prévoir un adaptateur.
- **Formalités** : Un passeport est indispensable, pas de visa si séjour de moins de trois mois
- **Santé** : RAS
- **Sécurité** : RAS
- **Indicatif téléphonique :** +44.

Les bonnes attitudes

- **Dites que vous êtes français** : les Écossais adorent les Frenchies en raison de leur passé conflictuel commun avec les Anglais !
- **Goûter la cuisine** et plus particulièrement la panse de brebis farcie et le faire savoir si vous aimez ça.
- **Ne pas négliger les règles de politesse** comme celle d'attendre votre tour avant de monter à bord d'un bus.
- **Ne jamais critiquer la famille royale** lorsque l'on est étranger.
- **Ne pas polémiquer autour du foot ou de la religion**.
- **Ne pas oublier un vêtement de pluie et un pull** lorsque l'on part se promener à pied ou à vélo car le temps change très vite, de plus, ils vous protégeront des attaques de moustiques et de mouches.

LES DESTINATIONS

À VOIR – À FAIRE

Des Borders aux îles des Orcades et des Shetland, on ne compte plus les châteaux, les palaces, les demeures nobiliaires, les abbayes, les donjons, les pierres levées et les sites préhistoriques. Ces sites s'inscrivent au sein de paysages magnifiques, souvent sauvages. Les Highlands, les Hébrides, le Cairngorms National Park, la région de Lochaber ou la région de Dumfries et Galloway sont autant de sites splendides. En version urbaine, Glasgow et Édimbourg sont deux cités dynamiques au patrimoine architectural exceptionnel. Vous pourrez alors prendre le temps de déguster un *single malt,* ou de relire les livres de Walter Scott et Robert Louis Stevenson.

▶ **Édimbourg** recèle de très nombreux édifices classés. Le quart du patrimoine écossais remarquable s'y concentre. On peut citer : Edinburgh Castle, Holyrood Park, le Museum of Edinburgh, le Royal Yacht Britania, le Real Mary King's Close, la National Gallery of Scotland and Royal Scottish Academy, à la Rosslyn Chapel, au Royal Botanic Garden et enfin le Parlement écossais. Enfin, cette ville universitaire se distingue par sa vitalité culturelle. En point d'orgue chaque année, le Festival international d'Édimbourg (EIF), qui a lieu au mois d'août, durant trois semaines, depuis 1947, attire des centaines de milliers de spectateurs. Pour en savoir plus : www.eif.co.uk

▶ **Glasgow** abrite des musées de grande qualité, notamment en ce qui concerne l'art contemporain, son shopping est l'un des meilleurs du Royaume-Uni en dehors de Londres. Nombreux sont les touristes qui n'y passent qu'une journée, en route pour le nord. Sachez que vous pouvez y prendre votre temps, les attractions sont pléthore et on ne se lasse pas si vite de cette ville aussi passionnante que passionnée, qui a été désignée *city of music* par l'Unesco.

LANGUES

Même si la langue officielle reste l'anglais, sachez qu'on parle également en Écosse deux langues celtes rassemblant environ 50 000 locuteurs : le *braid scots* dans les Lowlands et le gaélique d'Écosse dans les Highlands, dans les îles du Nord, dans le centre des Lowlands et dans les Uplands du sud du pays. Ces langues sont moins utilisées qu'en Irlande, mais elles connaissent aujourd'hui un regain d'intérêt par désir d'identité nationale. L'anglais, quant à lui, est entendu plus particulièrement au sud et, dans les villes, on peut entendre des langues issues des nouvelles vagues migratoires.

▶ Malgré une série de lois relatives à sa légitimité, le gaélique écossais n'a pas de droit reconnu par le Parlement britannique ou par le Scottish Office (le Parlement écossais). Sur le plan médiatique, il n'est pas très représenté : malgré les efforts de la BBC, il n'y a que peu de programme télévisuel par an, deux sociétés de production de téléfilms et une seule revue.

LES OFFRES

© Georgeclerk - iStockphoto.com

Apprenez l'anglais en Écosse, terre de légendes

Enfilez votre kilt et embarquez pour un séjour linguistique en Écosse ! Améliorez vos compétences en anglais grâce à des cours de langue en compagnie de jeunes venus du monde entier. Vous aurez sans cesse l'occasion de pratiquer l'anglais et de progresser à l'oral lors d'un voyage linguistique en Écosse, en cours et en dehors des cours. Édimbourg est une merveille destination pour les séjours linguistiques. Tous les organismes ainsi des séjours variant selon l'âge, le niveau de langue ou les objectifs de chacun. Séjour avec hébergement chez l'habitant ou en campus international, séjour départ d'Édimbourg pour un circuit à la découverte de l'Écosse, etc.

Glasgow constitue une alternative très intéressante et moins courue peut-être. L'une ou l'autre cité vous donne accès à de nombreuses activités et animations pour vous permettre de progresser rapidement en anglais tout en vous amusant. Apprendre l'anglais dans une ambiance celtique, au son des cornemuses... la bonne idée ! Parmi les best-sellers de l'été pour les jeunes : les séjours mariant cours d'anglais et cours de tennis à Édimbourg.

EMIRATS ARABES UNIS

Bienvenue au pays de la démesure, du luxe et de bling-bling ! Aux buildings rivalisant de modernité dont l'illumination nocturne anime les villes aux caravanes de chameau dans le désert quel grand écart ! Dunes à perte de vue ou concentration de gratte-ciel et de centres commerciaux comme autant de mirages. Les patrons du pétrole ont édifié des émirats ultra-modernes en un rien de temps qui composent et attirent les grosses fortunes et les VIP. Au programme désormais de nouveaux engagements pour que perdure cette fantastique manne : énergies nouvelles, high tech, design d'avant-garde, création muséographique, commerce de luxe, tourisme de grand luxe, haute gastronomie et même séjours linguistiques... Une expérience !

DUBAÏ

Dubaï désigne à la fois l'un des Emirats arabes unis et sa capitale toute de gratte-ciel délirants, hôtels de luxe et boutiques griffées. Au menu : caviar, champagne, marbre, cristal et or 24 carats ! La nuit, les fortunes s'exhibent, les VIP se montrent et les DJ électrisent la piste. Le spectacle est permanent dans cette ville où cohabitent toutes les nationalités, les voitures de luxe et les bateaux géants.

Un concentré de démesure et de records avec la Burj Khalifa de 830 m de haut, l'autoroute à 7 voix la plus large du monde, une marina de 200 gratte-ciel, le Burj Al Arab, hôtel autoproclamé seul 7 étoiles au monde avec ascenseur plaqué or. Dubaï est incontestablement le lieu le plus branché du Moyen-Orient, celui qui attire la jet-set des pays arabes, les VIP du monde entier et les touristes plus ou moins fortunés. Spectaculaire, l'immense Palm, île artificielle en forme de palmier aux 8 000 villas grand luxe, et ce World, archipel de 300 îles artificielles composant la carte du monde. Incroyable, cette station de ski couverte. Outre sa ville blain sortie du sable en 30 ans, Dubaï offre un désert magnifique, mais aussi ses montagnes avec la chaîne du Hajar frontalière avec le Sultanat d'Oman. Et les touristes s'en donnent à cœur joie : plaisirs balnéaires et parcs d'attractions, course en 4X4 à travers les dunes, nuit sous tente dans le désert, courses hippiques ou championnat du monde de Formule 1... Dubaï c'est la folie des grandeurs sans limite aucune.

PRATIQUE

- **Nom officiel :** دولة الإمارات العربيّة المتّحدة
- **Hymne national :** Ishy Bilady
- **Fête nationale :** 2 décembre
- **Capitale :** Abou Dhabi
- **Superficie :** 82 880 km^2
- **Population :** 10,5 millions d'habitants. En raison de la présence de nombreux travailleurs immigrés, les émirats comptent 2,2 fois plus d'hommes que de femmes, le taux le plus élevé au monde – hors Vatican. Près de 88 % de la population est constituée d'émigrés.
- **Langues :** Arabe
- **Religion :** 96 % de musulmans (80 % de sunnites, 16 % de chiites). 4 % de chrétiens, hindous et autres.
- **Nature de l'État :** Fédération d'émirats.
- **Monnaie :** United Arab Emirates Dirhams (AED).

Le drapeau des Emirats Arabes Unis

Il était initialement bicolore, à l'époque où les États de la Trêve étaient sous protectorat. Les Britanniques avaient attribué aux différents émirats des étendards blanc et rouge. Le drapeau des émirats est de quatre couleurs depuis le 21 décembre 1971, date de la création officielle de la Fédération des Émirats arabes unis. Il se compose d'une bande verticale rouge et de trois bandes horizontales égales de couleurs vert, blanc et noir. Les couleurs initiales conservées symbolisent la neutralité pour le blanc, le sang versé dans la défense du territoire pour le rouge. Se sont ajoutés le vert, symbole de l'islam, et le noir, symbole du pétrole.

TOP 10

À VOIR / À FAIRE

DUBAÏ

Dubaï est le paradis du shopping et des centre commerciaux, point final ! Complètement faux. Voyez ces propositions aussi diverses que riches de visites culturelles, de lieux pittoresques et inattendus, du quartier perse aux galeries d'art ultra tendance, des aquariums géants aux plages élégamment aménagées, des gratte-ciel aux tours à vent. Cette cité du troisième millénaire plaît aussi bien aux petits qu'aux grands, aux amoureux d'architecture comme aux fous de shopping et elle ne laisse personne indifférent. Vous allez regretter de ne pas rester plus longtemps.

© ISMAIL NOOR - SHUTTERSTOCK.COM

ALSERKAL AVENUE

Epicentre de la vie artistique, cet arrondissement culturel vous permet de découvrir des galeries d'art avant-gardistes !

© CHARLOTTE FICHEUX

LES FONTAINES DANSANTES DE LA BURJ KHALIFA

Fascinant spectacle à la nuit tombée de ces fontaines qui, au son de célèbres airs, se mettent à danser dans la lumière.

BURJ KHALIFA

Monter en haut de la plus haute tour du monde pour admirer Dubaï sur une plateforme d'observation au 125e étage : vertigineux !

© DTCM DUBAI

© CATHYLINE DAIRIN

MOSQUÉE JUMEIRAH

Une visite pour tout comprendre sur les fondements de l'Islam et ses traditions et pour poser sans tabou toutes les questions !

MUSÉE AL SHINDAGHA

Ce petit musée est consacré à l'histoire de la ville. A voir absolument : Le petit film qui explique l'histoire de la ville !

© MUSÉE AL SHINDAGHA

© ROBERT HAANDRIKMAN - SHUTTERSTOCK.COM

SOUK DES EPICES & DU PARFUM

Un labyrinthe de boutiques proposant des épices venues d'Iran et des effluves d'Oud vont vous transporter sur les routes d'antan !

© DSABO - ISTOCKPHOTO

LES PLAGES LE LONG DU LITTORAL

Un sentier pédestre longe le littoral sur 14 km de plages publiques, de quartiers résidentiels et de petits ports de pêche.

THE DUBAI MALL - SOUK AL BAHAR

Voici le plus grand mall du monde et le bâtiment le plus visité au monde depuis plusieurs années. Comment ne pas y entrer ?

© S-F - SHUTTERSTOCK.COM

© KAH LOONG LEE - SHUTTERSTOCK.COM

QUARTIER HISTORIQUE AL-FAHIDI (BASTAKIYA)

Quartier perse, pittoresque et historique pour une balade dans un dédale de ruelles. Nombreuses maisons abritant des tours à vent.

© S-F - SHUTTERSTOCK.COM

THE LOST CHAMBERS AQUARIUM

Dans un dédale de galeries obscures au décor mystérieux, on déambule parmi les 65 000 poissons de cet immense aquarium. Envoûtant !

- **Téléphone :** Pour téléphoner de la France vers les Emirats arabes unis, composez le 00 97 + indicatif de l'émirat, puis le numéro de votre correspondant.
- **Décalage horaire :** + 2 h en été et + 3 h en hiver.
- **Formalités / visa :** Les ressortissants européens obtiennent à leur arrivée à l'aéroport un tampon mentionnant un séjour autorisé de 30 jours.
- **Santé :** Eau non potable. L'été, les températures dépassent fréquemment les 35 °C, il est donc nécessaire de se prémunir contre les méfaits du soleil.
- **Sécurité :** RAS
- **Risques naturels :** RAS
- **Sport national :** Courses de chevaux, de dromadaires et de dhows (bateaux).
- **Plat national :** Shawarma (lamelles de bœuf ou de poulet mariné et épicé enveloppé dans du pain arabe), taboulé, humus (purée de pois chiches).
- **Boissons nationales :** Café et ayran (boisson au yaourt), alcools proscrits.
- **Que ramener ? :** Tapis, bijoux, épices, khandjars...
- **Évènements :** Dubaï Shopping Festival (mars), Dubaï Camel Race Course (tous les jeudis et vendredis d'octobre à mai), fête nationale (2 décembre), grand prix de F1 d'Abou Dhabi (variable).

Savoir-vivre

Ici le touriste et l'étranger – du moins le visiteur, pour le travailleur immigré c'est une autre histoire – sont rois. Vous êtes des consommateurs donc bienvenus ! Et on ne vous en voudra pas de ne pas porter le voile si vous êtes une femme.
Toutefois, il convient de ne pas blasphémer contre Allah et de respecter les lieux de culte, de même que les convenances locales hors des villes, dont la discrétion, voire l'invisibilité des femmes.

À VOIR - À FAIRE

Les amoureux d'architecture, de mégalopoles et de désert seront servis aux Emirats arabes unis. Parmi les incontournables : Abu Dhabi, Dubaï et ses plages, Sharjah, Ras Al Khaimah, Al Hali, oasis d'Al Aïn, île de Siri Bani Yas, randonnée en 4x4 et nuit sous une tente bédouine dans le désert, mais aussi toute une panoplie d'activités les plus variées, de la visite de l'immense, moderne et très luxueux Dubai Mall, Mecque du shopping de luxe, de l'ascension en ascenseur ultra-rapide au sommet de la Burj Khalifa, la plus haute tour au monde qui culmine à 828 m au cœur de Downtown Dubai, au vol en montgolfière, du jet ski à la course de dromadaire. Encore plus étonnant Ski Dubai, station de ski *indoor*, aberration écologique à deux pas du désert.

LANGUE

Les Émirats arabes unis sont avant tout un pays polyglotte. L'arabe est la langue officielle. C'est celle du droit, puisque tous les documents administratifs et juridiques sont rédigés en arabe. L'anglais est toutefois parlé et compris presque partout en ville. C'est la langue des affaires, des achats et du secteur touristique. Les panneaux routiers sont rédigés aussi bien en arabe qu'en anglais, à l'instar d'une multitude d'autres pancartes, brochures et documents divers. Comme beaucoup d'étrangers sont originaires d'Asie et du sous-continent indien, l'hindi, le baloutche et l'urdu sont aussi communément parlés.

LES OFFRES

Entre activités atypiques, visites culturelles et cours d'anglais, Dubaï est la destination idéale pour profiter et apprendre. L'occasion d'une expérience unique et dépaysante à la découverte de la ville et de son mode de vie, entre traditions et modernité. Nacel propose des séjours linguistiques à partir d'une semaine à Dubaï dans une école de langue ultra-moderne à la démesure de l'émirat, pour étudiants et adultes. L'école, forte de 37 salles de classe réparties sur 3 étages, est située dans le quartier Jumeirah Lake Towers (JLT), au cœur du nouveau Dubaï. A quelques minutes de la plage et du gigantesque centre commercial Dubaï Marina Mall. Les cours sont dispensés par des professeurs certifiés et de langue maternelle anglophone. Accréditée British Council, l'école est un centre de test officiel pour IELTS. Vous disposez de 15 ou 30 cours de 45 minutes par semaine au sein de classes de 18 étudiants maximum de différentes nationalités (10 en moyenne). Le programme avec 30 cours inclut 15 cours d'anglais général et 15 cours de préparation à l'IELTS. Vous êtes logé dans une chambre d'hôtel très confortable ou partagé un appartement en co-location, voire en studio individuel pour les séjours de plus de 4 semaines. Pour tous accès à une salle de sport, une piscine, un sauna et Wifi haut débit. L'école propose diverses activités gratuites ou payantes (inscription sur place), par exemple : visite de l'aquarium de Dubaï, ski au Mall of The Emirates, parc de réalité virtuelle, Ferrari World, parc aquatique Wild Wadi Waterpark, tour d'hélicoptère, soirée sur un yacht, safari dans le désert...

Burj Khalifa (Burj Dubai) sous la lumière matinale.

ESPAGNE

Si proche et pourtant si différente, notre voisine l'Espagne nous attire. On dit qu'il serait possible de passer un an en Espagne en assistant chaque jour à une fête différente. Imprégnée des peuples qui l'ont occupée, Romains, Wisigoths et Arabes, l'Espagne conserve des traditions et un folklore qui font son originalité, de la Semaine sainte aux courses de taureaux, en passant par l'improbable et très rouge Tomatina. L'Espagne c'est Madrid, la capitale moderne, riche en monuments et en musées et 17 régions qui diffèrent par leur histoire, leur gastronomie et parfois leur langue. Sur la côte méditerranéenne de longues plages dorées s'étendent presque en continu, depuis l'incontournable Catalogne et la joyeuse Barcelone jusqu'à la poétique Andalousie en passant par la Communauté valencienne et Murcie. Dans les terres, la Navarre, l'Aragon, l'Estrémadure et les deux Castille, parsemées de châteaux et de moulins, prennent d'autres visages. C'est une Espagne plus discrète et traditionnelle. Sur la façade atlantique, la rurale Galice encore peu visitée, les Asturies, la Cantabrie et le Pays basque offrent des paysages plus sauvages et tourmentés. Enfin, l'Espagne ce sont aussi les îles Baléares, très branchées, et les îles Canaries sauvages et volcaniques. Le plus dur est de choisir où effectuer votre séjour linguistique pour parfaire votre espagnol, quatrième langue la plus parlée au monde !

BARCELONE

On aura beau vous raconter Barcelone, rien ne vaudra un séjour sur place. Il faut humer l'atmosphère des Ramblas, cette grande artère bouillonnant de jour comme de nuit, les vieux quartiers et leurs innombrables ruelles, les grandes avenues rectilignes de l'Eixample, aux demeures modernistes. Il faut profiter de la mer et de ses longues plages. Prenez de la hauteur jusqu'à Montjuïc, îlot de verdure et belvédère qui surplombe la ville, allez à Gràcia, ancien petit village à l'esprit bohème. Au loin, d'un côté, le port industriel avec ses porte-conteneurs et ses grues. Lors d'un séjour linguistique à Barcelone, comme tout visiteur, il faut voir la Sagrada Familia de Gaudi, l'éternellement inachevée cathédrale catalane, se promener dans le Parc Guell et s'amuser dans le parc d'attractions de Port Aventura et ses montagnes russes.

MADRID

Les *gatos*, les Madrilènes de pure souche, sont fortement attachés à leurs traditions : une messe par-ci, par-là, des chaussures bien cirées et autres habitudes qui maintiennent leur conformisme. Une autre composante de la capitale est son ambiance de *fiesta*. Cette ville ne dort jamais. À toute heure, on peut trouver un supermarché ouvert, un endroit où acheter des vêtements. Ce n'est pas pour rien que l'Espagne est le pays leader dans l'échange Erasmus. « De Madrid, al cielo » aiment dire les habitants de la capitale. Le chauvinisme caractéristique de Madrid

© MasterLu – Fotolia

Parc Güell à Barcelone.

© Maridav

Jeune Espagnole sur la Plaza Mayor, à Madrid.

est tellement présent que les Madrilènes pensent que le seul endroit où l'on peut être mieux que dans leur ville, c'est le paradis ! Parmi les très nombreuses activités que les visiteurs peuvent effectuer, il est un trio incontournable : c'est les visite du musée du Prado, l'une des plus riches pinacothèque au monde, le parc du Retirou (125 ha et 15 000 arbres !) et El Rasto, l'immense marché aux puces du dimanche.

SANTANDER

Grand port de commerce au XVIIIe siècle, la capitale de la Cantabrie redouble de dynamisme aujourd'hui. Cette ville de la côte nord offre une baie de 5 km de long, protégée par la péninsule de la Magdalena, et de belles plages classées parmi les plus propres d'Espagne. Ces atouts n'échappèrent pas au monarque Alfonso XIII, qui dès la fin du XIXe siècle y instaura les baños de ola (bains de vagues), les bains de la Cour. Ainsi très tôt, Santander allait devenir une station balnéaire en vogue. Aujourd'hui encore, elle exhibe ses atours Belle Epoque : un luxueux casino, un hôtel Real à la hauteur du Carlton cannois, un Palacio de la Magdalena, des jardins-promenades au bord de la mer.

En été, Santander devient la Mecque du tourisme. Avec son Festival international de musique et de danse et ses cours d'été à l'université internationale Menéndez y Pelayo, c'est un théâtre cosmopolite dédié à la culture et aux loisirs.

Le drapeau espagnol

Le drapeau espagnol apparaît pour la première fois, en 1785, lorsque le roi Charles III adopte un pavillon maritime distinctif. Le rouge et le jaune représentent alors les provinces de Castille et d'Aragon. Dans sa version actuelle, le drapeau est agrémenté de deux colonnes d'Hercule figurant traditionnellement le détroit de Gibraltar. L'une d'elles, marquée du mot « plus », est surmontée de la couronne impériale tandis que l'autre, vierge de toute inscription, porte une couronne royale. Les colonnes entourent un écu divisé en quatre blasons représentant chacun un ancien royaume. Ainsi, le château symbolise la Castille, le lion rampant le León, les quatre bandes rouges verticales sur fond or l'Aragon et une chaîne d'or sur fond rouge la Navarre. Dans la partie inférieure de l'écu, une grenade sur fond bleu représente le royaume de Grenade. Le drapeau bicolore est remplacé de façon éphémère pendant la période républicaine, de 1931 à 1939, puis rétabli sous Franco. Enfin, au centre, on trouve les armes de l'État qui sont celles des Bourbons : trois lys sur fond bleu pour rappeler que l'Espagne est une monarchie constitutionnelle depuis 1975.

TOP 10

À VOIR / À FAIRE
MADRID

Madrid est riche de musées grandioses, de places historiques et d'immeubles majestueux. S'il sera difficile de tout voir lors de votre séjour, certaines visites sont vraiment immanquables. Le Paseo del Arte est composé de trois musées fantastiques, à la renommée mondiale (le Prado, le Reina Sofia et le Thyssen-Bornemisza). Le parc du Retiro, la plaza Mayor et les jardins de Sabatini accueillent les Madrilènes au moindre rayon de soleil. Enfin, la place de Cibeles, les arènes de Las Ventas ou la statue de l'ours et de l'arbousier sont parmi les monuments les plus photographiés.

© RUBIPHOTO - SHUTTERSTOCK.COM

CENTRO DE ARTE REINA SOFIA

Rien que pour admirer le chef-d'œuvre de Pablo Picasso, *Guernica*, la visite est obligatoire. Un immanquable du Paseo del Arte.

© AUTHOR'S IMAGE

JARDINS DE SABATINI

Les magnifiques jardins à la française du Palais royal, ou la promesse d'une balade hors du temps (et de l'agitation !).

FONTAINE DE CIBELES

Face au palais des Télécommunications (qui abrite l'hôtel de ville), cette superbe fontaine est l'un des emblèmes de Madrid.

© HABARI1 - ISTOCKPHOTO.COM

© SEANPAVONEPHOTO

MUSÉE DU PRADO

Connu dans le monde entier, le musée du Prado est un passage obligé depuis plus de 200 ans. Impossible de ne pas le visiter !

MUSÉE NATIONAL THYSSEN-BORNEMISZA

Complément essentiel du Prado et du Reina Sofia, le Thyssen regorge de toiles de maîtres (Jan Van Eyck, Picasso, Bacon...).

© MUSEO THYSSEN-BORNEMISZA

© PHILIPPE GUERSAN - AUTHOR'S IMAGE

PLAZA MAYOR

Image d'Epinal de Madrid, voici la plus belle place de la capitale. Elle accueille toute l'année des événements culturels.

© STARCEVIC

PALAIS ROYAL

Les 3 000 pièces du Palais royal sont une visite immanquable d'une escapade madrilène. Un palais dans toute sa splendeur !

STATUE DE L'OURS ET DE L'ARBOUSIER

Comme tout le monde, on s'y presse pour faire la photo souvenir de son passage à Madrid. C'est l'un des symboles de la ville.

© DAVID CRESPO - ISTOCKPHOTO.COM

PARC DU RETIRO

Un havre de paix dans la frénésie de la capitale, quel bonheur ! Le Retiro est un parc incontournable, surtout le dimanche.

© ANDREW PARKER

© AUTHOR'S IMAGE

LAS VENTAS

De style mudéjar, les plus grandes arènes du monde proposent corridas et visites guidées. A voir pendant les fêtes de San Isidro.

VALENCE

Au XVe siècle, Valence était une puissante cité méditerranéenne comme en témoigne la somptueuse Lonja de la Seda, classée au patrimoine mondial de l'Unesco. Ici, les marchands de toute l'Europe venaient négocier le prix de la soie. Ce fut son siècle d'or avant qu'elle ne se retrouve dans l'ombre de la brillante Barcelone. Depuis une vingtaine d'années, la troisième ville d'Espagne s'est lancée dans une politique ambitieuse de renaissance urbaine et culturelle. Symbole de cette vitalité retrouvée, la Cité des Arts et des Sciences est aujourd'hui l'icône d'une ville qui regarde vers le futur. Ce complexe destiné à la vulgarisation scientifique et culturelle s'étend sur près de 2 km dans l'ancien lit du Turia et compte 6 grands éléments, dont un cinéma IMAX, le musée des sciences Príncipe Felipe, l'Oceanogràfic, le plus grand aquarium d'Europe.

Valence voit aussi l'émergence de nouveaux quartiers branchés, en particulier Russafa, devenu le territoire des bobos valenciens. Mais la grande folie de Valence a lieu mi-mars avec les Fallas, une semaine de folie, de feu et de pétarade. C'est la fête la plus importante d'Espagne et la plus courue d'Europe, un grand carnaval de l'extrême, dans l'art, la culture, la musique, la lumière. Une fête spectaculaire pour tous, des plus jeunes aux plus anciens, avec des œuvres monumentales par quartier, à la manière d'un corso fleuri.

ET AUSSI

En Espagne, nombre de séjours linguistiques se déroulent dans les villes principales de Madrid, Barcelone, Santander ou Valence mais une petite dizaine d'autres destinations vous attendent également pour exercer et perfectionner votre espagnol :

- **Alicante** sur la côte méditerranéenne, d'où l'on rejoint l'île de Tabarca et les plus belles plages de la zone, on grimpe jusqu'au château de Santa Barbara, l'une des plus grandes forteresses médiévales d'Espagne, qui offre une vue sans pareille sur la baie d'Alicante et on ne se prive pas d'un demi-journée d'amusement au superbe parc d'attraction de Terra Mitica.
- **Grenade** où l'on danse le flamenco, on se promène dans les somptueux jardins de la Généralife et on admire la forteresse de l'Alhambra.
- **Benalmádena**, sur la Costa del Sol, réputée pour ses plages et le parc d'attractions Tivoli World.
- **Malaga,** la belle Andalouse, ou la station balnéaire de **Marbella** proposent aussi des séjours linguistiques tout comme **Cadix**, **Gran Canaria**, l'une des îles Canaries espagnoles, face au Maroc, ou encore **Séville** et **Salamanque**.

PRATIQUE

© Stéphan SZEREMETA

Palais des Arts.

Pratique

- **Nom officiel :** Royaume d'Espagne
- **Devise nationale :** Encore au-delà
- **Hymne national :** Marcha real
- **Fête nationale :** 12 octobre
- **Capitale :** Madrid
- **Population :** 48 millions d'habitants
- **Langues :** Castillan, catalan, galicien et basque
- **Religion :** Catholiques
- **Nature de l'État :** Monarchie constitutionnelle parlementaire unitaire
- **Possessions, territoires et États associés :** Îles Canaries, îles Baléares
- **Monnaie :** Euro (€).
- **Téléphone :** Téléphoner de France en Espagne : 00 + 34 + les 9 chiffres du numéro local
- **Décalage horaire :** Sans
- **Formalités/visa :** Carte d'identité ou passeport en cours de validité

© Stéphan SZEREMETA

Hôtel de ville sur la plaza del Ayuntamiento.

- **Santé :** RAS
- **Sécurité :** RAS
- **Risques naturels :** RAS
- **Sport national :** Football
- **Plat national :** Tapas (hors-d'œuvre variés), paëlla
- **Boissons nationales :** La *cerveza* (bière) et le vin
- **Que rapporter ?** Jambons, poteries, céramiques, vannerie, vins, cuirs de Cordoue, bijoux de Tolède, dentelles, broderies...

À VOIR – À FAIRE

Le pays est vaste et varié, vous n'en ferez pas le tour ! Le patrimoine est d'une grande richesse : sites paléolithiques, vestiges romains, joyaux d'art roman, de la renaissance ou du baroque mais aussi architecture moderniste et avant-gardiste. Vous êtes ici à la croisée de trois grandes cultures, chrétienne, musulmane et juive. Vous pourrez mesurer la ferveur religieuse si vous séjournez au moment de sa *Semana Santa*, Semaine sainte, temps fort des traditions et des réjouissances et des rassemblements avec de multiples déclinaisons selon les régions. Via le Flamenco, classé au patrimoine immatériel de l'humanité, vous touchez une autre composante importante de la culture espagnole. Prenez le temps de randonner dans l'un des onze superbes parcs nationaux de la péninsule.

LANGUES

L'espagnol est une langue romane parlée en Espagne et dans de nombreux pays d'Amérique. Avec 548 millions de locuteurs, c'est la quatrième langue la plus parlée au monde après l'anglais, le chinois mandarin et l'hindi. Bien que l'espagnol castillan soit l'unique langue officielle de l'État espagnol, certains compromis ont été trouvés pour la Catalogne, le Pays valencien, le Pays basque et la Galice. Et même si le castillan est devenu la langue nationale, le catalan, notamment, est toujours très usité.

LES OFFRES

L'Espagne est le pays idéal pour découvrir, pratiquer ou améliorer son niveau en langue espagnole. Les organismes y proposent d'ailleurs des formules qui ont fait leurs preuves et séduit un large public depuis de longues années.
Parmi toutes les destinations, une plus que les autres semble s'imposer : Barcelone. Est-ce l'influence du film de Cédric Klapisch *L'Auberge espagnole* ou la présence de la mer, toujours est-il que la capitale catalane s'adresse à tous les âges et tous les niveaux de langue, lors de séjour avec hébergement chez l'habitant ou en campus international. Pour autant, il ne faudrait pas oublier que Madrid, Séville, Valence ou Malagua offrent les mêmes prestations.

ÉTATS-UNIS

Impossible de résumer en quelques lignes les États-Unis d'Amérique. Impossible aussi de présenter toutes les destinations offrant la possibilité de réaliser un séjour linguistique ou itinérant. Cette nation possède une variété exceptionnelle de paysages et de climats ; ainsi, le Texas n'a rien à voir avec la région des Grands Lacs et la côte Est ne ressemble aucunement à la côte Ouest. Parmi ces cinquante États, le visiteur devrait en trouver au moins un qui l'attire et lui plaira. C'est l'embarras du choix entre les grands ensembles urbains que sont New York, Chicago ou Los Angeles et les grandes étendues désertiques ou semi-désertiques, les lacs et les montagnes, une nature sauvage et des centres-villes où les gratte-ciel rivalisent de hauteur et d'audace architecturale. Une certitude toutefois : partir à l'assaut de la plus grande puissance du monde ne peut pas laisser indifférent. A Los Angeles Disneyland, à New York l'Empire State Building et le MET, à San Francisco la prison d'Alcatraz et le Golden Gate Bridge et à Chicago Willis Tower (442 m), Navy Pier, sa grande tour et son kilomètre de quai riche en attractions et l'immense jardin public du Millennium Park. C'est la démesure et le fun qui colorent un séjour linguistique aux USA.

FORT LAUDERDALE

Fort Lauderdale tient son nom du major William Lauderdale, qui y fit édifier un fort en 1838, époque où les tensions étaient très vives avec les Indiens Séminoles. Située à 48 km au nord de Miami, elle offre aux visiteurs un autre aspect de la Floride : distingué, paisible, préservé... Ses 400 km de canaux lui valent le surnom de Venise of America. Nous vous conseillons d'ailleurs de visiter la ville en bateau. Parmi les choses à faire : flâner sur le River Walk, vous détendre sur les 37 km de plages ou découvrir les nombreux parcs et musées.

LOS ANGELES

Hollywood, Malibu, Santa Monica, Beverly Hills... autant de noms de l'ouest des États-Unis qui font rêver. Autant de petits mondes que l'on peut traverser en empruntant un même boulevard pendant plusieurs dizaines de kilomètres. Il y a aussi les villes dans la ville que sont Koreatown, Little Armenia, Chinatown, Little Ethiopia et El Pueblo, pour n'en citer que quelques-unes. Cette cohabitation se reflète dans la cuisine locale, un audacieux cocktail de saveurs exotiques et une tradition du *fast-food*. Et si le *bling-bling* s'affiche partout à L.A., la culture aussi. À côté des grands musées de Miracle Mile, des galeries cossues de Beverly Hills et celles, plus surprenantes, des quartiers hispaniques à l'est, de nouveaux musées ouvrent chaque année à Los Angeles !

Mais les deux fleurons de Los Angeles restent Disneyland, le géant et père de tous les autres à travers le monde, et l'Universal Studio Hollywood, lieu mythique du cinéma aménagé en parc d'attractions autour des thèmes principaux de la compagnie dont *Harry Potter*, *Jurassic*

Le drapeau des États-Unis

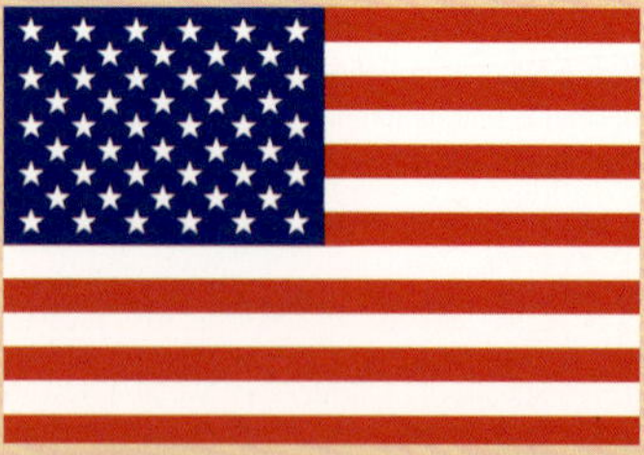

Le drapeau aurait été confectionné pour la première fois en 1776 par Betsy Ross, à la demande de Georges Washington, avant de prendre sa forme définitive en 1782. Il est composé d'une alternance de 13 bandes horizontales rouges et blanches avec un rectangle bleu dans le coin supérieur gauche. Ce rectangle est parsemé de 50 petites étoiles blanches. Le blanc symbolise la pureté et l'innocence, le rouge le courage et la hardiesse et le bleu la prudence, la persévérance et la justice. Les cinquante étoiles du drapeau représentent les cinquante États du pays tandis que les treize bandes horizontales représentent les treize États fondateurs de la nation : Connecticut, New Hampshire, New York, New Jersey, Massachusetts, Pennsylvanie, Delaware, Virginie, Caroline du Nord, Caroline du Sud, Géorgie, Rhode Island et Maryland.

Park, *The Mummy*, *Transformers*, etc. Le Studio Tour permet d'accéder aux coulisses des tournages de films des studios adjacents en petit train pour découvrir de nombreux décors et façades, et des exemples d'effets spéciaux. Dans un registre fun et décontracté, il faut se poser à Venice Beach, la plage la plus excentrique de Los Angeles, berceau du skateboard, du surf californien et de la *beat generation*.

MIAMI

À la pointe sud-est de la Floride, la célébrissime Miami est une grande séductrice, cosmopolite, artistique, festive et bienveillante. C'est tout à la fois un centre financier et culturel, à la pointe de l'art contemporain et du design, et la ville des loisirs et des distractions, de la mode et du fun. Dès le couloir de l'aéroport, le ton est donné avec la présentation d'œuvres d'art.

La ville regorge de galeries d'art, de musées artistiques (MoCA, Bass Museum of Art), arbore des hôtels design remarquables et programme des spectacles de danse ou des concerts prestigieux. À quelques heures de bateau des Bahamas, Miami c'est déjà un peu les Caraïbes dont on perçoit l'influence à Little Havana, le quartier cubain. Mais le plus spectaculaire c'est Miami Beach avec ses marinas, ses gratte-ciel de luxe et ses plages de sable.

Quant au quartier Art Déco de Miami c'est le plus grand quartier Art déco au monde totalisant 800 monuments historiques classés. Pour le shopping, direction Coconut Grove ou Bayside, immense shopping center sur l'eau aux luxueuses boutiques. Pour fuir la ville, deux parcs nationaux emblématiques sont à proximité : Biscayne National Park, accessible en bateau, et le parc des Everglades.

NEW YORK

À peine les portes de l'aéroport John Fitzgerald Kennedy passées, la magie opère. Sur le chemin vers la ville on aperçoit au loin Manhattan et sa *skyline*. Quelle émotion de voir pour de vrai Times Square, l'Empire State Building, la statue de la Liberté, le pont de Brooklyn... Il faut se promener dans New York pour découvrir au coin d'une rue un jardin caché, des enfants qui jouent avec l'eau d'une borne d'incendie, un match de basket de rue, un quartette reprenant *a cappella* Michael Jackson... Les autochtones sont américains, mexicains, chinois, portoricains, philippins, italiens, mais avant tout new-yorkais. Ville-monde où le melting-pot est la règle, New York ne déçoit personne. Parmi les incontournables d'un séjour à New York, il y a la montée au sommet de l'Empire State Building, la visite de Ellis Island et de sa Statue de la Liberté, la visite du Métropolitan Museum Of Art (le fameux MET) ou encore la visite du Zoo du Bronx.

SAN DIEGO

San Diego est la deuxième plus grande ville de Californie. C'est ici que l'explorateur Rodriguez Cabrillo posa le pied en 1542, proclamant la mainmise de l'Espagne sur ces terres. Vint ensuite l'ère des missions religieuses, dont le premier maillon d'une chaîne de 21 missions fut établi à San Diego, en 1769. À l'origine peuplée d'Indiens, San Diego fut successivement gouvernée par l'Espagne, le Mexique, pour finalement devenir un territoire américain en 1864. La ville a connu une forte expansion au cours du XXe grâce à la création de Balboa (lieu d'accueil d'expositions internationales en 1915 et 1936), mais aussi parce qu'elle a constitué un port militaire majeur de l'US Navy lors de la Seconde Guerre mondiale. San Diego est connue pour son spot de la Jolla, son spot de shopping à San Ysidro et, bien entendu, l'incontournable Balboa Park, centre culturel qui abrite la plupart des musées de la ville au sein d'immenses jardins luxuriants avec des places et des fontaines et de remarquables bâtiments historiques à l'architecture Renaissance espagnole.

SAN FRANCISCO

Libertaire, high-tech, multiculturelle, artistique... Frisco, la ville en or, se caractérise aussi par sa fibre écologique et sa douceur de vivre. La cité aux sept collines est marquée par un riche passé maritime et des vagues d'immigration successives. Sa géographie et sa personnalité en ont fait le berceau d'innombrables mouvements artistiques et continuent de lui insuffler un extraordinaire esprit d'entreprise. C'est toute une variété à découvrir : SoMa et sa génération de *hipsters*, Haight et ses musiciens, Mission et son enclave hispanique, Chinatown et Japantown, Marina et sa jeunesse dorée... Déjà de nouveaux quartiers émergent, notamment autour des Piers du nord restaurés d'où l'on embarque pour rejoindre l'île d'Alcatraz et sa prison où fut incarcéré Al Capone.

Autre découverte incontournable pour les jeunes : Six Flags Discovery Kingdom, immense parc d'attractions à 40 min de San Francisco.

TOP 10

À VOIR - À FAIRE
NEW YORK

Difficile de faire un classement des dix meilleures choses à voir dans une ville qui a tant à offrir ! New York peut se targuer d'être une cité trépidante, avec ses musées de premier plan, ses gratte-ciel emblématiques et ses coins de verdure pour souffler un peu. L'essentiel des incontournables listés ci-dessous est localisé à Manhattan, mais pour prendre le pouls de New York, il est tout aussi recommandé de se balader dans ses autres *boroughs*, en particulier Brooklyn et le Queens. Quoi qu'il en soit, un séjour à New York est rarement de tout repos. Vous voilà prévenu…

BROOKLYN BRIDGE

Traversez le pont de Brooklyn pour des panoramas fantastiques sur Manhattan, surtout lorsque les *buildings* sont illuminés.

EMPIRE STATE BUILDING

Ce majestueux gratte-ciel, sans doute le plus emblématique de New York, offre des vues à couper le souffle sur Manhattan.

CENTRAL PARK

La bulle verte de New York est un lieu préservé et idéal pour se promener, faire du vélo, pique-niquer ou bouquiner au calme.

HIGH LINE

Les jardins suspendus de New York offrent une promenade agréable avec vue inédite sur l'Hudson et les *buildings* de Midtown.

METROPOLITAN MUSEUM OF ART (MET)

Ce musée, une véritable institution avec sa magnifique collection sur l'Egypte antique, est considéré comme le Louvre américain.

SUMMIT ONE VANDERBILT

Ce nouvel observatoire offre des vues époustouflantes et de magnifiques jeux de miroir pour une expérience en immersion.

MUSEUM OF MODERN ART (MOMA)

Cet incroyable musée avec sa collection de 200 000 œuvres est un passage obligé pour les amateurs d'art moderne et contemporain.

TIMES SQUARE

Avec ses écrans géants, ses magasins, ses performances et ses personnages costumés, Times Square est un incontournable absolu.

STATUE DE LA LIBERTÉ

Cette grande dame est l'emblème de New York. Frissons garantis lorsque le bateau s'en approche pour accoster sur Liberty Island.

WASHINGTON SQUARE PARK

Ce parc urbain toujours vivant est le centre de Greenwich Village et le lieu de rencontre des étudiants, musiciens et artistes.

TOP 10

À VOIR - À FAIRE
SAN FRANCISCO

Le programme d'un voyageur à San Francisco est chargé. Vous avez devant vous des visites gastronomiques, des monuments historiques, des randonnées dans les parcs, des sorties en bateau, des visites de musées, des jardins botaniques et des bars et des restaurants à ne plus savoir où donner de la tête. Et si vous partez à la découverte de la Californie, vous avez sur votre liste les plages de Big Sur, les vignobles de la Vallée du Vin ou encore les lacs et les montagnes de la Sierra Nevada. Laissez-vous prendre par la main, voici notre top 10 des attractions californiennes à ne pas louper !

© CHENG CHENG - SHUTTERSTOCK.COM

BALLOONS ABOVE THE VALLEY

NAPA
Un survol de la région en ballon durant une heure avec un guide et du champagne avant de bruncher à terre, ça vous tente ?

© ANDREW ZARIVNY - SHUTTERSTOCK.COM

GOLDEN GATE BRIDGE

L'immense pont rouge offre des vues à couper le souffle sur l'océan ou la baie. C'est le pont le plus célèbre des États-Unis.

ADVENTURE CAT SAILING THE BAY

Envie de découvrir la baie et le Golden Gate par la mer ? Foncez sur cette croisière en catamaran organisée par une super équipe !

© 2016 PETER LYONS

© AKROPOT - ISTOCKPHOTO.COM

GOLDEN GATE PARK

Le Golden Gate Park de San Francisco est un des plus grands parcs urbains des États-Unis, devant le Central Park new-yorkais.

JAPANESE TEA GARDEN

Une pagode, une statue de Bouddha, un petit pont de bois, un jardin zen et des bonsaïs : un petit paradis zen à ne pas rater !

SFMOMA

Comme son homologue de New York, le *San Francisco Museum of Modern Art* mêle collections permanentes et expositions temporaires de premier plan.

MAMMOTH LAKES BASIN

MAMMOTH LAKES

Les lacs creusés par les glaciers forment le fameux bassin des lacs de Mammoth. On peut y pratiquer toute sorte de randonnées.

WOMEN'S BUILDING

En 1971, un groupe de femmes et d'associations féministes multiculturelles fondent ce splendide projet au service des femmes.

MONO LAKE COUNTY PARK

MONO LAKE

Plongez-vous au cœur de cet endroit magique et presque lunaire qu'est le Mono Lake, c'est un site absolument unique au monde.

YOSEMITE FALLS

YOSEMITE NATIONAL PARK

Les chutes de Yosemite sont parmi les plus grandes au monde, venez les admirer au printemps quand leur débit est au maximum !

Les fameuses maisons victoriennes surnommées Old Painted Ladies.

ET AUSSI

En plus des destinations des USA que nous avons développées ci-dessus, une quinzaine d'autres sont possibles pour votre séjour linguistique, dans plusieurs états. Tout d'bord dans de grandes villes mythiques et très différentes les unes des autres : **Washington Dc**, **Seattle**, **Boston**, **Philadelphie**, **Chicago**, **Houston**, **Kansas City**, **Cleveland** ou encore **Denver**. Vous pouvez aussi choisir **Salt Lake City**, connu pour avoir été fondé par les mormons et siège de la célèbre université d'Utah, **Honolulu** ce qui vous permettra de découvrir Hawaï, ou la vieille ville de **Richmond** en Virginie pour une tout autre ambiance, **Saint-Louis** dans le Missouri, le long du fleuve Mississippi où vous découvrirez le Gateway Arch, symbole de l'expansion de l'Amérique vers l'ouest ou **Minneapolis** (Minnesota), également sur le Mississippi. Enfin avec **Milwaukee**, sur les berges du lac Michigan, vous découvrez une ville où l'industrie de la bière est reine.

PRATIQUE

- **Nom officiel :** United States of America
- **Devise nationale :** En Dieu nous croyons !
- **Hymne national :** The Star-Spangled Banner
- **Fête nationale :** 4 juillet
- **Capitale :** Washington
- **Population** : 340 millions d'habitants
- **Langues :** Anglais
- **Religion :** Protestants, catholiques
- **Nature de l'État :** République constitutionnelle fédérale présidentielle
- **Possessions, territoires et États associés :** Île de Guam, Porto Rico, îles Marianne du Nord, îles Vierges américaines et îles Samoa américaines
- **Monnaie :** Le dollar américain (US$).
- **Téléphone :** Pour téléphoner de la France vers les États-Unis, composez le 00 + 1 + indicatif régional + numéro local à 7 chiffres
- **Décalage horaire :** Entre – 5 et – 10 heures
- **Formalités/visa :** Pour un séjour de moins de 90 jours, les voyageurs français doivent présenter un passeport biométrique ou électronique ou un passeport individuel à lecture optique en cours de validité (à défaut, l'obtention d'un visa sera obligatoire), et avoir reçu une autorisation ESTA (demande à remplir sur Internet), d'être en possession d'un billet d'avion aller-retour.

Attention les voyageurs français, se rendant aux États-Unis pour suivre des cours de langues doivent être en possession d'un visa étudiant. Seuls les voyageurs restant moins de 90 jours et ne suivant qu'accessoirement quelques cours sont dispensés de visa. L'inscription préalable dans un établissement d'enseignement aux États-Unis est nécessaire avant l'obtention de ce visa.

- **Santé :** RAS
- **Sécurité :** RAS
- **Risques naturels :** Risques d'ouragans (Atlantique et golfe du Mexique), risques sismiques (Californie), crues

(en Alaska, de mai à août) et forts courants maritimes sur toutes les côtes

- **Sport national :** Basketball, football américain, baseball
- **Plat national :** Hamburger, frites
- **Boisson nationale :** Bières, vin de Californie et Coca-Cola
- **Que rapporter ?** Vêtements de marques américaines, CD, appareils électroniques, chapeaux de cow-boy, artisanat amérindien

À VOIR - À FAIRE

Un séjour linguistique ou itinérant aux États-Unis suppose de la part des enfants et des jeunes une certaine capacité d'adaptation et une certaine autonomie, même en famille d'accueil. Mais cette immersion comporte une belle ouverture d'esprit. En quelques jours, les habitudes alimentaires qui diffèrent, notamment la souplesse des horaires et l'individualisation des repas, mais aussi l'amabilité et les sourires, mais aussi la décontraction de rigueur sont vite acquis. Pour le reste, les activités et les possibilité de voyager sont innombrables dans cet immense pays dont les États varient fortement de l'un à l'autre. Une grande aventure, assurément !

LANGUES

La langue officielle et la plus parlée aux États-Unis est l'anglais, utilisé dans tous les secteurs de la vie courante. On le sait, ce n'est pas l'anglais d'Oxford et l'accent américain est prononcé. En outre, il existe des différences de prononciation, voire de grammaire et de vocabulaire, suivant les zones géographiques, les générations et les origines culturelles.

- **En Louisiane**, on trouve de nombreux dialectes découlant du français et du créole. Le français cajun découle de l'acadien, le français canadien des origines. Il emprunte du vocabulaire à l'espagnol, à l'allemand, au portugais et au créole haïtien. Il ne faut pas confondre le français cajun et le créole français louisianais. Celui-ci est essentiellement parlé dans le sud et le sud-ouest de la Louisiane. Il se compose d'influences françaises, espagnoles, africaines et amérindiennes. Il est proche dans sa structure du créole antillais.
- En raison de l'importance de l'immigration d'origine hispanique, **l'espagnol** est une langue très utilisée
- **En Californie**, bien que l'anglais soit la langue officielle, de très nombreuses administrations publiques offrent leurs services en espagnol mais aussi dans de multiples autres langues. Par exemple, le California Department of Motor Vehicles (DMV) permet de passer son examen du Code de la route dans 31 langues !
- La plupart des **langues amérindiennes**, langues indigènes des États-Unis sont en danger, et beaucoup ont déjà disparu. Le Native American Languages Act (littéralement la loi sur les langues amérindiennes), voté en 1990, a pour but de les promouvoir et de les protéger. Aujourd'hui, nombre de communautés tentent de faire revivre leur langue d'origine, à l'instar des Cherokees, qui appartiennent à la famille des langues iroquoiennes.

LES OFFRES

Dans cet immense pays anglophone, les propositions de séjours linguistiques pour étudier l'anglais sont nombreuses et variées. Cette destination est bien représentée chez Nacel et CLC. Nacel est d'ailleurs reconnu comme un véritable spécialiste des USA et dans ce sens a obtenu un certificat d'expertise sur cette destination, délivré par l'Office du tourisme USA. Nacel fut l'un des pionniers sur les séjours linguistiques aux États-Unis puisque ses premiers séjours y furent organisés en 1967. Aujourd'hui encore, les formules d'immersion en famille aux USA représentent tout le savoir-faire de Nacel. En 1994, Nacel a créé les colonies en anglais American Village. Un concept unique permettant aux enfants âgés de 7 à 17 ans d'apprendre l'anglais en s'amusant grâce à des animateurs natifs ou bilingues. Le tout sans quitter la France. Aux États-Unis, les jeunes peuvent combiner l'apprentissage linguistique avec une activité culturelle ou sportive en Floride, partir à la découverte des grands espaces avec un séjour itinérant sur la côte Ouest ou en Californie, entre autres aventures enrichissantes en immersion américaine. Les jeunes peuvent prétendre à intégrer un campus et goûter à la vie étudiante à Boston ou Berkeley. Quant à New York, c'est une destination privilégiée pour les séjours linguistiques à tout âge mais aussi une destination découverte au programme de nombreux séjours itinérants. Nacel propose de nombreuses formules qui réaliseront votre rêve de vivre l'*American way of life*. Avec Nacel, votre séjour linguistique aux USA ne manquera pas de soleil, ni de sensations fortes, ni d'émerveillement. Depuis le Grand Canyon, en Arizona, jusqu'aux magnifiques plages de Miami et d'Hawaï, rendez-vous pour un voyage unique. Apprendre l'anglais aux USA offre l'opportunité de découvrir de l'intérieur le cosmopolitisme de New York, l'effervescence d'Hollywood et l'ambiance bohème de San Francisco, en profitant de l'accueil chaleureux qui est offert aux *Frenchies*. Les Américains vous feront visiter leur pays et, nul doute que votre formation en langue sera ponctuée de rencontres et d'échanges.

FINLANDE

64 degrés Nord, 26 degrés Est... Ni russe, ni scandinave, coincée entre la Norvège, la Suède et la Russie, la Finlande est une terre nordique, éloignée, vaste et méconnue où la nature garde ses droits. Une mémoire collective riche en légendes et fracas, une langue quasi unique en Europe, d'une complexité qui semble indéchiffrable, et la beauté d'un univers où les espaces s'étirent presque au-delà de l'entendement. Ce pays est aussi le plus riche en lacs et en forêts.

Des milliers de lacs, d'immenses étendues de bouleaux et de sapins, cette terre bénéficie d'une exception. Ici, l'extension humaine sait conjuguer nécessité vitale, impératifs économiques et respect de l'environnement. Les Finlandais ont ainsi emprunté aux Scandinaves leur remarquable sens de l'organisation et de la collectivité. Ni Slaves, ni Scandinaves, ils ont inventé leur manière d'être au monde. Indépendant depuis 1917, membre de l'Union européenne depuis 1995, la Finlande est l'une des nations les plus riches et les plus avancées au monde. Simples, efficaces, fiables et créatifs, les Finlandais ne se contentent pas de produire, ils savent entreprendre, construire et surtout vivre. A la clé : routine du sauna, horaires de travail raisonnables, lecture, culture, apprentissage divers, danse, ski, patinage...

HELSINKI

Au nord de la Baltique, accessible en ferry depuis Stockholm, Helsinki est une ville active et moderne, point de rencontre entre l'Est et l'Ouest. Harmonieuse avec ses grands bâtiments néoclassiques dans les tons pastel et ses larges avenues, elle affiche un paysage urbain typique du Grand Nord. La nature est omniprésente avec des ports maritimes ouverts sur le large, des îles et des parcs au cœur de la ville. On peut presque tout relier à pied ou à vélo. L'impression d'être dans un petit Saint-Pétersbourg perdure dans les quartiers centraux. Un peu plus loin, l'Europe du Nord reprend ses droits avec son architecture moderne, massive et design. En se dirigeant vers le bord de mer ou vers les grands parcs, on ressent l'omniprésence de la nature.

RÉGION DES LACS

Tenté par la « vie de chalet » ? Direction la région des lacs qu'affectionnent les Finlandais pour se ressourcer dans la nature. Les lacs, qui occupent un dixième du territoire finlandais, forment une entité géographique unique en Europe. L'eau et la forêt entremêlées séduisent généralement même les plus insensibles. Vous découvrirez ici des milliers de lacs aux multiples ramifications et aux contours déchiquetés. Parsemés d'une myriade d'îles et d'îlots, ils sont reliés les uns aux autres par des détroits tortueux et des cours d'eau. À la belle saison, les eaux peu profondes se réchauffent rapidement, favorisant les baignades depuis

Panorama d'Helsinki.

© TanyaSv – iStockphoto

Les jolies maisons en bois colorées sur la rive de Porvoo.

les pontons de bois flottants, typiques du paysage lacustre finlandais. C'est une région idéale pour les amateurs de canoë-kayak, de pêche ou de vélo. En hiver, les lacs gelés offrent aussi d'innombrables possibilités aux patineurs de vitesse ou à la pêche sous la glace. Les parcs sont sillonnés de sentiers pédestres balisés et des cabanes de trappeurs accueillent les randonneurs, été comme hiver.

ET AUSSI

Séjourner à Helsinki ne manque pas d'intérêt, la région des lacs exerce de même une forte attraction, mais il ne faut pas négliger le bord de mer où vous pouvez également participer à des séjours linguistiques.

PRATIQUE

- **Nom officiel :** Suomen tasavalta
- **Devise nationale :** Nous !
- **Hymne national :** Maamme
- **Fête nationale :** 6 décembre
- **Capitale :** Helsinki
- **Superficie :** 338 000 km^2
- **Population :** 5,6 millions d'habitants
- **Langues :** Finnois
- **Religion :** 84 % de protestants luthériens, 1 % d'orthodoxes (60 000 membres), 1,1 % de chrétiens autres, 13,8 % sans confession et 0,1 % de pratiquants de religions diverses
- **Nature de l'État :** République parlementaire
- **Monnaie :** L'euro (€)
- **Téléphone :** Pour téléphoner de la France vers la Finlande, composer dans l'ordre : 00 358, suivi du numéro de votre correspondant sans le 0
- **Décalage horaire :** + 1 h
- **Formalités/visa :** Carte nationale d'identité ou passeport en cours de validité.

Le drapeau finlandais

Le drapeau finlandais porte la croix scandinave. Les couleurs évoquent les lacs et les terres enneigées de la Finlande. Le drapeau fut imaginé en 1863, la même année où le finnois fut reconnu comme langue officielle du pays. La Russie occupa ce territoire jusqu'en 1917, date à laquelle la république fut instaurée et le drapeau adopté.

LES DESTINATIONS

© Jpa1999

Chiens de traineau en Finlande.

- **Santé :** Pour affronter l'hiver finlandais (jusqu'à – 20 °C dans le Nord), n'oubliez pas d'emporter des vêtements très chauds
- **Sécurité :** RAS
- **Risques naturels :** RAS
- **Sport national :** Hockey sur glace, football
- **Plat national :** Hareng de Baltique, ragoût carélien
- **Boissons nationales :** Bière
- **Que rapporter ?** Artisanat lapon, cristal, vêtements en peau, lainages, bijoux...
- **Événements :** Finland Ice Marathon à Kuopio (fin février), la Vappu (week-end de Pâques), fête de la Saint-Jean (24 juin), championnats du monde du « porter d'épouse » à Sonkajärvi (juillet), championnats des flotteurs de bois à Porttikoski (juillet), Tampere Jazz Happening (novembre), trêve de Noël à Turku (24 décembre)

À VOIR - À FAIRE

Pays du père Noël, des Lapons, des forêts de bouleaux et des aurores boréales, la Finlande fait rêver ! D'Helsinki à la nordique Laponie, on croise des centaines de lacs, dont le célèbre lac Saimaa et des milliers d'îles, et Turku, l'ancienne capitale. On ne se privera pas de la magie des nuits polaires, des aurores boréales et du soleil de minuit. La nature finlandaise autorise une multitude d'activité de plein air : randonnée en traîneau, partie de pêche, baignade dans les lacs et patinage en hiver. Vous apprécierez aussi de goûter à la vie de trappeur, sans oublier le sauna, spécialité locale.

LANGUES

Les deux langues officielles de la Finlande sont le finnois et le suédois.
Le suédois n'est parlé que par 6 % de la population, concentrée principalement sur la côte sud-ouest du golfe de Botnie et dans les îles Åland. Le same, quant à lui, n'est parlé que dans le nord du pays, en Laponie, par la population same. La plupart des Finlandais maîtrisent très bien l'anglais.

LES OFFRES

Cette destination peut séduire les jeunes pour un séjour itinérant à la neige avec la découverte de tout ce que peut offrir un pays nordique en termes d'activités sportives hivernales inédites. CLC, Club Langues & Civilisations, propose également d'apprendre l'anglais en séjour à Helsinki.
En prime, vous reviendrez avec quelques notions de finnois et de suédois.

FRANCE

La France est l'une des destinations touristiques les plus prisées au monde. Rares sont les « petits pays » qui proposent une si grande diversité de traditions et de paysages. De la côte atlantique au bord de la Méditerranée, d'un séjour à la montagne dans les Alpes ou dans les Pyrénées, ou bien encore de la découverte de la campagne quelle que soit la région, la France recèle des trésors de nature et de culture. C'est une chance, les séjours linguistiques anglais en France se sont développés lors de ces dernières années. Il est possible de pratiquer l'anglais en summer camp, en famille d'accueil anglophone (de nombreux Britanniques, Irlandais ou encore Canadiens se sont installés dans l'Hexagone). Les camps linguistiques, situés dans des environnements naturels privilégiés, permettent de profiter d'un séjour linguistique agréable sans partir loin de chez soi. S'ajoutent des stages de français langue étrangère, proposés dans les différentes régions de France pour les non-francophones désirant parler la langue de Molière. Outre les séjours linguistiques, des circuits intéressants sont organisés pour les jeunes, pour qu'ils découvrent la beauté de leur pays et des activités hors du commun.

PARIS

Paris, la Ville lumière, est une destination de choix, que ce soit pour un séjour court ou plus long. C'est l'une des rares villes au monde à offrir autant de monuments, musées, sites, sur une surface aussi restreinte. Les berges de Seine sont d'ailleurs classées au Patrimoine mondial de l'Unesco. On ne rate pas la Tour Eiffel, les Champs-Élysées, l'Arc de Triomphe, le Grand Palais, les quais de Seine, le musée du Louvre, le jardin des Tuileries, les bateaux-mouches, le jardin du Luxembourg, Montmartre et la place du Tertre. On chemine dans le Quartier latin et dans le Marais, on visite le musée Picasso, le Palais de Tokyo ou la Cité des sciences. On tend l'oreille dans les sites touristiques pour repérer les touristes anglophones et on essaye de capter le sens de leur conversation. Un jeu indiscret peut-être mais jubilatoire !

ET AUSSI

Bien entendu, la capitale de la France attire à juste titre les candidats et offre de superbes séjours pour la pratique et l'apprentissage intensifs de l'anglais. Mais la province n'est pas en reste. Par ailleurs, les colonies de vacances dans un Village américain sont une solution de choix.

PRATIQUE

- **Nom officiel :** République française
- **Devise nationale :** Liberté, Égalité, Fraternité
- **Hymne national :** *La Marseillaise*
- **Fête nationale :** 14 juillet
- **Capitale :** Paris
- **Population :** 68 millions d'habitants
- **Langues :** Français
- **Religion :** Catholiques, protestants, musulmans, juifs
- **Nature de l'État :** République constitutionnelle
- **Possessions, territoires et États associés :** Guyane, Saint-Pierre-et-Miquelon, Guadeloupe, Martinique, Saint-Martin et Saint-Barthélemy, Polynésie française, Nouvelle-Calédonie, Wallis-et-Futuna, Clipperton, La Réunion, Mayotte, îles Éparses, îles Crozet, îles Kerguelen, Saint-Paul et Nouvelle-Amsterdam, terre Adélie
- **Monnaie :** L'euro (€)
- **Santé :** RAS

La Tour Eiffel.

Le drapeau français

Le drapeau de la France, drapeau tricolore bleu, blanc, rouge, également appelé « drapeau ou pavillon tricolore », est l'emblème national de la République française. Il est mentionné dans l'article 2 de la Constitution française de 1958. Ce drapeau de proportions « 2 : 3 » est composé de trois bandes verticales de largeur égale.Il date de 1794 – dessiné par Jacques-Louis David (1748-1825) à la demande de la Convention – mais ses origines sont plus anciennes et remontent aux trois couleurs de la liberté (14 juillet 1789), le bleu et le rouge pour les couleurs de Paris qui entourent le blanc de la royauté, identiques aux trois couleurs utilisées par les différents pavillons français d'Ancien Régime. Le drapeau tricolore est le pavillon officiel de la France depuis 1794 et le drapeau officiel des armées depuis 1812, à l'exception des périodes de Restauration (1814-1815 et 1815-1830).

- **Sécurité :** RAS
- **Risques naturels :** RAS
- **Sports nationaux :** Football, rugby, pétanque, escrime
- **Plats régionaux :** Escargots de Bourgogne, bœuf bourguignon, choucroute alsacienne, bouillabaisse, cassoulet, quiche lorraine, raclette, fondue savoyarde, pot-au-feu, foie gras...
- **Boissons nationales :** Vins et champagne
- **Que rapporter ?** Santons, savons, céramiques, herbes de Provence, vêtements, couteaux, parfums, porcelaine
- **Événements :** Festival de la bande dessinée à Angoulême (janvier), carnaval de Dunkerque (février), carnaval de Nice (février), festival de Cannes (mai), fête de la Musique (21 juin), fête nationale (14 juillet), festival de théâtre d'Avignon (juillet), Francofolies de La Rochelle (juillet), festival interceltique de Lorient (août), grande braderie de Lille (septembre), festival du film américain de Deauville (septembre)

À VOIR – À FAIRE

Le séjour ne sera peut-être pas exotique, mais en changeant de région vous changez tout de même d'ambiance, de distractions et de possibilités d'activités. Quoi qu'il en soit, apprendre l'anglais en France donne l'occasion de vivre en groupe et de pratiquer de nombreux loisirs de plein air et d'activités artistiques ou culturelles.

LANGUES

Bien entendu, le français est la langue officielle en France. Le pays n'est pas connu pour les capacités linguistiques de sa population, mais comme ailleurs l'anglais reste la langue la plus enseignée. De même, les langues étrangères sont pratiquées par les populations immigrées. Langue indo-européenne de la famille des langues romanes, la langue de Molière est parlée sur tous les continents et compte 320 millions de locuteurs. Moyennant quoi, le français est la cinquième langue la plus parlée au monde après l'anglais, le mandarin, le hindi et l'espagnol.

C'est la deuxième langue la plus étudiée au monde, la troisième langue des affaires et du commerce, et la langue officielle de 28 États.

LES OFFRES

Les séjours linguistiques sont nombreux en France pour les étrangers voulant apprendre le français, mais aussi pour les enfants et les jeunes Français qui souhaitent une immersion 100 % anglophone pour apprendre l'anglais en colonies de vacances ou en suivant des cours dans une école de langue pour améliorer son niveau ou préparer des examens. Un *summer camp* marie cours d'anglais et activités ludiques, sportives ou/et culturelles, vie de groupe. Et pas besoin de prendre l'avion ! Choisissez votre *American Village* made in France.

GRÈCE

Il serait réducteur de résumer la Grèce à ses sites archéologiques et à la douceur de son climat. Si les trois quarts du territoire sont montagneux, la Grèce c'est avant tout une belle histoire entre les hommes et la mer, sur le littoral de la Grèce continentale comme sur les 6 000 îles qui essaiment dans le bassin méditerranéen, dont la Crète, Corfou et les Cyclades. Il y a tant à voir en parcourant les milliers de kilomètres de ces côtes morcelées, des plages et des stations balnéaires de la côte Apollon au sud d'Athènes au village fortifié de Monemvassia dans le Péloponnèse, du canal de Corinthe aux monastères perchés de la Macédoine grecque au nord. Parmi les sites archéologiques les plus célèbres on peut citer le théâtre d'Épidaure, la forteresse de Mycènes, le stade d'Olympie, le sanctuaire de Delphes et bien entendu les monuments d'Athènes.

ATHÈNES

Capitale du pays, Athènes était déjà le cœur de la Grèce antique. En demeurent deux monuments emblématiques : la citadelle de l'Acropole sur sa colline et le temple à colonnes du Parthénon. Sur ce site se concentrent de très nombreux points d'intérêt : le temple d'Athéna Nikê, l'Agora, l'Erechthéion, le temple d'Héphaïstos, les Propylées, le théâtre de Dionysos, l'Olympiéion... Pour les soirées animées direction le quartier de Psiri et ses nombreux cafés. Il vous faudra encore visiter les halles du marché municipal, assister à la relève de la garde devant le Parlement, visiter les grands musées (Benaki, musée d'art cycladique, musée Byzantin...), puis de grimper au sommet du Lycabète pour sa vue sur Athènes ! La ville moderne mérite aussi d'être découverte. Pour les souvenirs, direction l'immense magasin Vassilopoulos à Plaka.

ET AUSSI

Oubliez Athènes ! Du moins avez-vous la possibilité d'effectuer votre séjour linguistique dans d'autres sites mythiques pour perfectionner votre grec. Trois autres destinations méritent votre attention : **Epidaure**, petite cité de la côte nord-est du Péloponnèse, dans une belle vallée arrosée de sources, connue pour son théâtre antique, l'archipel touristique des **Cyclades**, au sud de la mer Égée, et **Delphes**, au pied du mont Parnasse, où l'on vient découvrir le sanctuaire panhellénique d'Apollon.

PRATIQUE

- **Nom officiel :** Ελληνική Δημοκρατία
- **Devise nationale :** La liberté ou la mort
- **Hymne national :** Imnos is tin Elevtherian
- **Fêtes nationales :** 25 mars et 28 octobre
- **Capitale :** Athènes
- **Population :** 10,3 millions habitants
- **Langues :** Grec moderne
- **Religion :** Orthodoxes (97,6 %), musulmans (1,3 %), catholiques (0,4 %)
- **Nature de l'État :** République parlementaire
- **Monnaie :** L'euro (€)
- **Téléphone :** Pour téléphoner de la France vers la Grèce : 00 + 30 + les 10 numéros de votre correspondant
- **Décalage horaire :** + 1 h
- **Formalités/visa :** Carte nationale d'identité ou passeport
- **Santé :** Eau non potable
- **Sécurité :** RAS
- **Risques naturels :** Risques sismiques
- **Sport national :** Football
- **Plat national :** Souvlaki (brochette), salade grecque, feuilletés
- **Boissons nationales :** L'ouzo (boisson alcoolisée à l'anis), le vin et le café frappé
- **Que rapporter ?** Poteries, broderies, tissages, tapis, vannerie, bijoux en argent, produits gastronomiques (huile d'olive, miel, café...), maroquinerie
- **Événements :** Fête de la Saint-Basile (janvier), carnaval (mars), fête nationale (25 mars), Pâques (avril), festival d'Athènes (juin-septembre), régate internationale à Athènes (juillet), festival du vin à Patras, Réthymnon et Dafni (juillet-août), festival Demetria de Thessalonique (octobre-novembre), fête de la Saint-Nicolas (6 décembre)

TOP 10

A VOIR / A FAIRE
ATHÈNES

Amateurs d'histoire, d'archéologie, de culture, vous allez trouver à Athènes à quoi satisfaire vos intérêts : entre l'Acropole, les églises orthodoxes, les vestiges ottomans et les monuments de la période moderne, il y a tout pour s'émerveiller. Bons vivants et amateurs d'une vie nonchalante, la capitale grecque saura aussi combler vos envies. Le cœur de la Grèce bat dans cette ville proposant ainsi aux visiteurs une gamme très variée de lieux d'intérêt et de secrets à découvrir. Voici une sélection des incontournables.

© SAMOTT_FOTOLIA

ACROPOLE

Les monuments de l'Acropole, les symboles universels d'Athènes, sont l'héritage culturel que la Grèce antique lègue à l'humanité.

CATHÉDRALE SAINT-DENIS L'ARÉOPAGITE

L'Athènes contemporaine célèbre le 3 octobre, dans cette magnifique cathédrale chrétienne orthodoxe centenaire, son saint patron.

ANCIENNE AGORA

Démarquant les limites entre l'Antiquité et la période moderne, ce site permet d'arpenter le centre politique de l'Athènes antique.

© SBORISOV - FOTOLIA

© ALEXANDROS MICHAILIDIS - SHUTTERSTOCK.COM

GALERIE NATIONALE D'ATHÈNES

Trois siècles d'art moderne sont retracés à travers les chefs d'œuvre exposés : El Greco, Delacroix, Rodin, Tetsis, Tsarouchis…

LAC DE VOULIAGMENIS

LOUTRAKI
Une charmante escapade nonchalante et régénératrice à proximité d'Athènes pour une plongée dans le bleu du ciel et du lac.

© NITO - SHUTTERSTOCK.COM

© BDPHOTO - ISTOCKPHOTO.COM

MUSÉE NATIONAL ARCHÉOLOGIQUE D'ATHÈNES

Cet impressionnant musée national abrite une extraordinaire collection de l'époque néolithique retraçant la richesse de la Grèce.

© ALCE - FOTOLIA

JARDIN NATIONAL

Véritable havre de paix en plein centre-ville, ce jardin à la végétation luxuriante est idéal pour se ressourcer et se détendre.

STAVROS NIARCHOS FOUNDATION CULTURAL CENTER

PALAIO FALIRO
La culture, l'esthétique, l'art et la conscience écologique sont les joyaux de cette Fondation qui orne l'Athènes moderne.

© EGI - STOCK.ADOBE.COM

GAZARTE

Etablissement culturel urbain très branché avec un bar-restaurant huppé au dernier étage offrant une pleine vue sur l'Acropole.

© MILAN GONDA - SHUTTERSTOCK.COM

© GFED - ISTOCKPHOTO.COM

TEMPLE DE POSÉIDON

SOUNION – SOUNIO
Depuis le rocher où trône ce temple splendide dédié à Poséidon, veillant sur la grande bleue, le coucher du soleil est envoûtant.

La péninsule grecque du Péloponnèse.

Le drapeau grec

Il alterne neuf bandes horizontales, alternativement bleu et blanc. Au coin supérieur gauche, une croix blanche sur fond bleu évoque la religion orthodoxe. Le blanc et le bleu choisis lors de la guerre d'indépendance, furent officiellement adoptés par Othon de Bavière en 1833, lors de sa montée sur le trône. Deux théories s'opposent quant à la signification des 9 bandes horizontales. Une première version évoque le ciel et les 5 mers qui bordent le territoire grec (Méditerranée, Ionienne, Égée, Thrace et de Crète), les 4 bandes blanches la pureté de la lutte pour l'indépendance. Autre version : les 9 bandes horizontales correspondent aux 9 syllabes du cri de guerre de l'indépendance *Eleftheria i Thanatos* (La liberté ou la mort). Le drapeau actuel fut établi en 1978, identique à celui du siècle précédent à quelques variantes près dans sa taille et l'intensité du bleu.

À VOIR – À FAIRE

Durant votre séjour linguistique avec CLC, vous pourrez visiter la ville de Porto Heli en mer Égée. C'est l'occasion de partir en excursion à la découverte des villages typiques alentour, de la célèbre grotte préhistorique de Franchthi et de la péninsule de l'Argolide, et même de profiter d'une mini-croisière dans les îles d'Hydra et Spetses ! Au programme aussi : piscine, mini-golf, tennis, pétanque, sans oublier la plage et ses activités balnéaires. Certains seront tentés par le kayak en mer ou le paddle. Incontournables : une visite guidée de la ville d'Athènes, de l'Acropole et de son musée et du shopping dans le quartier de la Plaka. Avec un séjour itinérant c'est encore plus de visites et de diversité de paysages, de partages et d'aventures.

LANGUE

Le grec est une langue qui a plus de trois millénaires. Le grec moderne est resté étonnamment proche du grec ancien. Cette langue a façonné la pensée des plus grands philosophes et auteurs de la civilisation occidentale. La logique intrinsèque de la langue grecque semble être ce qui a permis sa conservation. Comme beaucoup d'habitants de pays dont la langue est peu enseignée et peu utilisée en dehors du pays, les Grecs maîtrisent au moins une, voire deux langues étrangères. En Grèce c'est l'anglais la langue étrangère la plus enseignée. Rares sont les jeunes qui ne maîtrisent pas l'anglais.

LES OFFRES

Cette destination est l'un des incontournables de l'opérateur Sans Frontières. De nombreux séjours itinérants permettent aux jeunes de découvrir la beauté et la culture des îles grecques. L'hébergement se fait en colocation à l'hôtel ou en camping. Le soir c'est jeux, challenges, sorties en ville, soirées organisées par les équipes d'encadrement. C'est l'occasion aussi d'apprendre quelques mots en grec. *Kalimera Elláda* / καλημέρα Ελλάδα !

Sans Frontières est l'un des spécialistes de cette destination en ce qui concerne des séjours itinérants passionnants qui vous permettront de découvrir, à Athènes, le quartier de Plaka, Psiri, la place Syndagma ou encore le Parlement. À Epidaure vous irez voir les sites d'Arkéos, la forteresse de Nauplie, le grand théâtre et la vieille ville. Incontournables aussi, les îles des Cyclades avec Naxos, Paros, Andros, Antiparos et Koufonissia.

INDONÉSIE

Bienvenue en Indonésie ! Sumatra, Java, Bali, Komodo... Évocation d'exotisme et d'aventures, de lieux magiques et fascinants, d'animaux sauvages rares, dont les orangs-outans ou les tigres, de sourires et de zénitude. L'Indonésie c'est des paysages grandioses, des montagnes embrumées, des jungles luxuriantes, des plages immenses, un melting-pot culturel et religieux où cohabitent islam, hindouisme, bouddhisme, animisme... L'archipel se révèle multiple avec ses 17 000 îles, parfois immenses et très peuplées comme Java, tandis que d'autres sont minuscules et désertes. Au total, 6 000 d'entre elles sont habitées. D'un bout à l'autre, ce sont trois fuseaux horaires, de la pointe ouest de Sumatra au fin fond de la Papouasie ! Mais c'est à Bali, l'île la plus connue et appréciée, que se déroule la grande majorité des séjours linguistiques.

BALI

Bali l'hindouiste rayonne sur l'Indonésie. Les effluves d'encens et sa douceur de vivre dominent du creux de ses rizières à ses cascades, en ville et jusqu'aux villages les plus isolés. Dans son artisanat, ses danses, sa musique, ses offrandes de fleuries aux dieux, Bali affiche sa fibre artistique et chaque geste du quotidien semble empreint d'une grâce unique. Entre ses belles plages de sable fin, ses eaux turquoise, ses fonds marins spectaculaires adaptés à la plongée sous-marine, ses spots de surf renommés comme ceux de Kuta Beach ou de Padang Padang, ses soirées festives comme celles de Seminyak ou des îles Gili, Ses plages et ses fonds marins, sa nature préservée, ses rizières et son volcan dont vous pourrez tenter l'ascension pour y observer le lever de soleil, ses hôtels de charme tout confort et bon marché, Bali, cette île paradisiaque de l'océan Indien et d'Indonésie, a de quoi plaire aux voyageurs tous azimuts désireux de sortir des sentiers battus. Bijou serti à la perfection, l'île de Bali est aussi très intéressante culturellement. Elle n'est pas surnommée « l'île des dieux » par hasard... Du fait de l'hindouisme et de ses croyances ancestrales, elle possède un héritage culturel très riche dont les multiples temples, les villages traditionnels comme Ubud à l'artisanat réputé et le grand nombre de festivités sont des témoignages directs. Difficile donc de ne pas trouver son bonheur en partant à la découverte de cette île indonésienne en trek, en louant un scooter ou avec un chauffeur, quelles que soient vos envies de voyage, et en étant équipé du guide touristique de Bali pour trouver votre itinéraire, la magie balinaise est quasi assurée !

PRATIQUE

- **Nom officiel** : République d'Indonésie
- **Capitale** : Jakarta
- **Langue officielle** : Bahasa Indonesia
- **Nombre d'habitants** : 285 millions d'habitants
- **Religions** : Islam 87 %, christianisme 9 %, hindouisme 2 %, bouddhisme 1 %, animisme 1 %
- **Monnaie** : La roupie (Rp)
- **Décalage horaire** : + 5 ou 6 heures par rapport à l'Europe selon la saison à Jakarta, pour Bali ajouter encore 1 heure
- **Santé** : Boire de l'eau minérale de bouteilles scellées, attention au paludisme et au soleil

Le drapeau de l'Indonésie

Simplissime, le drapeau de la République d'Indonésie se compose de deux bandes horizontales de même épaisseur, l'une blanche, l'autre rouge. Reprenant la bannière de l'ancien étendard javanais, il a été adopté par les nationalistes indonésiens lors de la création de la nouvelle nation en 1949. Le drapeau indonésien est similaire à celui de la Pologne, mais avec les couleurs inversées, et à celui de la principauté de Monaco, dont il diffère quant à la nuance du rouge et les proportions des bandes.

© GorazdBertalanic - iStockphoto.Com

Paysage près de Tabanan à Bali.

- **Bagages** : Voyagez léger, vous trouverez sur place un sarong pour la baignade et la visite des temples (pour les filles), quelques vêtements balainais et vous aurez des souvenirs au retour, prenez un vêtement imperméable du type poncho pour les fortes averses
- **Formalités** : Visa nécessaire, on obtient un visa de deux mois si l'on en fait la demande à une ambassade à l'extérieur du pays, ou un visa d'un mois à l'arrivée dans le pays dans la plupart des aéroports internationaux
- **Code téléphonique** : +62

Savoir-vivre

- **Enlever ses chaussures** lorsque l'on entre dans un temple, une mosquée voire certains magasins
- **Ne pas croiser les bras** en parlant à quelqu'un : c'est une position de défi
- **Ne pas manger de la main gauche**, impure
- Toujours tendre les objets **des deux mains**
- Éviter les **gestes tendres** en couple dans les zones reculées et **se vêtir correctement**, couvert et non débraillé...

À VOIR - À FAIRE

Partez à la découverte de Bali, l'île paradisiaque et touristique, qui vous invite à partir en trekking pour apprécier sa biodiversité, à faire de la plongée sous-marine et à surfer, à assister à des danses traditionnelles, à savourer sa cuisine, ses fruits de mer et ses fruits de terre, à visiter ses temples et à choisir de beaux souvenirs artisanaux pour rapporter à votre retour.

LANGUES

Plus de 540 dialectes sont actuellement parlés en Indonésie, parmi lesquels les langues régionales de chaque île, qui sont la langue maternelle de beaucoup d'Indonésiens. La langue commune et officielle, **le bahasa indonesia ou indonésien** est en grande partie dérivé du malais, dont il est très proche, et émaillé de sanskrit, d'arabe, de persan, de chinois, de néerlandais, de portugais et plus récemment de français et d'anglais. A l'origine, le bahasa indonesia n'était la langue que d'une petite minorité, sur Java, et fut imposé par les pères de l'indépendance comme facteur de construction de l'identité nationale. Aujourd'hui l'indonésien est parlé partout, sauf dans les régions vraiment très reculées, comme la Papouasie, même si l'indonésien, langue nationale, n'est qu'une seconde langue pour la majorité des habitants des différentes îles de l'archipel.

- La **langue balinaise** fait partie du groupe dit « bali-sasak » de la branche malayo-polynésienne des langues austronésiennes. 6 % de la population balinaise parle **anglais**, en raison du tourisme, principale activité économique de l'île.

IRLANDE

À l'extrême ouest de l'Europe, contre les vents et la pluie, face à l'océan se dresse l'Irlande : terre de fierté et de passion. Malgré l'hostilité du climat et des éléments, l'Irlande reste une contrée unique qui attire chaque année un peu plus de visiteurs. À l'origine de ce succès, la chaleur du peuple irlandais. Une île comme un concentré de paysages. Nature insolente et sauvage, rien ne semble avoir cédé sous la main de l'Homme. Ponctué de vertes prairies dévalant dans la mer, de landes hostiles, de forêts enchanteresses, de lacs fantomatiques, l'environnement insulaire est indiscutablement libre ; un qualificatif décrivant aussi parfaitement le peuple irlandais qui s'est employé durant des siècles à ériger sa liberté. L'histoire irlandaise, plus que partout ailleurs, est scellée dans la pierre et les mirages du passé, comme sortant de la brume, rappellent une histoire douloureuse : les ghettos de Belfast, les docks de Dublin, l'enfer du Connemara... Des chants celtes ancestraux, des chevelures rousses, un match endiablé de hurling ou de rugby... les insulaires mettent tout en œuvre pour faire découvrir et apprécier cette terre grandiose qu'ils chérissent tant. Dans leurs chansons et légendes, ils racontent l'histoire du pays avec une passion qui n'a d'égale que la chaleur de leur accueil.

CORK

Deuxième ville d'Irlande, Cork a des allures de capitale, statut que ses habitants revendiquent ardemment d'ailleurs. Cork, qui a été capitale culturelle de l'Europe en 2005, abrite plusieurs monuments historiques, galeries d'art, théâtres et d'innombrables pubs forcément typiques. Profitant des avantages actuels de l'Union européenne, de nombreux étudiants européens choisissent Cork pour y faire leurs études et l'on croise ici beaucoup de Français. La ville a connu au cours des dernières années un essor économique fulgurant, notamment grâce à l'importance de son port et à l'implantation d'entreprises de premier plan. Cette prospérité n'a pas effacé la beauté des paysages ni la gentillesse des habitants. Parmi les incontournables lors d'un séjour linguistique à Cork : le Cork Ghost Tour, une visite de la ville parfaite pour sa dose de frissons, de fun, d'humour irlandais et d'anecdotes sur Cork. Vous apprenez que Cork a la plus forte concentration de fantômes d'Irlande. Après cela, la visite du château médiéval de Blackrock Castle qui défendait la ville des pirates et de son observatoire prend une autre mesure, de même que la promenade dans Fota Wildlife Park vous réserve quelques frayeurs…

DUBLIN

Le drapeau irlandais

Fortement inspiré par la Révolution française, l'étendard tricolore ne fut adopté officiellement qu'en 1937 par la nouvelle Constitution irlandaise. Ce drapeau se veut celui de la réconciliation, arborant conjointement le vert du mouvement catholique de libération nationale, le blanc de la paix et l'orange symbole du protestantisme.

Capitale de l'Irlande, l'accueillante Dublin se distingue par son bouillonnement culturel et festif qui laisse place au temps de vivre. Forte de son héritage culturel, cette ville valorise ses atouts et se range parmi les capitales européennes les plus en vogue. Rythmant l'histoire de la ville au fil des siècles, la religion est palpable à travers les édifices chrétiens dispersés sur les deux rives. La littérature est également à l'honneur, comme en témoignent les musées dédiés aux hommes de lettres. La capitale irlandaise est de surcroît un lieu de villégiature agréable avec ses quartiers résidentiels et les parcs verdoyants de la rive sud. Jeune (un habitant sur deux a moins de 25 ans) et cosmopolite, Dublin est un lieu où il fait bon vivre, et l'ambiance dans les rues y est bon enfant et joyeuse. Les élèves et étudiants en séjour linguistique ne manquent pas la visite de Trinity College, université fondée en 1592, ouverte au public en centre-ville, et de sa magnifique bibliothèque historique, ainsi que celle du National History Museum, inauguré en 1857 et complètement restauré avant sa réouverture en 2022, aux collections innombrables avec un rez-de-chaussée dédié à la faune locale et les étages à celle du reste du monde.

TOP 10

A VOIR / A FAIRE
DUBLIN

Dublin regorge de sites historiques et la plupart d'entre eux sont regroupés dans le centre-ville, ce qui facilite grandement leur découverte. Dans cette capitale à taille humaine, se nichent des lieux hors du commun. Entre Trinity College, le cœur de Dublin, où sont passés les plus grands, les pieuses Christ Church et Saint Patrick Cathedral, la distillerie Jameson ou la Guinness Storehouse, les chefs-d'œuvre de la National Gallery ou de la Chester Beatty Library, la quiétude de St Stephens Green ou les instructives visites de Kilmainham Gaol ou d'Epic, pas le temps de s'ennuyer !

© KIT LEONG - SHUTTERSTOCK.COM

CHESTER BEATTY LIBRARY

Voilà sans aucun doute l'un des plus beaux musées de Dublin et même du pays, grâce à la collection d'Alfred Chester Beatty.

© EQROY - SHUTTERSTOCK.COM

EPIC THE IRISH EMIGRATION MUSEUM

Une visite coup de cœur, touchante, ludique et interactive à travers 21 galeries souterraines, et animée grâce à des écrans géants.

CHRISTCHURCH CATHEDRAL

Bâtie en pierre au XIIe siècle, le plus ancien bâtiment en pierre encore debout de Dublin est une visite incontournable.

© LAWRENCE BANAHAN - AUTHOR'S IMAGE

© LAWRENCE BANAHAN - AUTHOR'S IMAGE

GUINNESS STOREHOUSE

Le monument de la bière ! Avec plus d'un million de visiteurs par an, c'est l'attraction touristique la plus populaire d'Irlande.

JAMESON DISTILLERY

Les anciens bâtiments de la distillerie ont été restaurés pour permettre aux visiteurs de découvrir l'univers Jameson. *Sláinte* !

SAINT PATRICK'S CATHEDRAL

La célèbre cathédrale Saint-Patrick fut fondée en 1191 et c'est l'un des symboles de la capitale irlandaise. Immanquable !

KILMAINHAM GAOL

Pour comprendre l'histoire de Dublin, à travers les personnalités passées dans cette prison lors de la lutte pour l'indépendance.

ST STEPHEN'S GREEN PARK

Voici un agréable parc de 9 hectares des pelouses arborées, une fontaine, un lac et des sculptures comme le buste de James Joyce.

NATIONAL GALLERY OF IRELAND

Un excellent musée pour découvrir des chefs-d'œuvre de maîtres irlandais et d'artistes de grandes écoles de peinture européennes.

TRINITY COLLEGE

Située en plein cœur de la ville, l'université de Trinity College est une institution à ne pas manquer lors de votre séjour.

Galway.

GALWAY

Située au carrefour de quelques-uns des sites les plus touristiques d'Irlande, cette ville a tout pour plaire : un centre animé, une population jeune, des rues attrayantes avec leurs façades décorées, leurs enseignes de pub et leurs boutiques originales. De Galway, on rejoint facilement le Connemara, les falaises de Moher ou le Burren. On croise de nombreux Américains et quelques hippies en escale, dans cette ville aussi considérée comme la capitale de la musique irlandaise. Une animation permanente règne dans cette ville très attachante.

ET AUSSI

Vous pouvez effectuer un séjour linguistique à **Bray**, sympathique ville côtière et balnéaire située à une trentaine de kilomètres au sud de Dublin, ou sur la même côte, encore plus au sud, dans le dynamique port de **Wicklow** baigné par la rivière Vartry. À l'ouest, à l'embouchure de la Shannon, **Limerick** est une alternative intéressante. C'est une grande ville universitaire qui arbore un très beau centre médiéval. Plus au sud, sur la côte ouest également, autre spot, le charmant bourg de **Tralee** est connu pour son festival de la Rose de Tralee qui a lieu en août. Enfin, tout autant au sud, mais sur la côte est, **Wexford**, à l'embouchure de la rivière Slaney, distille un charme particulier, programme un fameux un festival d'opéra, recèle des vestiges médiévaux superbes et constitue un camp de base intéressant pour travailler votre anglais.

PRATIQUE

- **Nom officiel :** Éire
- **Devise nationale :** L'Irlande toujours
- **Hymne national :** Amhrán na bhFiann
- **Fête nationale :** 17 mars
- **Capitale :** Dublin
- **Population :** 5 millions d'habitants
- **Langues :** Irlandais et anglais
- **Religion :** Catholiques et protestants
- **Nature de l'État :** République parlementaire
- **Monnaie :** L'euro (€)
- **Téléphone :** Pour téléphoner de France en République d'Irlande : 00 + 353 + indicatif régional sans le zéro + les chiffres du numéro local
- **Décalage horaire :** – 1 h
- **Formalités/visa :** Carte d'identité ou passeport en cours de validité, pas besoin de visa
- **Bagages** : Été comme hiver, prévoir un parapluie et un imperméable. En été, crème solaire, casquette, lunettes de soleil.
En effet, les températures sont assez élevées. En hiver, vêtements chauds. Prévoir de bonnes chaussures de marche.

- **Santé :** RAS
- **Sécurité :** RAS
- **Risques naturels :** RAS
- **Sport national :** Football gaélique, hurling, golf, rugby et football
- **Plat national :** Irish stew (ragoût de mouton avec des pommes de terre et des carottes)
- **Boisson nationale :** Whisky et bière Guinness
- **Que rapporter ?** Pulls, vestes et casquettes en tweed, gilets de laine, poterie, symboles gaéliques, vannerie

À VOIR – À FAIRE

L'île d'Émeraude se distingue par la beauté de sa nature préservée, avec des lacs endormis, des falaises vertigineuses, des landes et des forêts enchanteresses. Au-delà des paysages, on se passionne pour l'histoire irlandaise marquée par la séparation en deux de l'île, dont les trois quarts sont devenus une république en 1922. Mais aussi par des famines, des luttes contre le joug de la Couronne britannique et par l'éternelle quête de liberté. L'histoire est aussi empreinte d'une immigration vertigineuse, réflexe de survie. Aujourd'hui, l'île vit au rythme des fêtes familiales, des sorties au pub, d'une riche gastronomie, de festivals de choix ou de longues marches sur les superbes sentiers de randonnée qui parcourent le pays.

LANGUES

L'anglais est parlé par 98 % de la population tandis que l'irlandais ou gaélique irlandais, langue indo-européenne appartenant à la même branche celtique que le gaélique écossais, le gallois et, en France, le breton, est maîtrisé par seulement 2 % des Irlandais. L'anglais fut inculqué sous la contrainte au milieu du XVIe siècle, lorsque Henri VIII d'Angleterre conquit l'Irlande, et s'imposa comme la langue de référence en termes de communication. Cependant le gaélique, bien que peu utilisé dans la vie quotidienne par les citoyens, demeure la langue nationale, comme en dispose l'article 37 de la Constitution irlandaise. Il est d'ailleurs employé dans la rédaction des documents officiels et est obligatoirement dispensé dans les établissements scolaires. Les panneaux de signalisation comprennent généralement la traduction en gaélique.

LES OFFRES

L'Irlande est bien évidemment un pays où il est possible très simplement de pratiquer son anglais, c'est donc une destination de choix pour des séjours linguistiques. La capitale, Dublin, en est la parfaite illustration puisque l'offre y est conséquente, qu'il s'agisse d'un séjour en école internationale, chez le professeur, en campus international, en résidence ou bien en famille d'accueil. Partir à la découverte de la belle nature irlandaise peut aussi être une option lors de séjours itinérants, par exemple, au départ de Dublin mais aussi de la charmante ville de Cork. Enfin Galway, centre universitaire de renom, permettra de vivre et étudier en immersion et parfaire ses connaissances linguistiques. Nacel et CLC sont particulièrement actifs sur cette destination.

Le pont O'Connell au-dessus du Liffey.

IRLANDE DU NORD

L'Irlande du Nord, cette province britannique qui pendant 30 ans fut le théâtre de terribles affrontements entre catholiques et protestants, républicains et unionistes, a fini de panser ses blessures. Chacun de ses six comtés possède ses charmes : nappes de brume flottant sur les bruyères aux abords des lacs, tourbières épaisses, sites mégalithiques, abbayes ancestrales évoquant l'évangélisation par saint Patrick, parcs naturels protégés, falaises abruptes surplombant de magnifiques baies de sable blanc ouvrant au loin sur les côtes écossaises... ou encore, clou du spectacle, le site naturel de la Chaussée des Géants (Giant's Causeway), classé par l'Unesco au patrimoine mondial... Depuis 1998 et les accords de paix du Vendredi saint, Belfast apaisée est devenue une capitale agréable à vivre.

BELFAST

Belfast poursuit sa pacification et s'impose comme destination touristique. Elle a connu un développement très rapide aux XVIIIe et XIXe siècles en raison de l'essor des industries du lin, du tabac et de la construction navale.

Sa population a plus ou moins doublé tous les dix ans pendant la révolution industrielle, faisant d'elle la plus grande ville de l'île ! Aujourd'hui, Belfast affiche son dynamisme. Une nouvelle scène gastronomique voit le jour et un fort renouveau culturel s'articule autour des lieux comme Titanic Belfast ou le MAC. Belfast est devenue une petite ville sympathique et conviviale. Et tout est regroupé dans le centre que l'on parcourt facilement à pied.

PRATIQUE

- L'Irlande du Nord (en anglais : *Northern Ireland* ; en irlandais : *Tuaisceart Éireann* ; en scots d'Ulster : *Norlin Airlann*) est une **nation constitutive du Royaume-Uni**.
- **Population** : 1,9 million d'habitants
- **Langues** : Anglais, irlandais, scots d'Ulster (régional)
- **Monnaie** : La livre sterling (£) ou *pound*.
- **Coût de la vie** : Identique à celui du reste du Royaume-Uni, Londres exceptée
- **Décalage horaire** : + 1 h en été
- **Formalités** : Un passeport est obligatoire pour se rendre en Irlande du Nord et les mineurs doivent présenter une autorisation de sortie du territoire. Pour les non-Européens, un visa est nécessaire.

La chaussée des géants.

Drapeau et bannière d'Irlande du nord

Le drapeau de l'Irlande du Nord est celui du Royaume-Uni. L'*Ulster Banner*, l'ancien drapeau du gouvernement nord-irlandais, n'est plus utilisé par le gouvernement depuis l'abolition du Parlement d'Irlande du Nord en 1972. Il représentait une croix à angles droits, rouge sur un fond blanc, dite croix de saint Georges. Au centre de celle-ci se trouvent une étoile de David blanche et une main rouge (Main rouge de l'Ulster), au-dessus de laquelle se trouve une couronne. Cette bannière reste associée aux unionistes dans le cadre du conflit nord-irlandais. Néanmoins, l'*Ulster Banner* reste le drapeau officiel des athlètes nord-irlandais aux Jeux du Commonwealth ainsi que de l'équipe d'Irlande du Nord de football.

À VOIR – À FAIRE

Parmi les incontournables de cette destination, la découverte de l'emblématique chaussée des Géants, site inscrit patrimoine mondial de l'Unesco et formation volcanique spectaculaire avec ses 40 000 orgues basaltiques avançant dans la mer. On est impressionné par la visite du Titanic Belfast qui évoque l'histoire tragique du navire le long des six étages du musée représentant la hauteur du paquebot disparu. Autour du château de Belfast, le circuit *Game of Thrones* ne manque pas de réjouir les amateurs de la série avec en prime de splendides panoramas. La visite de la cathédrale Sainte-Anne est aussi au programme d'un séjour linguistique. On peut aussi visiter Londonderry, l'une des villes les plus belles d'Europe en ses remparts. Pourquoi ne pas profiter d'un séjour à Belfast pour lire dans le texte les grands noms de la littérature irlandaise ?

LANGUES

L'anglais, l'une des langues co-officielles avec l'irlandais (gaélique irlandais), est de loin la langue la plus parlée en Irlande du Nord. La quasi-totalité des plus de 16 ans utilise l'anglais comme langue principale. Les langues en vigueur de l'Irlande du Nord sont l'anglais d'Ulster, le gaélique irlandais, l'écossais d'Ulster, auxquelles s'ajoutent les langues des immigrants, en majorité le polonais.

LES OFFRES

Il est possible d'étudier l'anglais en Irlande du Nord et ceci tout au long de l'année dans une école de langue. CLC propose différentes formules de séjours linguistiques dans une école partenaire pour les jeunes à partir de 16 ans. Celle-ci accueille des élèves et étudiants du monde entier. Reconnue par le British Council et centre d'examen Cambridge ESOL, cette école est située à une quinzaine de minutes à pied du centre-ville de Belfast. Ajoutons qu'il s'agit d'une école respectueuse de l'environnement, membre et co-fondatrice du Green Standard Schools. Il est possible d'y suivre des préparations aux examens étrangers : le TOEFL, le TOEIC, les examens de Cambridge, le DELE ou l'IELTS. Vous avez le choix entre un logement en famille d'accueil pour une immersion totale, en appartement en co-location ou dans un studio.

ISLANDE

Séjourner et voyager en Islande c'est la garantie d'un dépaysement permanent. Avec cette destination, tous les éléments s'accordent ou s'affrontent pour créer d'incroyables tableaux, des paysages uniques, variés et inattendus où on peut admirer en une seule journée un iceberg, un fjord, puis un volcan ou un geyser puis se baigner dans le célèbre Blue Lagoon. Le temps change toutes les cinq minutes – les ciels multiplient les effets spéciaux : nuages incroyables, lumières inattendues, arcs-en-ciel qui se croisent ou se superposent, aurores boréales. Plutôt jeune, la population islandaise est aussi en mouvement, ce qui se traduit par une formidable énergie créatrice et festive... Un simple vendredi soir passé à Reykjavík suffira à vous convaincre. Certes, l'idée de passer l'été aux abords du cercle polaire peut en rebuter quelques-uns... Mais en Islande, les 15 °C n'ont pas la même valeur qu'ailleurs. L'Islande c'est aussi une culture à part dans les pays nordiques.

REYKJAVIK

Reykjavík, en islandais « la baie des fumées », est la capitale la plus septentrionale du monde. Elle s'étend sur diverses petites péninsules, au fond de multiples baies, et offre ainsi en permanence d'agréables paysages marins. Ici résident plus des deux tiers de la population islandaise. Quel que soit le quartier, ancien ou flambant neuf (la ville grandit à vue d'œil), c'est une impression de calme qui règne. Reykjavík sera sans doute votre première rencontre avec l'Islande, une transition tout en douceur entre les grandes villes européennes et la nature vierge islandaise. Ne la négligez pas, car elle offre toutes les infrastructures culturelles et économiques d'une vraie capitale. L'énergie créatrice de cette nation prospère est ici palpable : dans les musées, dans les galeries, dans les rues... La nature y est également omniprésente.

VIK

À l'extrémité sud-est de l'île, Vík í Mýrdal est incontournable. À Vík í Mýrdal, la plaine de sable se change brusquement en falaises sur la côte et se poursuit en montagnes à l'intérieur des terres. En mer, les silhouettes noires des pitons volcaniques, les Reynisdrangar, se découpent sur l'horizon. Hérissés de pointes jusqu'à 66 m de hauteur, ces récifs isolés gisent là tel un trois-mâts gigantesque échoué sur les hauts-fonds. Selon la légende, les Reynisdrangar existent depuis que deux trolls essayèrent de tirer un bateau naufragé sur la plage. Mais ils furent retardés dans leur basse besogne et, aux premiers rayons du soleil, restèrent pétrifiés.

Vue de Reykjavik.

Cascades de Selfoss.

ET AUSSI

Votre séjour linguistique en Islande peut être par ailleurs l'occasion de découvrir **Selfoss** et sa région. Ne pas confondre avec la cascade du même nom qui, elle, se trouve au nord de l'île. Cette petite ville côtière du sud-ouest, située sur les rives de l'Ölfus et à 50 km de Reykjavik, est connue pour son environnement naturel exceptionnel, une agriculture toujours dynamique et quelques centres culturels. Une immersion dans une Islande authentique.

PRATIQUE

- **Nom officiel** : Lydvelid Ísland (République d'Islande).
- **Capitale** : Reykjavík.
- **Langue** : Islandais.
- **Nombre d'habitants** : 387 000 habitants.
- **Monnaie** : Couronne islandaise (symbole : ISK ou Kr – se prononce « kronur »).
- **Coût de la vie** : Particulièrement élevé. Il s'agit d'un des pays les plus riches au monde, qui dispose par conséquent de l'un des plus hauts niveaux de vie.
- **Moyens de paiement** : Les cartes de crédit sont en position de force face à la monnaie et aux *Traveller's cheques*.

Le drapeau islandais

Héritage de plusieurs années de domination danoise, on retrouve sur le drapeau islandais la croix scandinave. Selon la légende, le roi Valdemar II du Danemark (1170-1241), la veille d'une grande bataille contre les Estoniens, a aperçu une croix blanche dans le ciel. Le souverain y vit un signe divin qui le conduirait à la victoire. Depuis, cette croix est devenue le symbole du Danemark et des autres nations scandinaves, Finlande, Suède et Islande. Rouge et blanche sur un fond bleu marine, le choix des teintes garde ses mystères, pour certains, le bleu et le blanc sont empruntés au drapeau de l'ordre du Faucon d'argent, pour d'autres, le blanc figure les glaciers et le bleu la mer. Quant au rouge, les Islandais se plaisent à dire qu'il symbolise le feu des volcans.

- **Marchandage** : Pas de marchandage, on paye le prix affiché.
- **Pourboires** : Pas de pourboire.
- **Bagages** : L'Islande est un pays au climat changeant, mais qui connaît une constante : le vent. Il est donc judicieux d'emporter des vêtements de type Goretex qui présentent en plus l'avantage de protéger des ondées.
- **Électricité** : 220 V et une fréquence de 50 Hz. Aucun problème de compatibilité.
- **Formalités** : Pour les séjours de moins de trois mois, une pièce nationale d'identité ou un passeport suffisent pour se rendre en Islande.
- **Décalage horaire** : – 2 h en été et – 1 h en hiver.
- **Mets typiques** : Le poisson, l'agneau ou le skyr islandais.
- **Boisson nationale** : Le brennivin : eau-de-vie typiquement nordique, très forte en alcool. C'est la boisson emblématique du pays. À noter : l'âge minimal pour boire de l'alcool en Islande est de 20 ans.
- **Que rapporter** : Le lopi, le fameux pull islandais en laine locale et dessins Jacquart, des vêtements techniques contre le grand froid.

Faire comme les locaux

- **Respecter la nature,** rester sur les sentiers lors de randonnées pédestres dans les parcs nationaux, ne pas sortir des pistes en voiture.
- **Ne pas détruire** les petits amoncellements de pierres, croisés lors de randonnées. Ces cairns indiquent la direction aux voyageurs et sont un héritage de la culture islandaise.
- **Respecter les croyances populaires en l'existence des trolls,** elfes et autres créatures.

À VOIR - À FAIRE

Partez à la découverte des sites emblématiques de Reykjavík, son centre historique, l'église Hallgrimskirkja, les différents musées, le circuit street-art ou encore le dôme de Perlan. A une cinquantaine de kilomètres de la capitale, le Blue Lagoon vous invite à plonger dans ses eaux chaudes. A proximité, vous pourrez grimper au sommet du volcan Fagradalsfjall et assister à ses coulées de lave continuelles sans risque. Voir aussi les nombreuses richesses du Cercle d'Or : le parc national de Thingvellir, le lac du cratère de Kerið, la cascade de Bruarfoss et celle de Gullfoss, Geysir et ses geysers, la faille de Silfra où il est possible de faire de la plongée. Incontournables aussi : la visite d'un fjord et une petite excursion en bateau pour observer les baleines.

LANGUES

L'islandais (*íslenska*) est connu pour être une des langues les plus difficiles au monde, en raison surtout de sa grammaire aux déclinaisons complexes. Cette langue germanique s'apparente au danois et au suédois mais puise surtout ses origines dans le vieux norrois, la langue ancienne de la Scandinavie. L'isolement du pays, doublé d'une importante tradition écrite (contrairement aux autres langues du Nord qui sont longtemps restées des dialectes) ont pour conséquence une conservation unique de la langue originelle dans sa version orale et écrite. L'islandais présente donc peu de variantes régionales et la langue diffère très peu de celle parlée au Moyen Âge. Ainsi, un écolier islandais est-il capable de lire assez aisément les sagas du XIIIe siècle ! Afin de s'adapter aux évolutions du vocabulaire sans perdre au passage la pureté de la langue, des terminologues sont chargés de créer de nouveaux mots ou, inversement, de remettre au goût du jour d'anciens mots tombés en désuétude. À noter que l'alphabet latin, imposé par l'Église catholique, a remplacé l'écriture runique dont seulement deux signes subsistent aujourd'hui : le « ð » et le « þ » qui correspondent tous deux au « th » anglais. L'anglais, par ailleurs, dont l'enseignement à l'école est obligatoire depuis 1946, et le danois, langue historique de l'administration, sont presque systématiquement parlés ou compris en Islande.

LES OFFRES

Un séjour linguistique en Islande, qu'il soit itinérant ou en immersion dans une famille ou chez un professeur, vous permet de conjuguer dépaysement, aventure et pratique orale de l'anglais au quotidien. L'anglais étant la deuxième langue des Islandais, vous n'aurez aucune difficulté à communiquer et vous faire comprendre dans cette langue. C'est l'occasion de faire de grands progrès. Partez avec Sans Frontières, l'un des spécialistes de la destination qui vous accompagne, lors d'un séjour itinérant, dans la découverte de Reykjavik, du cercle d'or et de la cascade de Gulfoss, de la bulle de Geysir et de la faille de Thingvellir, sans oublier les sources chaudes du sud de l'île.

ITALIE

Des Alpes jusqu'à la Sicile, des canaux vénitiens jusqu'à l'Etna, l'Italie est un enchantement ! Mais aussi tout un art de vivre, la fameuse Dolce Vita. L'Italie est une grande séductrice. Ce pays transalpin décline une telle richesse issue de chaque région, une telle diversité et tant d'atouts qu'il est bien difficile de choisir la destination et l'orientation d'un séjour en Italie ! En tête, peut-être, ses gastronomies et sa slow food, tout un art du savoir-cuisiner, savoir-manger, savoir-partager. L'Italie c'est pizza et pasta, risotto, antipasti et tiramisù, poissons et crustacés, sans oublier le café. S'ajoutent le soleil, la beauté des paysages, la richesse du patrimoine et l'hospitalité à l'italienne. Pour le reste, c'est un festival : Rome et le Vatican, Venise la sérénissime, Florence la divine et sa Toscane, Sienne la merveilleuse, les Dolomites et les Cinque Terre, la Sardaigne, le lac Majeur, le lac de Côme ou le lac de Garde ou encore la baie de Naples mariée au volcan bouillonnant du Vésuve.

NAPLES

C'est une ville unique en Italie ! La capitale de la Campanie au sein de l'une des plus belles baies au monde est un spectacle permanent. La richesse de son histoire apparaît à travers les vestiges laissés par les Grecs, les Normands, mais aussi les Espagnols et les Bourbons : châteaux, palais, théâtres, musées et monuments religieux rivalisent de beauté. La ville est aussi connue pour sa tradition culinaire et la fierté de ses habitants. Bienvenue non pas dans une ville-musée, mais dans un théâtre à ciel ouvert pour une fantastique *commedia dell'arte*.

ET AUSSI

Outre Rome et Naples, l'Italie invite à des séjours linguistiques de charme à **Agerola**, à une trentaine de kilomètre de Naples, sur la côte almafitaine, ou à **Sorrento**, à quelques kilomètres au bout de la presqu'île. C'est un italien joyeux et imagé que vous pratiquerez, séduit par l'environnement du beau golfe de Naples.

PRATIQUE

- **Nom officiel :** Repubblica italiana.
- **Hymne national :** Fratelli d'Italia.
- **Fête nationale :** 2 juin.
- **Capitale :** Rome.
- **Population :** 60 millions d'habitants.
- **Langues :** Italien, allemand (Trentin-Haut-Adige), anglais et français (lieux touristiques).
- **Religion :** Catholiques en majorité, minorités de protestants, de musulmans et de juifs, athées.
- **Nature de l'État :** République parlementaire.
- **Monnaie :** L'euro (€).
- **Téléphone :** Pour téléphoner de la France vers l'Italie, composer le 00 + 39 + l'indicatif de la ville et le 0 initial, suivi du numéro de votre correspondant.
- **Décalage horaire :** 0 heure.
- **Formalités/visa :** Carte nationale d'identité ou passeport en cours de validité.
- **Santé :** RAS.
- **Sécurité :** RAS.
- **Risques naturels :** Risques sismiques.
- **Sport national :** Football.
- **Plat national :** Les pâtes, les pizzas, le risotto, la charcuterie, les glaces…
- **Boisson nationale :** Café.
- **Que rapporter ?** Chaussures, vêtements, bijoux en or de Florence, verreries de Murano, fromages, pâtes, masques de Venise, café et cafetière italienne.

Vue sur le golfe de Naples.

TOP 10

A VOIR / A FAIRE
NAPLES

Difficile de faire une sélection des choses à voir dans une ville qui a tant à offrir ! Une fois sur place, il faut, bien sûr, se laisser guider par son inspiration et pénétrer dans les églises et les cours des palais au hasard de ses pérégrinations. Mais il y a aussi des monuments, des musées et des sites à côté desquels il serait dommage de passer. Naples possède l'un des plus beaux musées archéologiques au monde, un riche patrimoine d'églises, des lieux fascinants et même surprenants. Vous ne savez où donner de la tête ? Voici nos incontournables.

BASILICA DI SANTA CHIARA

La basilique abrite des tombeaux de la maison d'Anjou et le plus beau cloître de la ville, entièrement décoré de majoliques.

CASTEL DELL'OVO

La puissante forteresse, dressée sur une île reliée à la terre ferme, offre des panoramas magnifiques sur la baie de Naples.

CAPPELLA SANSEVERO

Dans la chapelle funéraire sont conservés le *Christ voilé*, sculpture au réalisme surprenant, et les « machines anatomiques ».

CERTOSA DI SAN MARTINO

La chartreuse, éclatante illustration du baroque napolitain, domine toute la ville : vue panoramique et émerveillement garantis !

CHIESA DI SAN GIOVANNI A CARBONARA

C'est l'une des plus belles églises de Naples. Elle abrite un mausolée sculpté de 18 mètres de haut et de belles fresques.

© SARRA22 - ISTOCKPHOTO

© MAX-B - ISTOCKPHOTO.COM

MUSEO DI CAPODIMONTE

Au cœur d'un beau parc, ce musée conserve des œuvres des plus grands peintres italiens, ainsi qu'une section d'art contemporain.

© ALFREDO VENTURI - ICONOTEC

DUOMO SANTA MARIA ASSUNTA

C'est dans la cathédrale de Naples que sont précieusement gardées les reliques de San Gennaro, le saint patron de la ville.

NAPOLI SOTTERRANEA

Découvrez la Naples souterraine et son labyrinthe de galeries, de cavités et d'aqueducs antiques à 40 mètres de profondeur.

© STÉPHAN SZEREMETA

MUSEO ARCHEOLOGICO NAZIONALE DI NAPOLI

Musée incontournable pour admirer les sculptures antiques de la collection Farnèse, les mosaïques et les fresques de Pompéi.

© VITI - ISTOCKPHOTO.COM

© ALXPIN - ISTOCKPHOTO.COM

PIAZZA DEL PLEBISCITO

La place la plus monumentale de Naples est bordée par le Palais royal et par un majestueux portique en forme d'hémicycle.

Le drapeau italien

Pour créer leur emblème national, les Italiens se seraient inspirés du drapeau français suite à la campagne napoléonienne menée dans la péninsule. Le blanc et le rouge figureraient les couleurs de Milan et le vert celle des uniformes de la garde civique milanaise ralliée à Napoléon. La bannière tricolore est adoptée officiellement par la République cispadane en 1797 ; suivront la République cisalpine ainsi que les autres républiques jacobines de l'époque. Abandonnée en 1815, elle est reprise en 1861 et devient le drapeau du royaume d'Italie. Elle est alors enrichie des armes de la maison de Savoie qui disparaîtront avec la chute de la monarchie. L'étendard tel qu'on le connaît sous sa forme actuelle naît lorsque l'Italie devient une république, le 1er janvier 1948.

À VOIR – À FAIRE

Le patrimoine exceptionnel de ce pays est la porte ouverte à une découverte plurielle et très enrichissante. La visite des musées des beaux-arts, la découverte des chefs-d'œuvre des peintres de la Renaissance dans de somptueux édifices historiques apparaît souvent comme une révélation. Assister à un opéra dans un amphithéâtre romain, profiter des plaisirs balnéaires de la côte méditerranéenne, faire une randonnée dans la montagne, se régaler de la cuisine italienne, se familiariser avec les auteurs italiens, autant de possibilités durant un séjour linguistique et bien d'autres encore au programme. Parmi les activités incontournables, on peut aussi citer la visite du Colisée à Rome, la découverte du relief et des villages colorés des Cinque Terre qui composent des paysages et une ambiance uniques et le site archéologique de Pompéi.

LANGUES

On la considère comme l'une des plus belles langues du monde. Avec ses racines latines, elle ressemble beaucoup au français. L'italien est associé à l'art, à l'opéra, à la gastronomie et au romantisme. La maîtrise de la langue italienne est une compétence rare, ce qui en fait un véritable atout sur un CV...

Charles Quint plaisantait en affirmant qu'on parle à Dieu en espagnol, aux hommes en français et aux femmes en… italien ! Cette langue mélodieuse ne s'est formée que tardivement puisqu'elle n'apparaît en tant qu'idiome littéraire qu'au XIIe siècle. L'aristocratie et les écrivains italiens ont longtemps préféré parler le latin ou le provençal et le français. Mais à partir du XVIe siècle, la Renaissance italienne fascine l'Europe et les emprunts aux langues italiennes se multiplient notamment dans les œuvres des grands écrivains français de l'époque.

Les dialectes

Les différents dialectes régionaux restent vivaces en Italie. L'unité italienne ne s'étant faite qu'au XIXe siècle, il demeure une grande variété de dialectes, plus de 1 500 selon certaines études. Quelques régions, en raison de leur position géographique, sont même bilingues. Par exemple, la population du Val d'Aoste parle couramment français et, dans le Trentin-Haut-Adige, l'allemand est la deuxième langue locale.

LES OFFRES

Nacel propose de nombreux séjours linguistiques en Italie, à Rome, Gênes, Milan, Naples ou Florence pour progresser rapidement en italien tout en profitant de l'art de vivre local. Au catalogue de CLC, des cours d'italien dans la capitale en école de langue internationale ou des cours particuliers chez le professeur, en Sicile ou en Sardaigne, par exemple. C'est une large gamme au choix de séjours linguistiques et itinérants pour découvrir la langue de Dante et la culture italienne. La *dolce vita*, que ce soit en immersion chez l'habitant ou en séjournant dans une résidence ou un appartement. Depuis Milan par exemple, vous pourrez partir à la découverte de la région des Grands Lacs lors d'un voyage itinérant.

Fontaine de Trevi à Rome.

JAPON

Le pays du Soleil-Levant, c'est à la fois une culture millénaire, dont témoignent les nombreux temples de Kyoto, et une modernité incroyable, visible dans chaque ville du Japon, principalement à Tokyo mais aussi à Osaka ou Yokohama pour ne citer qu'elles. Archipel volcanique, long de 3 000 km, le Japon affiche des paysages variés et montagneux dont le Mont Fuji est le point culminant. Osez la découverte de ce pays si différent, mais à la fois très sûr, à la propreté légendaire et à la population accueillante. Longtemps considéré comme un pays cher, le Japon depuis quelques années, suite à la baisse du yen, est devenu plus abordable. Quoi qu'il en soit, préparez-vous à un choc culturel et à une fascination indélébile. Un séjour linguistique au Japon c'est une expérience hors des sentiers battus avec en prime une immersion dans l'univers des mangas. Un vrai voyage !

TOKYO

La découverte de la capitale du Japon est un choc. Cette ville est passionnante, bouillonnante, incroyable et sans équivalent dans le monde ! Au sein de la gigantesque Tōkyō (14 millions d'habitants !) voisinent des quartiers ultra-modernes avec des gratte-ciel rivalisant d'audace et d'élégance et des quartiers résidentiels aux maisons traditionnelles et temples shintoïstes, avec de petites statues saintes à un croisement de rues et une piste cyclable qui longe un canal... On quitte un magasin de cinq étages dédié aux seuls appareils photo pour manger dans un petit restaurant de udon maison. Si la haute-technologie est une religion ici, la citoyenneté aussi qui police les gestes et tous les débordements. Personne ne vous bouscule dans le métro, personne ne rate son train ou alors ce n'est pas un Japonais ! Contrairement à ce que l'on imagine au premier contact, on s'habitue finalement vite aux transports, à la nourriture et plus généralement à la manière de vivre tokyoïte.

ET AUSSI

Séjourner à **Kyoto** est une magnifique opportunité. Cette ancienne capitale du Japon, avec ses temples et ses jardins, ses geishas et ses traditions préservées, est un enchantement. D'autres destinations vous sont proposées pour vous initier au japonais et à la culture locale : **Hiroshima**, le port de triste mémoire mais de belle actualité, et **Fujikawaguchiko**, station balnéaire pittoresque au pied du mont Fuji et camp de base réputé pour escalader le volcan emblématique par le sentier Yoshida en longeant le lac Kawaguchi.

PRATIQUE

Le drapeau japonais

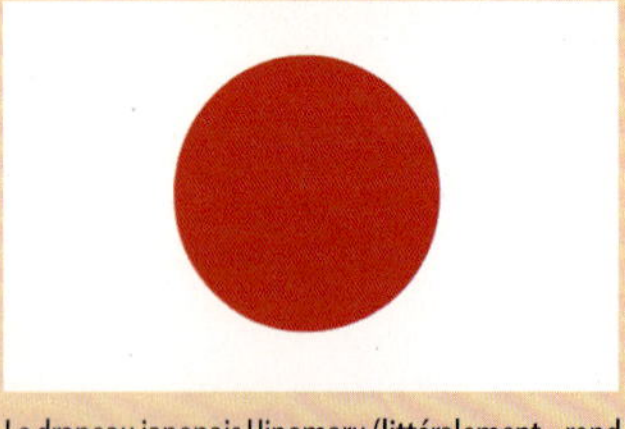

Le drapeau japonais Hinomaru (littéralement « rond de soleil ») n'a été réglementé au Japon que très récemment. Jusqu'en 1999, il n'existait pas de définition interne du drapeau japonais, même s'il a été utilisé sous cette forme depuis la fin du XIXe siècle. Le symbole du soleil était déjà utilisé du temps des samouraïs, mais avec des variantes de couleur.

- **Nom officiel :** Nippon-koku (日本国)
- **Hymne national :** Kimi ga yo
- **Fête nationale :** 23 décembre
- **Capitale :** Tokyo
- **Population :** 126 millions d'habitants
- **Langues :** Japonais
- **Religion :** Bouddhistes et shintoïstes (84 %), catholiques romains (4 %), autres (12 %)
- **Nature de l'État :** Monarchie constitutionnelle
- **Monnaie :** La monnaie japonaise est le yen (JPY ou ¥).
- **Téléphone :** Pour téléphoner de la France au Japon, il faut composer le 00 81 puis le code de la ville (en supprimant le 0), enfin le numéro de votre correspondant
- **Décalage horaire :** + 7 h en été et + 8 h en hiver
- **Formalités/visa :** Un passeport en cours de validité est exigé pour les Français se rendant au Japon. Aucun visa n'est nécessaire pour des séjours d'une durée inférieure à trois mois

Kyoto.

Sean Pavone - iStockphoto.com

TOP 10

À VOIR - À FAIRE

TOKYO

Les quartiers de Tokyo racontent une ville aux multiples facettes dont l'histoire ne finit pas de fasciner. À Asakusa, les murmures des artisans d'Edo nous bruissent dans les oreilles. Dans le centre, les briques rouges des imposants bâtiments évoquent la brutale modernisation du pays après la Restauration de Meiji. Les anciens faubourgs de Shibuya et Shinjuku, aujourd'hui bardés de tours gigantesques, incarnent le tourbillon de la croissance et de la consommation, alors que temples et jardins appellent à la contemplation. Tout l'esprit de Tokyo est ici condensé en 10 destinations.

© CHUNYIP WONG

GARE DE TOKYO

En 1914, ses briques rouges symbolisaient la modernité. Des milliers de trains transitent chaque jour dans cette gare-ville.

© DFLC PRINTS - SHUTTERSTOCK.COM

MUSÉE EDO-TOKYO

Au gré des expositions et des spectacles, l'histoire de Tokyo renaît sous nos yeux avec une richesse impressionnante de détails.

MARCHÉ DE TOYOSU

Le nouveau marché aux poissons est moins folklorique que Tsukiji, mais la visite est aussi intéressante et les sushis délicieux.

© VICHIE81 - SHUTTERSTOCK.COM

© EGI – STOCK.ADOBE.COM

MUSÉE NATIONAL DE TOKYO

Les collections incroyables du musée ainsi que le parc Ueno tout autour sont essentiels pour découvrir la riche histoire du pays.

© LUCIANO MORTULA - LGM - SHUTTERSTOCK.COM

OBSERVATOIRE DE LA MAIRIE DE TOKYO

À 200 m de haut, tout Tokyo s'étend à perte de vue sous vos yeux, de Shinjuku jusqu'au mont Fuji les jours de beau temps.

© SEAN PAVONE - SHUTTERSTOCK.COM

SANCTUAIRE MEIJI-JINGU

Havre de calme et de fraîcheur en plein Harajuku, le sanctuaire shinto dédié à l'empereur Meiji est aussi le plus grand de Tokyo.

© GOLAIZOLA

PALAIS IMPÉRIAL

L'immense château du shogun Tokugawa devenu palais impérial au XIXe siècle occupe le cœur de Tokyo. Ses jardins sont à voir.

SENSŌ-JI

Le plus vieux temple de Tokyo est aussi le plus populaire. Dans les rues alentour, il règne une ambiance de fête permanente.

© BEIBAOKE - SHUTTERSTOCK.COM

PLACE HACHIKO

C'est le lieu de rendez-vous des Tokyoïtes et des touristes. Toucher le museau du chien dévot Hachikō vous portera chance !

© TAKASHI IMAGES - SHUTTERSTOCK.COM

© NEONJELLYFISH

TOUR DE TOKYO

La tour datant de 1958 est tout un symbole. À visiter avec le Zozo-ji, un imposant temple qui s'étend à ses pieds, imperturbable.

- **Santé :** RAS
- **Sécurité :** RAS
- **Risques naturels :** Risques sismiques, d'éruptions volcaniques, de glissements de terrain, de typhons (de mai à octobre) et de crues
- **Sport national :** Sumo, judo, arts martiaux, base-ball et football
- **Plat national :** Les sushi, le tofu, les sashimi et la soupe miso
- **Boissons nationales :** Le saké, la bière et le thé vert sencha
- **Que rapporter ?** Kimonos, sandales de bois, cerfs-volants, masques de théâtre, matériel de calligraphie, vaisselle, perles, estampes, éventails, jeux de go, thé vert...
- **Événements :** Hatsumôde (nouvel an), Toka Ebisu à Osaka (janvier), concours de sculptures sur glace à Sapporo (février), fête du printemps (avril), fête du Gion Matsuri à Kyoto (juillet), Tanabata (juillet), grand festival de Tokyo (septembre), fête de l'automne (novembre), fête des Gishi (décembre)

À VOIR - À FAIRE

Tōkyō c'est le bonheur de manger des délices japonais à chaque coin de rue et de composer son bento, de découvrir un artisan qui prépare, dans la tradition, du tofu frais tous les jours. Bien sûr, vous visiterez le sanctuaire shintō Meiji à l'imposant portail et les bois qui l'entourent et les jardins publics dominés par le palais impérial (Kōkyo), sans oublier de garder du temps pour découvrir les collections des musées de la ville. L'expérience d'un bain dans les sources chaudes des environs est un grand moment. On prend le Shinkansen, le TGV local, pour relier Osaka, Kyoto, Kobe, Hiroshima, Nagasaki, Hokkaido... Et l'on apprend vite que les sushis ne sont qu'une toute petite portion de la cuisine japonaise qui varie selon les régions et les saisons avec en dénominateur commun le respect des produits, de belles présentations et des mets sains. Les amoureux de Miyazaki s'y prendront à l'avance pour obtenir un rendez-vous pour une visite du mythique studio Ghibli de Tokyo. Il sera plus facile au dernier moment d'aller assister à un match de baseball, sport n°1 au Japon, s'imaginer en Samouraï au château d'Himeji, visiter l'aquarium d'Osaka et le musée national des sciences nouvelles et innovations à Tokyo qui abrite le plus grand planétarium du monde. Et bien sûr se balader dans les quartiers emblématiques de Tokyo, Ginza, à Shibuya, ou Shinjuku. Et pourquoi pas visiter une école de Manga et apprendre leurs techniques de dessin.

LANGUE

Au Japon, c'est simple, tous les Japonais parlent... japonais. S'ajoutent les langues parlées par les 2 millions d'habitants issus de l'immigration : le coréen, le chinois mandarin, le portugais. L'anglais est souvent maîtrisé dans le milieu des affaires. Le japonais s'est développé, entre autres, sur et autour des dialectes de la région du Kansaï (Kyoto, ancienne capitale). À partir du XVIIe siècle, elle s'est construite autour du dialecte principal de la région du Kanto, et donc de celui pratiqué à Edo (aujourd'hui Tokyo). Le poids politique de plus en plus important d'Edo a permis l'influence de ce dialecte dans le japonais tel qu'il est pratiqué aujourd'hui. Quant aux caractères nécessaires à l'écriture du japonais, ils s'articulent autour de trois systèmes : le kanji (caractères empruntés au chinois), le katakana et le hiragana. Ces deux derniers sont des alphabets syllabaires. Comme pour le chinois, le japonais s'écrit traditionnellement de haut en bas et de droite à gauche, sans espace entre les mots. Ce type de mise en forme se nomme le tategaki. L'écriture japonaise daterait de 400 avant notre ère. Influencée par des caractères chinois, elle ne fut complétée qu'à partir du VIIIe et du XIXe siècle avec la création du katakana par Kibi no Makibi et du hiragana, inventé par le saint bouddhiste Kobo-Daishi.

LES OFFRES

Sans Frontières est un organisme incontournable pour cette destination magique. À son catalogue, un séjour itinérant de 15 jours pour les 18-25 ans avec une expérience de voyage unique. Vous irez saluer le Mont Fuji et prendrez le temps d'une escapade tranquille à Hiroshima. L'hébergement se fait en auberge de jeunesse confortable, et même en capsule au Mont Fuji. Parmi les visites : à Tokyo, le parc Yoyogi, les quartiers Shibuya et Ginza, Odaiba et Kamakura, à Kyoto le sanctuaire de Fushimi Inari Taisha et à Hiroshima l'île de Miyajima, le musée de la Paix, ses jardins et son château.

MALTE

Le patrimoine exceptionnel de ce pays occupé par l'homme dès le IVe millénaire av. J.-C., avec sa capitale classée par l'Unesco, vous enchantera. Après avoir été sous de nombreuses influences et dominations, Malte est devenue une république en 1974 et est entrée dans l'Union européenne en 2004. Entre temps, elle est devenue LA destination de ceux, enfants, jeunes ou étudiants, qui désirent apprendre l'anglais au soleil. C'est l'Europe de l'extrême-sud. Au cœur de la mer Méditerranée et à moins de 100 km de la Sicile, l'archipel maltais – Malte, Gozo et Comino – constitue un excellent choix pour un séjour linguistique dédié à l'anglais. Cette destination reste assez proche mais exotique et particulièrement spécialisée dans le tourisme linguistique et les études en anglais, avec des propositions bien rodées et très variées. Les séjours proposés y sont sérieux, attrayants et tout à la fois abordables. Réputée pour ses campus internationaux, La Valette, sa capitale, est vraie ville universitaire.

Dès le début du XIXe siècle, l'anglais devint la langue officielle de Malte. Ce n'est qu'en 1934 que le maltais obtint le même statut. Malte est aujourd'hui l'un des rares pays bilingue au monde. La population s'y exprime indifféremment dans les deux langues. Les Maltais suivent toujours avec intérêt journaux, revues, télévisions et radios britanniques. De plus, le système d'éducation nationale, calqué sur le modèle britannique fournit des professeurs de langue hautement qualifiés. Ce petit pays anglophone, dynamique, économiquement fort, libéral, stable et ensoleillé séduit de nombreux expatriés et de nombreux touristes. L'afflux des migrants constitue une autre réalité.

L'île principale totalise à peine 27 km de long et 14,5 km de large. Peu de reliefs, pas de cours d'eau pour cette île au paysage quadrillé par les champs en terrasse et piqué de villages pittoresques. Vous apprécierez la côte profondément découpée où se succèdent ports, baies, criques, plages et anses rocheuses. La gastronomie locale méditerranéenne et internationale apporte aussi sa pierre. C'est un métissage constant, ce melting-pot de langues et de cultures que vous pourrez toucher du doigt lors de votre séjour linguistique, en campus international ou en immersion pour découvrir la force de caractère de ces îliens. Vous l'avez certainement compris, un séjour linguistique à Malte est justifié à plus d'un titre !

LA VALETTE

La capitale du pays porte le nom d'un chevalier français de l'ordre de Malte, Jean Parisot de la Valette, à l'origine de la construction des fortifications de la ville. Les Maltais la surnomment *Il-Belt*, « La Cité ». Avec 6 700 habitants, La Valette est la plus petite capitale européenne. C'est aussi le cœur commercial et financier de l'île. Le charme de cette vieille historique classée au patrimoine de l'humanité par l'Unesco ne manquera pas de vous séduire. La « ville habitée » apparaît ainsi comme un grand musée vivant où passé et présent se mêlent. Le vent s'engouffre dans les rues créant un climat doux et une ambiance agréable. Il est alors temps d'aller aux jardins d'Upper Barracca. La vue offerte sur le Grand Port y est magnifique. Vous pouvez vous y asseoir des heures pour contempler ce panorama. Faites comme les locaux, identifiez les derniers bateaux arrivés au port pour savoir quelle langue sera parlée dans *Republic Street* le lendemain. En journée, le centre-ville est souvent envahi de touristes. Le statut de capitale européenne de la culture obtenue par La Valette en 2018 a contribué à la multiplication des expositions d'art contemporain et des spectacles de qualité. Par ailleurs, depuis cette nomination se renforce la fièvre constructive et rénovatrice qui s'est emparée de la ville, comme de l'île.

Le drapeau maltais

Le jour de l'indépendance de l'île de Malte, proclamée le 21 septembre 1964, le pays adopte un drapeau national avec deux bandes verticales : à gauche, une blanche, à droite, une rouge. En haut à gauche, est représentée la croix de George, référence à la distinction offerte aux Maltais par le roi George VI, le 15 avril 1942, pour les récompenser de leur héroïsme pendant la guerre. Cette croix est bordée de rouge. Les couleurs du drapeau national fertait référence au comte de Sicile Roger Ier, qui après s'être approprié l'île voisine, en 1090, chassa les Arabes qui occupaient Malte depuis 870. Pour remercier les Maltais de leur hospitalité, le comte leur offrit les couleurs de la flamme (banderole) des Hauteville. On dit qu'il aurait symboliquement déchiré son drapeau en deux pour en offrir la moitié aux Maltais.

PRATIQUE

- **Nom officiel :** Repubblika Ta'Malta (République de Malte)
- **Devise nationale :** Par le courage et la constance
- **Hymne national :** L-Innu Malti (Hymne maltais)
- **Fête nationale :** 31 mars
- **Capitale :** La Valette
- **Superficie :** 316 km^2 (Malte : 246 km^2, Gozo : 67 km^2, Comino : 2,7 km^2)
- **Langues :** Malti (ou maltais) et anglais
- **Population :** 535 000 habitants
- **Religion :** Catholiques romains
- **Nature de l'État :** République
- **Monnaie :** L'euro (€)
- **Téléphone :** Pour appeler de la France vers Malte, composez le 00356 + numéro à 8 chiffres
- **Décalage horaire :** L'heure à Malte est la même qu'en France
- **Formalités :** Les ressortissants français ou des pays membres de l'Union européenne n'ont besoin que d'une carte d'identité ou d'un passeport en cours de validité pour un séjour touristique à Malte. Les formalités sont les mêmes pour les visiteurs suisses. Les Canadiens doivent présenter un passeport valide
- **Santé :** RAS
- **Sport national :** Football
- **Plat national :** La torta tal fenek est un plat de lapin mariné et cuit dans une sauce au vin rouge, servi en croûte
- **Boisson nationale :** Kinnie (boisson à base de quinquina et d'orange amères), vin et thé
- **Que rapporter ?** Objets en verre soufflé, dentelle, nougat, bijoux, heurtoirs de porte en cuivre, armure de chevalier...
- **Événements :** Carnaval de Malte (février), festival de La Valette (avril), semaine sainte (avril), festival national des chants folkloriques à Floriana (mai), Sette Giugno : 7 juin, Saint Pierre et Saint Paul (29 juin), festival de jazz de Malte (juin), Maltafest (juillet-août), Notre-Dame-des-Victoires à La Valette (septembre) fête nationale (21 septembre)

■ AMBASSADE DE LA RÉPUBLIQUE DE MALTE
23, rue d'Artois
2e étage (8e)
PARIS
✆ 01 56 59 75 90
maltaembassy.paris@gov.mt
Ouvert du lundi au vendredi de 10h à 12h et 14h à 16h (saufs les jours fériés). Sur RDV uniquement.

À VOIR - À FAIRE

Vous ne manquerez pas les incontournables ! Donc vous visiterez La Valette, Mdina, Rabat et Victoria, le temple de Gjantija sur l'île de Gozo, le temple de Tarxien, les grottes de Ghar Dalam ou encore Hagar Qim. Lors d'un séjour linguistique, enfants, jeunes ou étudiants programment sans faute la Malta Experience, spectacle au sein d'un auditorium panoramique qui raconte l'histoire de Malte en 45 minutes, une vidéo qui vient enrichir la compréhen-

Marsaxlokk.

Dans les rues de La Valette.

sion de l'archipel, de ses habitants et des sites que vous visiterez au cours de votre séjour. En complément, la visite de la Sacra Infermeria, infirmerie sainte des Chevaliers de l'Ordre de Saint-Jean – célèbres pour avoir repoussé une invasion ainsi que pour leurs exploits militaires à l'étranger – se révèle passionnante. On apprend que s'ils devinrent célèbres pour leurs exploits militaires, à l'origine, ces chevaliers avaient des visées pacifistes puisqu'il s'agissait pour eux de prendre soin des malades.

À La Valette, résidents et visiteurs aiment particulièrement se promener dans les Barrakka Gardens, les jardins des hauteurs. Cherchez la sculpture des Gavroches qui représente trois enfants et évoque les conditions de vie difficiles au tournant du XXe siècle. En suivant les ruelles de la ville où s'alignent les monuments anciens, cherchez les statuettes de saints installées en façade avec pour mission de protéger les maisons. Descendez et vous rejoindrez forcément le port et la mer.

LANGUES

Malte est l'un des rares pays du monde parfaitement bilingue. Tant et si bien que le visiteur avec qui les Maltais parlent anglais s'apercevra à peine que les habitants échangent entre eux en malti. Il faut toutefois savoir que le malti est l'une des composantes les plus importantes de l'identité maltaise. Unique langue partiellement sémitique écrite avec l'alphabet latin, enrichi d'accents, elle reflète l'histoire du pays. C'est une richesse à préserver et beaucoup reprochent aux médias locaux d'utiliser trop facilement l'anglais et demandent des mesures radicales pour protéger le malti. Après 160 ans de présence britannique, Malte a acquis son indépendance en 1964. Alors que l'anglais fut déclaré langue officielle dès la fin du XIXe siècle, il a fallu attendre 1934 pour que le maltais obtienne le même statut. Si le maltais est aujourd'hui la langue maternelle, l'anglais est enseigné dans toutes les écoles dès l'âge de 4 ans. Sachant que la télévision italienne (et ses dessins animés japonais) est très suivie par les enfants, on peut même devenir trilingue dès le plus jeune âge.

LES OFFRES

Les possibilités de séjours linguistiques sont nombreuses et variées à Malte, île mondialement connue pour ses cours d'anglais alliés au climat agréable. De nombreuses formules sont notamment proposées chez Nacel et CLC. Au catalogue, des séjours intensifs pour les 15-19 ans avec tuteur et activités annexes, des écoles de langues dès 16 ans, entre autres offres adaptées à tous et à tous les niveaux. En marge des cours, les activités possibles sont légion dans le registre des sports nautiques comme des visites culturelles.

MEXIQUE

Le Mexique, c'est une vie culturelle intense, des traditions millénaires, des plages de sable blanc comme celles de Puerto Vallarta ou de Tulum, des forêts tropicales aux rivières couleur émeraude, des chaînes de montagnes, des volcans en activité et des villes fantastiques comme Cancún et Mexico… Cette incroyable diversité de climats et de paysages sert de refuge à de nombreuses espèces animales, telles que le toucan, le jaguar ou le quetzal. Le Mexique est également un pays qui possède une histoire très riche, fruit du mélange de civilisations très différentes, à commencer par la civilisation espagnole et les civilisations précolombiennes. De ce passé singulier, le Mexique a hérité de plusieurs sites archéologiques majeurs comme Teotihuacan ou Chichén Itzá, de magnifiques villes coloniales et des petits villages plus dépaysants les uns que les autres.

PLAYA DEL CARMEN

Gagnée sur l'exubérante forêt du Yucatán, Playa del Carmen est située au bord d'une eau cristalline et chaude de la mer des Caraïbes. Développé autour de campements d'exploitation de bois précieux et d'un village de pêcheurs, le site devient un lieu touristique mondialement connu qui se développe à partir des années 1980. Investisseurs et promoteurs immobiliers transforment en vingt ans le village en ville de 200 000 habitants. Playa del Carmen est aujourd'hui une station balnéaire où l'on vient passer une semaine ou plus depuis les quatre coins du globe, considérée à la fois cool, branchée et sportive (pour la plongée).

PRATIQUE

- **Nom officiel :** États-Unis mexicains
- **Devise nationale :** Plus haut et plus loin
- **Fête nationale :** 16 septembre, jour de l'indépendance
- **Capitale :** Mexico
- **Population :** 135 millions d'habitants
- **Langues :** Espagnol (officielle), 67 langues indigènes
- **Religion :** 89,7 % catholiques, 4,9 % de protestants…
- **Nature de l'État :** Régime présidentiel
- **Monnaie :** Peso mexicain
- **Téléphone :** +52
- **Décalage horaire :** – 7h en été, – 8h en hiver
- **Formalités/visa :** Un passeport valide durant la durée de séjour prévue, un billet d'avion aller-retour, un justificatif d'hébergement ainsi que des moyens d'existence suffisants durant l'intégralité du séjour, pas de visa nécessaire pour un séjour de moins de 120 jours

Playa del Carmen.

Le drapeau du Mexique

Trois bandes verticales colorent le drapeau du Mexique : vert, blanche et rouge. Les mêmes que sur le drapeau d'Italie ! Mais la différence est au centre de la bande blanche où se placent les armoiries du Mexique représentées par un aigle posé sur un cactus en train de manger un serpent. Ces éléments constitutifs de drapeau ont chacun leur origine. Ce drapeau est à peu près similaire au drapeau de l'Italie. Depuis sa création en 1821, le drapeau a connu plusieurs modifications pour enfin aboutir à sa forme actuelle qui date de 1968.

- **Santé :** Se protéger des piqûres de moustiques, vecteurs potentiels au Mexique de paludisme, dengue, chikungunya, être précautionneux avec la nourriture (se laver les mains avant manger, boire de l'eau désinfectée…)
- **Sport national :** Football
- **Plat national :** Mole poblano
- **Boisson nationale :** Tequila
- **Que rapporter ?** Crânes décoratifs, vaisselle artisanale, café, sauces et épices, chapeaux, sacs, objets à l'effigie de Frida Kahlo…

À VOIR - À FAIRE

En route Gringo ! Apprendre l'espagnol au Mexique, c'est aussi goûter aux plaisirs de l'Amérique latine. Dégustez de délicieux tacos et du guacamole faits maison. Reposez-vous sur les plages de sable fin de Playa del Carmen ou explorez les temples aztèques et mayas du pays. Visitez la Cité des dieux de Mexico et découvrez ces étonnantes civilisations précolombiennes. Journée shopping à Cancún, balade en bateau, plongée sous-marine ou visite nocturne de la ville… Diverses activités vous permettent de découvrir les facettes de ce pays et surtout de rencontrer ses habitants. Pour un séjour linguistique haut en couleur, vous ne regretterez certainement pas d'avoir choisi le Mexique.

LANGUES

Il n'y a pas de langue officielle au Mexique, pays multiculturel et polyglotte, mais c'est le premier pays hispanophone du monde avec plus de 120 millions de locuteurs. C'est l'espagnol castillan qui est parlé au Mexique. L'espagnol du Mexique est souvent perçu comme plus doux et mélodieux que celui d'Espagne. La Loi générale des droits linguistiques des peuples indigènes, adoptée en 2003, œuvre à la protection et à la promotion de l'usage des langues autochtones du Mexique qui ont survécu jusqu'à présent. Le catalogue des langues autochtones en reconnaît 68 divisées en 364 variantes et regroupées en 11 familles. Une grande richesse !

- ***Ahorita !*** S'il est un mot que vous devez connaître, c'est *ahorita* ! Emblématique de l'espagnol du Mexique s'emploie, il signifie « tout de suite » (de *ahora*, maintenant) et désigne un délai très relatif compris entre deux minutes et… deux jours.

LES OFFRES

Idéal pour les étudiants et les adultes qui veulent améliorer leur espagnol. Perfectionnez sa pratique à Mexico ou à Playa del Carmen, un grand dépaysement ! Suivez des cours de langues au Mexique en école de langue pour progresser efficacement à l'écrit et à l'oral. Ou plongez au cœur de la culture mexicaine grâce à l'immersion totale en famille d'accueil. Le quotidien vous enseignera le vrai mode de vie latino lors d'une réelle immersion linguistique ! Apprenez à votre rythme entre cours d'espagnol, *playa* et culture inca dans une école de langue agréée par l'Institut Cervantès et membre de plusieurs organisations internationales dont FEDELE, AECAE et la NAFSA. Occupant un bâtiment typique de la côte caraïbéenne, elle est située en centre-ville à 8 min à pied du bord de mer. Vous progresserez au quotidien tout en côtoyant des étudiants de toutes nationalités.

Partez à la découverte des cultures mexicaine et maya. Vous reviendrez en France complètement dépaysé et avec un espagnol amélioré.

MONTÉNÉGRO

Destination touristique très prisée dans le camp de l'Est avant l'éclatement de la Yougoslavie, le Monténégro s'attache à redevenir une destination privilégiée de la Méditerranée à l'instar de sa voisine, la Croatie. Ce pays qui semble bien petit, coincé entre l'Albanie, la Serbie, la Croatie et la Bosnie-Herzégovine, n'en offre pas moins une étonnante variété de paysages. Pays de montagnes et de vallées encaissées où la nature s'exprime avec exubérance, le Monténégro est une contrée qui s'explore, une destination de choix pour les amoureux de nature et de randonnées. Sur une superficie de la taille d'une région française s'étendent cinq parcs nationaux, des plages, un littoral découpé d'une beauté fascinante et des montagnes dont des pans entiers sont vierges de toute urbanisation. Comblé par la nature, ce pays peut également s'enorgueillir d'un patrimoine architectural d'une diversité insoupçonnée, fruit d'un chassé-croisé de royaumes et d'empires, depuis les Illyriens jusqu'aux Autrichiens, en passant par les Grecs, les Romains, les Vénitiens et les Turcs. Ainsi à l'architecture massive et austère des maisons de l'intérieur du pays et des monastères orthodoxes répondent les palais de style baroque des bouches de Kotor. De même, la population jeune, urbaine et occidentalisée de la capitale et des villes du littoral coexiste avec une population rurale ayant conservé un mode de vie guidé par les exigences de la terre. Tous milieux confondus, on vous réserve un accueil d'une simplicité authentique.

PODGORICA

Podgorica est le centre administratif et économique du pays depuis 1946. Au confluent des deux rivières Morača et Ribnica, elle s'étend, comme son nom le signifie « au bas des montagnes », et au cœur d'une vaste vallée où il fait très chaud en été. Cinq rivières la traversent et contribuent au charme de cette ville très ancienne, au passé riche de plusieurs cultures. Quasiment rayée de la carte lors de la Seconde Guerre mondiale, elle offre aujourd'hui le visage d'une ville moderne avec de larges avenues rectilignes, des blocs d'habitations en béton typiques des années communistes d'après-guerre, des ponts et quelques galeries commerciales. Ville jeune et dynamique, Podgorica séduit avec ses nombreux parcs ombragés et son atmosphère joyeuse. La ville est à une heure de la mer Adriatique et des montagnes avec leurs sentiers de randonnée et leurs stations de ski.

PRATIQUE

Drapeau du Monténégro

Le drapeau du Monténégro a été officialisé le 12 juillet 2004 par le Parlement du Monténégro. De couleur rouge vif, il arbore en son centre les armoiries du pays (aigle royale bicéphale) adoptées en 1993. Celles-ci s'inspirent des armes du roi Nicolas Ier Petrović Njegoš (1841-1921), sans les lettres « HI », ses initiales en cyrillique. Le drapeau monténégrin fut identique à celui de la Serbie de 1945 à 1993.

- **Décalage horaire** : Pas de décalage horaire entre la France et le Monténégro.
- **Monnaie :** La monnaie officielle du Monténégro est l'euro, mais le pays ne fait pas partie de la zone euro, ce qui implique des surcoûts si vous retirez ou payez avec votre carte bancaire.
- **Coût de la vie :** Le Monténégro n'est plus un pays tout à fait bon marché pour les dépenses quotidiennes, repas et logement ont tendance à s'aligner sur les prix occidentaux, mais les transports en commun restent particulièrement économiques.
- **Bagages** : Pour les séjours itinérants, prévoir à la fois des vêtements légers et des vêtements chauds, pour les montagnes du Durmitor, prévoir un équipement d'alpinisme. Lotion anti-moustiques pour certaines régions et, dans la campagne environnant le lac de Skadar, où les serpents sont nombreux, une seringue à aspirer le venin.
- **Formalités** : Les ressortissants des pays de l'Union européenne n'ont pas besoin de visa pour les séjours au Monténégro inférieurs à 90 jours. Une carte nationale d'identité suffit. De même, les pays frontaliers avec le Monténégro sont accessibles sans visa (mais avec carte d'identité ou passeport, bien sûr).

Podgorica.

© Andrii Lutsyk - iStockphoto.com

Le gorges de la Tara.

- **Électricité** : 220 volts.
- **Santé** : Aucun vaccin n'est exigé, l'eau du robinet est généralement potable.
- **Sécurité** : Le Monténégro est un pays sûr.
- **Indicatif téléphonique :** +382.

Savoir-vivre

Le Monténégro ne se distingue pas des autres pays dans la région des Balkans en ce qui concerne les règles essentielles de savoir-vivre. Voici donc un petit rappel :

- **Accepter l'hospitalité.** C'est un honneur quand un Monténégrin invite quelqu'un chez lui pour boire un café. Acceptez l'invitation comme il se doit ! A la campagne, une vraie hospitalité perdure. Il serait malvenu de refuser l'invitation.
- **Apprendre quelques mots usuels.**
- **Ne pas se baigner pieds nus.** Faites attention aux oursins, il y en a souvent là où l'eau est limpide !
- Ne pas **confondre Yougoslavie et Monténégro**. Le Monténégro est un pays indépendant de l'ancienne Yougoslavie, autonome, économiquement et politiquement, candidat à l'Union européenne.
- Se **vêtir correctement** pour entrer dans une église.

À VOIR - À FAIRE

Destination des amoureux de nature, de randonnée, de ski, de plongée, de farniente, le Monténégro abrite non seulement cinq parcs nationaux, mais aussi un magnifique littoral déployé sur 300 km. Entre la mer Adriatique et les montagnes du pays, il n'y a qu'un pas. La richesse du patrimoine doit aux influences illyrienne, autrichienne, grecque, romaine, vénitienne et turque. Rien que cela ! À l'architecture massive des maisons et des monastères orthodoxes s'opposent les palais des Bouches de Kotor, et le luxe du « Porto Montenegro » et l'île Sveti Stefan. La capitale monténégrine offre de nombreux points d'intérêt, culturels et artistiques. On s'étonne de la tour-horloge ottomane de Sahat-Kula et des bains turcs, de l'architecture orthodoxe avec l'église médiévale de Sveti Djordje et de la cathédrale plus contemporaine de la Résurrection-du-Christ. S'ajoute une multitude de musées et de galeries d'art, entre la Kuslevova Kuča (début du XXe siècle), la résidence du roi Nikola (XIXe siècle) et la galerie Petrovič. Vous apprécierez aussi de vous promener dans le parc ombragé de Gorica. Pour les sportifs : rafting, randonnées à cheval et sports nautiques au bord de mer.

LANGUES

La langue parlée par les Monténégrins et la langue officielle du pays (depuis la Constitution adoptée en 2007) est la langue monténégrine issue du dialecte iékavien, c'est-à-dire la variante monténégrine du serbe. La construction d'identité nouvelle a porté le débat politique dans le champ linguistique autour de l'idée de « langue monténégrine ». En 2004, le gouvernement a modifié les programmes d'enseignement, utilisant le terme « langue maternelle (serbe, monténégrin, croate, bosniaque) » au lieu de « langue serbe ». En 2010, le gouvernement a approuvé la grammaire officielle du monténégrin. Comme pour le croate, la standardisation du monténégrin a accentué les différences avec le serbe standard. La langue parlée par les Monténégrins diffère de la langue littéraire serbe, notamment, par deux lettres supplémentaires (ś et ź), et son accentuation (on n'y place pas les accents aux mêmes endroits). Cette variante monténégrine est au cœur d'une polémique politique depuis quelques années. Les souverainistes ont obtenu en effet que la langue officielle du pays soit baptisée le « monténégrin » alors que jusqu'à présent, il était communément admis que les Monténégrins parlaient la même langue que les Serbes. Le Serbe reste quoi qu'il en soit la langue commune des Balkans.

LES OFFRES

Séjour itinérant avec Sans Frontières, en immersion pour une découverte sportive et culturelle.

NORVÈGE

Du 58e au 71e parallèle, la Norvège est l'un des pays les plus septentrionaux au monde, couvrant 13° de latitude de l'Europe à l'Arctique. Montagnes, forêts, lacs, plages de sable blanc et eaux turquoise, immenses étendues de glace ou de terres sauvages, la nature revêt ici mille visages. La Norvège se skie, se randonne, se glisse et se déguste. Quel plaisir de filer de port en port le long d'une côte déchirée où l'on s'enfonce dans les fjords et se laisse caresser par l'intensité d'un soleil de minuit. L'harmonie entre la nature et l'homme est palpable, l'écologie semble innée et les balades en montagne un rituel incontournable. De petits villages de pêcheurs où l'on dort en rorbu, ces jolies cabanes en bois rouges, à Oslo, capitale agréable, culturelle et moderne, on déambule partout en Norvège en toute tranquillité. Il fait bon se perdre dans les rues, se laisser tenter par une soupe de poisson ou des crevettes vendues à la fraîche sur un port. Stavanger, Bergen, Ålesund, Trondheim, Bodø, Tromsø, les villes ont des histoires à raconter. Du quartier médiéval de maisons en bois à Bergen, en passant par l'art rupestre préhistorique d'Alta, la Norvège offre de belles balades culturelles et historiques. Les couleurs vives des maisons peintes égayent les longues nuits d'hiver où l'on admire la danse nocturne des aurores boréales et le ballet des baleines au large de Tromsø. Tout au nord, la Laponie norvégienne que l'on appelle Finnmark jouit d'une nature plus sauvage encore et de traditions différentes.

ÎLES LOFOTEN

Environ 25 000 personnes vivent aujourd'hui entre le 67e et le 68e parallèle nord, sur un archipel de 150 km de long qui compose les îles Lofoten connues pour leurs aurores boréales. Dans la langue scandinave médiévale, Ló signifie le lynx et Fótr, le pied. Si l'on en croit les racines étymologiques, les Lofoten étaient jadis comparées au pied d'un lynx. Ici, bien plus qu'une institution et encore très présente aujourd'hui, la pêche fait vivre les habitants des Lofoten depuis 6 000 ans. Celle qui règne en maître, c'est la pêche de la morue ! Ici, des paysages exceptionnels s'entremêlent : des fjords profonds et leurs falaises abruptes aux plaines fertiles, des petits ports pittoresques avec leurs cabanes de pêcheurs aux plages de sable blanc... Et ces lumières ! Les amateurs de paysages nordiques, d'art et de sports nature sont à la fête.

OSLO

Oslo, la capitale du pays, est nichée dans un écrin de verdure, au cœur d'un fjord et de magnifiques forêts. Forte d'un peu plus de 700 000 habitants, Oslo s'affirme depuis toujours comme capitale culturelle de la Norvège. Elle accueille plus de 5 000 concerts chaque année et de nombreux événements. Oslo se découvre en tramway, en bus mais surtout à pied en prenant un réel plaisir à se promener dans la ville. Avec ses faux airs de Barcelone,

Opéra d'Oslo.

© Damien VERRIER - Shutterstock.com

Vue sur Oslo.

de Londres ou même de Berlin, cette ville n'a pas fini de surprendre. Norvégienne et non européenne, elle revendique sa langue, sa monnaie et sa culture. On apprécie la diversité de ses quartiers et l'effervescence de cette ville en plein essor. Le cœur qui s'étend depuis la Karl Johans Gate passant par Youngstorget, jusqu'à l'Aker Brygge, concentre à la fois un peu d'histoire, de belles boutiques de luxe, de magnifiques musées mais aussi une architecture futuriste avec le Barcode ou Tjuvholmen, le tout nouveau centre tendance. À l'est, les quartiers de Grønland ou de Grünerløkka, autrefois ouvriers, sont aujourd'hui à la mode. Au sud, Bygdøy offre les plus belles promenades et de passionnants musées sur la découverte du monde par les aventuriers norvégiens ou scandinaves.

La forteresse d'Akersus sur le port retrace quant à elle l'époque des rois scandinaves. Avec ses nombreux parcs, Oslo est une ville verdoyante. Moyennant quoi, elle est souvent citée parmi les villes les plus agréables du monde !

PRATIQUE

- **Nom officiel :** Kongeriket Norge
- **Devise nationale :** Tout pour la Norvège
- **Hymne national :** Ja, vi elsker dette landet
- **Fête nationale :** 17 mai
- **Capitale :** Oslo
- **Superficie :** 385 186 km^2 (61 881 km^2 d'îles)
- **Population :** 5,5 millions d'habitants
- **Langues :** Norvégien (avec deux standards différents à l'écrit : le bokmål et le nynorsk)
- **Religion :** Luthériens (87,8 %) ; autres protestants et catholiques (3 %) ; musulmans (1,5 %)
- **Nature de l'État :** Monarchie constitutionnelle
- **Monnaie :** La devise norvégienne est la couronne norvégienne (kroner, abréviation « Kr » ou NOK).
- **Téléphone :** Pour téléphoner de la France vers la Norvège, composer le + 47 et le numéro de votre correspondant. Il n'existe pas de préfixe de ville ou de région en Norvège. Les numéros de téléphone norvégiens sont à 8 chiffres
- **Décalage horaire :** Sans
- **Formalités/visa :** Carte nationale d'identité ou passeport en cours de validité pour un séjour de moins de 3 mois. Au-delà un visa est nécessaire.
- **Santé :** L'hiver norvégien étant très rude (surtout dans le nord), emportez des vêtements très chauds
- **Sécurité :** RAS
- **Risques naturels :** RAS
- **Sport national :** Ski, sports de neige et football
- **Plat national :** Poissons, ragoût de mouton, boulettes de viande, gibiers (élan, cerf, renne)
- **Boissons nationales :** Bière, aquavit (alcool de pomme de terre)
- **Que rapporter ?** Pulls en laine, trolls, maquettes de drakkar, vêtements et accessoires en peau d'élan, céramique, verrerie, porcelaine, bijoux en argent et pierres semi-précieuses...
- **Événements :** Carnaval (mars), championnat du monde de pêche au cabillaud arctique dans les îles Lofoten (avril), fête nationale (17 mai), Saint-Jean (23 juin), marathon du soleil de minuit (juin), jeux de Saint-Olav à Stiklestad (juillet), festival international des bateaux de bois de Risør (début août), Bergen Art Festival (octobre-novembre), Sainte-Lucie (13 décembre)

Hamnoy dans les îles Lofoten.

Le drapeau norvégien

Il se compose d'un fond rouge avec une croix bleue soulignée de blanc qui s'étend jusqu'aux bords du drapeau. Son aspect a évolué en fonction des grands événements historiques du pays. Lors de la longue inféodation au Danemark (1397-1815) le Danebrog (le drapeau danois) flottait sur la zone. Puis avec la réunion à la Couronne suédoise apparut le lion de Norvège avant que le drapeau ne prenne son aspect actuel en 1821 avec l'inclusion d'une une croix bleue dans la croix blanche du Danebrog. Les couleurs rouge, blanche et bleue sont les couleurs de la liberté. Pour sa part, la croix, que l'on appelle croix scandinave, est la même que celle des drapeaux du Danemark, d'Islande, de Finlande et de Suède. La légende de la croix scandinave remonte au XIIIe siècle lorsqu'à la veille de la bataille de Lyndanisse, le roi danois Valdemar II (1170-1241) vit apparaître dans le ciel sombre une croix blanche. Selon la légende, le monarque interpréta cette vision comme un signe du Christ lui ordonnant de massacrer les malheureux Estoniens, ce qu'il fit proprement le lendemain. Cruelle histoire ! De cette légende est née la croix scandinave. À l'origine, la croix était de forme carrée, mais au fil des siècles un de ses bras a été allongé.

À VOIR – À FAIRE

La région autour d'Oslo s'arrondit autour du fjord. C'est l'Østland, « le pays de l'Est », en opposition à l'autre région Vestlandet (« le pays de l'Ouest »). Toutes les villes de la région sont accessibles en train ou en bus. Si vous séjournez à Oslo, vous pourrez facilement découvrir des sites superbes, riches en patrimoine et en biodiversité. Vous êtes en pleine nature en moins d'une heure de transport ! Quant aux îles Lofoten, au nombre des îles les plus belles au monde, elles donnent l'impression d'être seul au milieu de nulle part, dans l'immensité des paysages. De fjords profonds aux falaises en plaines fertiles, de petits ports pittoresques colorés par les cabanes de pêcheurs rouges sur pilotis aux plages de sable blanc qui s'étirent sur les côtes, voici une nature singulière, une culture enracinée, des couleurs et des lumières uniques en font un paradis pour les photographes. A Kabelvåg, on ira voir la galerie dédiée à l'œuvre de Kaare Espolin Johnson, célèbre artiste du XXe en Norvège du Nord. Les Lofoten attirent depuis plus d'un siècle de nombreux artistes et voient éclore de jolies galeries d'art et boutiques d'artisanat. La diversité des sites naturels des îles Lofoten permet la pratique d'activités tout au long de l'année : safari de baleines et d'orques (6 m de longueur tout de même) à bord d'un Zodiac de mer en automne, pêche, randonnée, kayak, visites culturelles, croisières dans les fjords, balades à vélo, à cheval...

LANGUES

La langue nationale est le norvégien, issu du norrois, employé notamment par les Vikings et que l'on retrouve dans les premiers écrits scandinaves. Si à Oslo tout ou presque est écrit en norvégien, il est rarissime de tomber sur quelqu'un qui ne parle pas anglais. Culturellement, l'anglais est très présent dans le quotidien des Norvégiens et, s'ils l'apprennent à l'école dès 11 ans, c'est surtout sa place à la télévision ou au cinéma qui permet une telle hégémonie de la langue. Tous les films sont en version originale sous-titrée en norvégien. Les langues de la région scandinave (Norvège, Danemark, Islande, Suède) étant de même origine, avec une étymologie et des racines communes, les communautés bénéficient d'une certaine facilité de compréhension.

LES OFFRES

La Norvège sera bien sûr la destination pour apprendre le norvégien, en immersion chez l'habitant ou en école de langue. En outre, le pays est bien présent dans l'offre des séjours itinérants en Europe.

NOUVELLE-ZÉLANDE

Située aux antipodes de la France, la Nouvelle-Zélande ou « Pays du long nuage blanc » attire randonneurs, géologues et amateurs de sensations fortes, de grands espaces et de couleurs surnaturelles. Cet archipel du sud-ouest de l'océan Pacifique est composé de très nombreuses petites îles et de deux îles principales abritant toutes deux des volcans et des glaciers. Ses paysages somptueux sont célèbres pour avoir servi de décor à la saga Le Seigneur des anneaux. Autre incontournable célébrité, les All Blacks, l'équipe de rugby nationale, est internationalement connue pour sa force et ses hakas. Étendues en longueur, les deux îles de Nouvelle-Zélande ont chacune une personnalité propre. Plus ancienne, l'île du Nord présente des courbes plus arrondies et un climat tropical laissant libre cours à une végétation dense et abondante. L'activité volcanique y est intense, comme en témoignent les impressionnants geysers bouillonnants de Rororua ou les lacs colorés et volcans actifs du Tongariro National Park. L'île du Nord est la plus peuplée avec Auckland, centre économique et universitaire de l'île, et Wellington, centre politique et artistique. Pays riche, colonisé par les Britanniques, indépendant depuis 1840 et toujours sous la tutelle de la Couronne britannique, la Nouvelle-Zélande impressionne par son essor économique et démographique autant que par ses paysages fantastiques. Elle reste une destination passionnante, particulièrement attractive chez les jeunes qui viennent y goûter une qualité de vie décontractée et dynamique à la fois.

AUCKLAND

Au nord du pays, entre mer de Tasmanie et océan Pacifique, Auckland est une destination qui fait rêver. Partez étudier l'anglais à Auckland, la plus grande ville de Nouvelle-Zélande est une bonne solution. Parmi les incontournables : la Sky Tower, Piha Beach, la plus belle plage locale, et Devonport.

PRATIQUE

- **Nom officiel :** New Zealand
- **Devise nationale :** Toujours droit
- **Hymne national :** God Defend New Zealand
- **Fête nationale :** 6 février
- **Capitale :** Wellington
- **Superficie :** 268 880 km^2
- **Population :** 5 millions habitants
- **Langues :** Anglais et maori
- **Religion :** Anglicans, presbytériens, catholiques, méthodistes, baptistes, autres et sans religions (33 %)
- **Nature de l'État :** Monarchie parlementaire
- **Monnaie :** La monnaie néo-zélandaise est le dollar néo-zélandais, symbole NZ$ ou NZD. Les habitants parlent tout simplement de « dollar ».
- **Téléphone :** Pour téléphoner de la France vers la Nouvelle-Zélande, composer le 00 + 64 + indicatif régional sans le zéro + les 7 chiffres du numéro local
- **Décalage horaire :** + 11 h

Le drapeau néo-zélandais

Le drapeau de la Nouvelle-Zélande arbore l'Union Jack du Royaume-Uni dans son coin supérieur gauche. Dans la moitié droite, quatre étoiles rouges à cinq branches bordées de blanc sur un fond bleu représentent la Croix du Sud, une constellation de l'hémisphère austral, servant autrefois aux navigateurs de repère d'orientation. Sur le drapeau australien, les étoiles sont entièrement blanches. Inspiré donc du drapeau australien, le drapeau néo-zélandais a été adopté en 1902. La présence de l'Union Jack, drapeau du Royaume-Uni, rappelle l'origine coloniale britannique de la Nouvelle-Zélande. On débat toujours de l'adoption d'un drapeau plus représentatif de l'indépendance néo-zélandaise, mais une bonne part de la population reste nostalgique de l'époque britannique.

Cape Reinga.

Auckland.

- **Formalités/visa :** Pour les ressortissants français, il est possible de se rendre en Nouvelle-Zélande en tant que touriste pour une période de trois mois sans visa mais avec un passeport valide encore au moins trois mois après la date de départ de la Nouvelle-Zélande et un billet d'avion de retour.
- **Santé :** Vaccination recommandée contre la typhoïde. Moustiques à la tombée de la nuit, surtout pendant l'été austral, et phlébotomes dans les fjords
- **Sécurité :** RAS
- **Risques naturels :** RAS
- **Sport national :** Rugby
- **Plat national :** Fish and chips (poisson et frites), pies (petits pâtés salés et fourrés de différentes garnitures), pavlova (dessert meringué)
- **Boissons nationales :** Vin, vin de kiwi, bière
- **Que rapporter ?** Poteries, lainages, artisanat maori, artisanat du cuir...
- **Événements :** Régates d'Auckland (janvier), Summer City Program à Wellington (janvier-février), fête nationale (6 février), Pasifika à Auckland (mars), festival maori des arts et des métiers dans la région de Northland (mars), festival des arts de Christchurch (juillet), festival des lumières à New Plymouth (décembre)

À VOIR - À FAIRE

Le nord de l'île abrite les deux villes les plus attractives : Auckland et Wellington, celle du Sud est plus sauvage avec de vertigineuses montagnes à parcourir à la journée, à la semaine ou en plusieurs mois. Étape incontournable et paradis des sportifs, Queenstown est la ville d'origine du saut à l'élastique et une agréable station de ski en hiver. A quelques kilomètres, la beauté du bleu laiteux des lacs Pukaki et Tekapo n'a d'égale que la grandeur des fjords du Sud où baleines et orques viennent se reposer. Un must : prendre de la hauteur pour admirer les neiges éternelles des glaciers Franz Joseph et Fox en ULM.

LANGUE

L'anglais, le maori et la langue des signes néo-zélandaise sont les trois langues officielles. Toutefois, la plupart des Néo-Zélandais parlent uniquement anglais. Le maori est parlé par plus de 160 000 personnes.
La crainte de voir cette langue disparaître a diminué suite aux efforts menés pour sa valorisation, notamment au travers de son enseignement aux jeunes Maoris comme aux autres enfants. La langue et la culture maorie sont enseignées à l'école et en 2004 une chaîne de télévision maorie a été créée. Le langage le plus commun après l'anglais et le maori est le samoan, parlé par plus de 80 000 personnes, suivi du tongan et du chinois (cantonais et mandarin). Enfin, la langue étrangère la plus enseignée est le français.

LES OFFRES

On peut sans difficultés appréhender la Nouvelle-Zélande au travers d'un séjour itinérant pour découvrir les richesses exceptionnelles de ce côté-là du Pacifique. De même, un séjour linguistique à Auckland est une expérience unique. Des étudiants choisissent également cette destination pour effectuer des séjours de durée prolongée, où ils allient les cours d'anglais avec des expériences professionnelles (job, stage en entreprise, etc.) et la découverte de la culture maori.

PAYS-BAS

Un séjour linguistique aux Pays-Bas est une bonne opportunité pour découvrir ou améliorer son néerlandais ou son anglais et, en séjour itinérant, un excellent moyen de découvrir un pays bien plus varié que l'image qu'on en a. Ce plat pays de polders, aux vastes prairies verdoyantes où paissent des vaches grasses, entrecoupées de canaux et parsemées çà et là de moulins, est une terre de combat. Le peuple batave s'est épuisé à repousser la mer pour étendre son territoire. Voici un petit pays très ambitieux qui a conquis le monde et de Maastricht, au sud, en passant par Delft dont la porcelaine fit la réputation, jusqu'à Groningue tout au nord, ses belles cités à l'architecture si disparate, offrent bien des visages. Amsterdam, un jour noyée de bruine ou poissée par les embruns, le lendemain étincelante sous le soleil, de ces quartiers multiples, vous retiendrez que ses habitants sont tous tournés vers la mer. Sillonnant les rues d'Amsterdam à vélo, ils semblent rêver à de nouvelles conquêtes, leurs yeux bleus fixant des océans lointains.

AMSTERDAM

En quelques décennies, Amsterdam est devenue une ville de pointe, alliant ancien et moderne et composant une cité dynamique et branchée. Tous les musées de la ville ont été rénovés, la nouvelle ligne de métro a été inaugurée, les restaurants design se multiplient. La ville s'est fait une beauté et s'est engagée pour changer d'image. Oubliés certains clichés et l'on espère décentraliser les boutiques peu recommandables... En attendant, l'exposition « Vermeer » de 2023 a fait l'événement et a placé encore plus haut Amsterdam sur la carte de la culture mondiale.

EDAM

Située dans la province de Hollande-Septentrionale, à une vingtaine de kilomètres au nord-est d'Amsterdam, cette petite ville de charme totalise plus de 7 000 habitants. Edam est internationalement connue pour son fromage. Elle est, avec Gouda, l'une des capitales néerlandaises du fromage. On fabrique les jolies boules d'édam enrobées de cire rouge en dehors de la commune mais toujours selon un procédé accrédité. Le pays en produit 8 millions de tonnes par an ! C'est à Alkmaar que s'effectue la rituelle pesée des fromages. Cependant, l'été venu, le Kaasmarkt reprend sa fonction traditionnelle. Alors les costumes ressortent des placards et le Kaaswaag (le bâtiment baroque du XVIIIe siècle qui abrite les poids et mesures) reprend du service. La ville est organisée autour du Dam, ancienne digue creusée probablement au XIIe siècle. Avec ses moulins et ses pistes cyclables, c'est une ville agréable à vivre. Incontournable : la visite du musée du fromage d'Édam.

Le drapeau des Pays-Bas

Il s'agit d'un des plus vieux drapeaux nationaux encore en vigueur aujourd'hui. Son origine remonte au règne de Guillaume le Taciturne, prince d'Orange, durant la deuxième moitié du XVIe siècle lorsque les provinces néerlandaises se sont révoltées contre l'Espagne. Il reprend les trois couleurs dynastiques de Guillaume le Taciturne et se compose de trois bandes égales horizontales : rouge, blanche et bleue. Le drapeau, nommé *prinsenvlag* (la bannière du prince), était à l'origine orange, blanc et bleu, mais la bande orange est devenue rouge. Deux raisons expliquent ce changement : tout d'abord, l'orange est difficile à distinguer en mer et se décolore facilement, mais c'est surtout la marque du désir des Néerlandais de rejeter le pouvoir autocratique des princes d'Orange. Une autre version dit qu'après que la France eut conquis le pays, l'orange fut interdit afin que les couleurs du drapeau soient les mêmes que celles du drapeau français. Le drapeau n'a pas été modifié depuis 1796, si ce n'est la nuance de bleu. En revanche, la plupart des équipes sportives nationales portent la couleur orange. À commencer par la plus célèbre d'entre elles, l'équipe de football des Pays-Bas.

TOP 10

À VOIR / À FAIRE
AMSTERDAM

Composer une liste des essentiels d'Amsterdam constitue un véritable casse-tête tant les options sont multiples et variées, le choix est donc cornélien. En explorant le top 10 qui suit, la richesse et le dynamisme de la capitale batave se révéleront rapidement. Vos visites et points d'intérêt permettront une plongée rapide et efficace dans la ville autour des valeurs essentielles qui la définissent et des éléments qui la composent : eau, vélo, musée, tolérance, fête, musique, culture, fête, cafés. L'identité contrastée et parfois incomprise d'Amsterdam se révélera à vous.

A'DAM LOOKOUT

Inédite plateforme d'observation située sur la rive nord de l'IJ. Les moins peureux tenteront la balançoire de l'extrême.

ANNE FRANK HUIS - MAISON D'ANNE FRANK

Incroyable musée, souvenir poignant d'une adolescente qui nous fit mieux que quiconque comprendre l'horreur de la guerre...

ALBERT CUYPMARKT - MARCHÉ ALBERT CUYP

Le marché le plus célèbre d'Amsterdam au cœur du quartier De Pijp. Nourriture, épices, vêtements au rendez-vous. Bonne ambiance.

BEGIJNHOF - BÉGUINAGE D'AMSTERDAM

Superbe « hofje » (ville dans la ville), ce béguinage accueille plusieurs églises et dégage une ambiance unique et hors du temps.

DE GOUDEN BOCHT - LA BOUCLE D'OR

Superbe portion du Herengracht qui témoigne de la splendeur passée du Siècle d'or. Nous sommes transportés dans un tableau vivant.

© ANTON HAVELAAR- SHUTTERSTOCK.COM

© FORTGENS PHOTOGRAPHY - SHUTTERSTOCK.COM

SYNAGOGUE PORTUGAISE

Magnifique synagogue construite au XVIIe siècle pour les juifs séfarades d'Espagne et du Portugal. Son atmosphère est magnifique.

© STOCKPHOTOVIDEO - SHUTTERSTOCK.COM

ONS' LIEVE HEER OP SOLDER

Superbe musée/église clandestine catholique en plein quartier rouge. L'ambiance photogénique y est totalement hors du temps.

VAN GOGH MUSEUM

Ce magnifique musée est consacré au peintre Vincent Van Gogh. Un lieu unique et fort avec des expositions temporaires !

© RIJKSMUSEUM

RIJKSMUSEUM

Magnifique musée de la ville, sa visite est un enchantement. Vous admirerez des Rembrandt, Vermeer, Hals dans un cadre majestueux.

© JEAFISH PING- SHUTTERSTOCK.COM

© STÉPHAN SZEREMETA

VONDELPARK

Très agréable parc de la ville, le Vondelpark se situe entre Leidseplein, lieu de sorties et les grands musées. A ne pas manquer !

PRATIQUE

- **Nom officiel :** Koninkrijk der Nederlanden
- **Devise nationale :** Je maintiendrai
- **Hymne national :** Wilhelmus
- **Fête nationale :** 30 avril
- **Capitale :** Amsterdam
- **Superficie :** 41 528 km^2
- **Population :** 16,8 millions d'habitants
- **Langues :** Néerlandais, frison (uniquement parlé en Frise)
- **Religion :** Catholiques (31 %), protestants (21 %), musulmans (5,3 %), autres religions (2,7 %), non affiliés à une Église (40 %)
- **Nature de l'État :** Monarchie constitutionnelle
- **Monnaie :** L'euro (€).
- **Téléphone :** Pour téléphoner de la France vers les Pays-Bas : + 31 + indicatif de la ville sans le 0 + numéro à 7 chiffres du correspondant
- **Décalage horaire :** 0 heure
- **Formalités/visa :** Carte nationale d'identité ou passeport
- **Santé :** RAS
- **Sécurité :** RAS
- **Risques naturels :** RAS
- **Sport national :** Football, cyclisme, kolven (sorte de golf)
- **Plat national :** Hochepot (ragoût) au chou frisé, l'erwtensoep (soupe aux pois et à la saucisse), le hareng cru et les fromages (édam, gouda)
- **Boissons nationales :** Bière
- **Que rapporter :** Tulipes, fromages, faïences de Delft, diamants, sabots et costumes traditionnels, poteries, argenterie, verrerie et cristal...
- **Événements :** Mardi gras à Maastricht (février), Queen's Day (30 avril), Holland Festival à Amsterdam (juin), Corso fleuri d'Aalsmeer (premier samedi de septembre), Sinterklaas (5 décembre)

À VOIR - À FAIRE

La belle Maastricht, Breda la fortifiée, l'antique Nimègue, la déroutante Rotterdam et surtout l'envoûtante Amsterdam sont aurant d'attraits des Pays Bas. D'est en ouest, du nord au sud, le voyageur ne cède jamais à l'ennui et garde en mémoire la campagne et les presqu'îles de Zélande où ciel, terre et mer se confondent, les vallons riants et les immenses étendues planes constellées de tourbières, d'étangs et de marais. Le fleuron reste toutefois Amsterdam, capitale posée sur les flots, parcourue de canaux. Les activités plaisantes sont nombreuses pour les enfants et les jeunes : suivre les canaux en bateau, faire du vélo dans le quartier du Jordaan, visiter le Zoo Artis et le Vondelpark et ses tulipes, s'amuser au Tun Fun ou au parc d'attraction Eftelin, réviser ses sciences au Musée Némo, découvrir le bateau *Amsterdam*...

LANGUES

L'origine de la langue néerlandaise remonte au VIIIe siècle. Elle appartient à la famille des langues germaniques comme l'anglais et l'allemand. Le néerlandais est la langue maternelle de 22 millions de Flamands et de Néerlandais. C'est également la langue officielle du Suriname (population : 500 000 habitants) et des Antilles néerlandaises (200 000 habitants environ), qui font partie du royaume des Pays-Bas. Le néerlandais joue encore un rôle important en tant que langue étrangère dans la très peuplée Indonésie. Une langue très proche du néerlandais, l'afrikaans, est pratiquée comme langue maternelle par plus de 6 millions d'habitants en Afrique du Sud et constitue la première langue étrangère pour 10 millions de personnes. Comme les Néerlandais sont des polyglottes et des voyageurs dans l'âme, leur maîtrise des langues étrangères ne manque pas d'impressionner les *Frenchies* ! Ici, on parle anglais très facilement. En revanche, le français est de moins en moins enseigné et parlé.

LES OFFRES

Un séjour linguistique peut être une bonne occasion de découvrir la culture des Pays-Bas. L'anglais est largement développé puisque près de 90% des habitants parlent cette langue. D'ailleurs, les films y sont sous-titrés et non doublés. Parfait pour progresser en anglais ! CLC propose des séjours avec cours particuliers d'anglais chez le professeur à Amsterdam, Helsinki, Oslo, Copenhague ou Stockholm. Avoir un enseignant particulier et vivre chez lui, quelle belle opportunité ! Des séjours itinérants sont également possibles. Et si vous voulez découvrir le néerlandais, c'est possible aussi en ouvrant vos oreilles !

Façades colorées typiques des Pays-Bas, Amsterdam.

© Sborisov

PAYS DE GALLES

C'est l'une des nations du Royaume-Uni. Situé au sud-ouest de l'île de Grande-Bretagne, le pays de Galles – Wales en anglais, Cymru en gallois – offre 1 200 km de côtes piquées de stations balnéaires, des parcs naturels nationaux, des montagnes sauvages et tout un patrimoine, notamment à Cardiff, la capitale, et des traditions préservées. Ville étudiante et cosmopolite, alternant architecture futuriste et monuments historiques, Cardiff est particulièrement attractive. Il faut voir le nouveau bâtiment de l'Assemblée, de verre et d'ardoise ou le Millennium Centre, sur le front de mer, centre culturel et artistique d'envergure et, bien entendu, le château de Cardiff, un joyau du centre-ville. Vous avez accès gratuitement à sept musées nationaux, dont le National Museum dédié à l'art et à l'histoire naturelle. Vous découvrez, à Big Pit, le musée national du Charbon qui évoque une épopée locale et vous permet de descendre avec un mineur à 90 m sous terre dans la mine. Trois parcs nationaux attendent les randonneurs et les amoureux de biodiversité. Le plus grand est celui de Snowdonia au pied du Mont Snowdon, qui abrite l'immense lac naturel de Llyn Tegid. Quant au parc national côtier du Pembrokeshire, il protège une côte spectaculaire de plages et de falaises. Enfin, le paisible Parc national des Brecon Beacons invite à la découverte d'un environnement boisé, baigné de cours d'eau, de points d'eau et de cascades, avec des grottes aux chauves-souris. Les amateurs de sensations fortes pourront s'envoler avec des tyroliennes géantes.

CARDIFF

Cardif est la capitale du pays de Galles depuis 1955 seulement. C'est l'une des villes européennes qui connaît l'essor le plus spectaculaire. La permanence de l'élégant château fait mouche au milieu des innombrables bâtiments en construction. Cerné de verdure, épargné par les désordres de la ville en constante mutation, son calme s'est propagé au nord-est, plutôt sage, où se trouvent l'université, le Cardiff City Hall et le Musée national. Au nord-ouest, s'étend le vaste parc de Bute, où l'on peut se promener le long de la rivière Taff. C'est également ici que l'on embarque sur un *waterbus* pour redescendre le cours d'eau jusqu'à la baie de Cardiff et son quartier flambant neuf, à ne pas manquer ! Mélange de styles et de cultures, ambiance jeune, voire très jeune, surtout durant l'année scolaire où le centre-ville et les pubs sont peuplés d'étudiants anglais et gallois, Cardiff se porte bien : on y est gallois et fier de l'être, on cultive ses traditions tout en s'adaptant au modernisme. Du château, il est rapide de rejoindre, par Queen Street, le quartier le plus animé de la ville. Il s'étend entre le boulevard de Nantes, St. Mary Street et Bute Terrace. Une succession de halles et de centres commerciaux, de nombreuses

Bute Park à Cardiff.

Cardiff Bay.

boutiques et de larges rues piétonnes sont les ingrédients de sa popularité. À l'extrémité sud de la ville, Cardiff Bay donne une impression absolument différente du centre. L'ancien port, devenu une baie branchée, poursuit son rôle moteur. Il hissa autrefois Cardiff au rang de plus grand exportateur de charbon au monde et c'est encore ici que les capitaux affluent aujourd'hui. Autour de la baie, tout n'est qu'hôtels de luxe, restaurants « tendance » et bureaux de grandes firmes. Les architectures des édifices rivalisent en taille et en design.

PRATIQUE

- **Nom officiel** : Pays de Galles
- **Situation géographique** : Le pays de Galles se trouve sur l'île de Grande-Bretagne, à l'ouest de l'Angleterre
- **Capitale** : Cardiff
- **Population** : 3,1 millions d'habitants (4,8 % de la population du Royaume-Uni)
- **Langues officielles** : Le gallois et l'anglais
- **Monnaie** : Livre sterling (toutes les pièces du Royaume-Uni sont en fait fabriquées au pays de Galles)
- **Coût de la vie** : Comparé au reste du Royaume-Uni, le coût de la vie au pays de Galles est bas
- **Fête nationale** : La Saint David, le 1er mars
- **Décalage horaire** : Une heure de moins en hiver et deux heures de moins en été
- **Formalités** : Vous devez présenter un passeport valide à la frontière

Le drapeau du Pays de Galles

Le dragon est depuis très longtemps l'emblème du Pays de Galles. C'est au VIIe siècle que le héros gallois Cadwaladr importa le dragon au pays de Galles. Rapidement, l'animal devient le symbole du pays. Aujourd'hui, il est partout, sur les bannières, les tee-shirts… Et bien entendu sur le drapeau gallois. Celui-ci se détache sur un fond vert et blanc.

© Fulcanelli - Shutterstock.com

Château de Powis.

À VOIR – À FAIRE

Les amateurs de science-fiction et de fantasy seront ravis de savoir que c'est dans les studios de Cardiff, à quelques centaines de mètres du Parlement du pays de Galles, que la BBC tourne une très grande partie de ses productions, dont la série *Doctor Who*. Et donc c'est là qu'on peut trouver la Doctor Who Experience. Vous pourrez, par exemple, vous retrouver en face d'étranges extraterrestres ou des robots déchaînés dans l'une des principales attractions de science-fiction du pays. Vous découvrirez aussi des espaces verts paisibles, des musées interactifs, ainsi que des spectacles hauts en couleur. Le Wales Millennium Centre constitue également un incontournable. Cela étant, la ville abrite de nombreux musées et expositions qui raviront davantage les plus jeunes. Des distractions leur permettent d'élargir leurs horizons et de vivre des sensations fortes ! La ville offre également de nombreux espaces extérieurs où se défouler en toute sécurité. Un court trajet en bus depuis le centre-ville mène même à une véritable oasis urbaine en bordure de lac. Parmi les immanquables, on peut flâner dans les libraires de Hay-on-Wye, capitale mondiale du livre d'occasion. Remonter le temps à Powis Castle, flâner dans les jardins et contempler la nature alentour de ce point de vue élevé. Les jeunes apprécient aussi de suivre l'événement le plus excentrique du pays de Galles à Llanwrtyd Wells en allant voir des hommes faire la course… contre des chevaux (mi-juin) ! Les fans de sport ne ratent pas la visite du Millennium Stadium.

LANGUES

Le gallois, le welsh, est la langue de cœur du pays de Galles. Le mot welsh vient de l'anglais ancien *wealh* qui signifie « étranger ». C'est ainsi que les Saxons désignaient leurs voisins celtes. Parlé par la moitié de la population au début du siècle, le gallois est aujourd'hui parlé par seulement 20 % de la population, mais reste omniprésent. Langue d'origine celtique, le gallois est proche du cornique et du breton. L'anglais gallois est marqué par l'influence de la grammaire et du vocabulaire du gallois. L'égalité entre l'anglais et le gallois au pays de Galles est reconnue par la législation britannique depuis 1993 et le gallois est devenue l'une des langues officielles du pays de Galles en 2011 ; c'est la seule langue à bénéficier de ce statut sur le territoire britannique.

▶ **Près de 20 % des enfants sont scolarisés en gallois.** Pour les autres, l'étude du gallois comme deuxième langue est obligatoire jusqu'à l'âge de 16 ans. Moyennant quoi, c'est chez les plus jeunes que l'on trouve le plus de gallophones. Dans les régions de l'ouest et du nord du pays, où le gallois est la langue maternelle de la majorité, les collèges et les lycées sont plutôt bilingues, pour que ceux qui ne parlent pas le gallois couramment puissent l'apprendre.

LES OFFRES

Cardiff est une belle destination pour parfaire son apprentissage de l'anglais, soit dans le cadre d'un séjour linguistique, soit en école internationale ou en immersion.

PORTUGAL

Pays de la péninsule ibérique, le Portugal est une terre particulièrement contrastée entre les abruptes vallées de la Serra d'Estrela et ses cols enneigés, les plages et criques paradisiaques de la Costa Vicentina, les plaines sans fin de l'Alentejo, mais le soleil sur tous les fronts de mer ou presque... C'est aussi un voyage des papilles qui vous attend. Les spécialités régionales sont innombrables. Du poisson frais tout juste pêché par les marins de Nazaré aux fameuses 365 recettes de morue, en passant par les savoureux pastéis de Belém, vous ferez de belles découvertes. Aventurez-vous à l'intérieur des terres pour visiter la vallée du Douro, trésor de beauté naturelle et site classé au patrimoine mondial de l'Unesco. Pour les fans de surf, direction les belles plages de l'archipel des Açores. Mais en restant à Lisbonne même, c'est déjà tout un résumé de l'ensemble du pays.

▸ **Si vous mangez au restaurant,** la générosité locale se confirme. Souvent les restaurants proposent des formules *a vontade*, c'est-à-dire à volonté. Même lorsque ce n'est pas le cas, retenez qu'un plat pour deux fait généralement l'affaire tant les portions sont généreuses. *Bom apetite !*

PORTO

Cette ville du nord-ouest à l'embouchure du Douro, Porto, seconde ville du Portugal, est connue pour le vin et les tripes du même nom, mais aussi pour ses monuments, ses pont sur le fleuve et son centre médiéval. C'est une destination originale pour que votre enfant apprenne l'anglais à l'étranger, car Porto propose, outre des séjours linguistiques de portugais, des séjours linguistiques d'anglais. Les cours en classes internationales dans le cadre de l'université de Porto, en complément des échanges avec d'autres élèves internationaux, permettront une utilisation quotidienne de la langue anglaise. À travers les discussions, les enfants pourront partager leurs cultures et leurs coutumes tout en utilisant la langue commune qu'est l'anglais. Entre cours d'anglais, activités et visites, c'est un séjour linguistique inoubliable qui se profile ! Les enfants logent généralement dans une résidence à proximité de l'université. En prime, ils auront l'occasion d'apprendre des rudiments de portugais. Mais ce qui les motivera aussi au départ, ce sont les activités proposées en option. L'après-midi, votre enfant visite des lieux incontournables de Porto et participe à des activités sportives et ludiques. Deux journées au sein d'un parc aventure sont également incluses dans ce séjour linguistique. Lors des soirées, l'accompagnateur français encadrera les veillées au sein de la résidence.

LISBONNE

Faire un séjour dans sa capitale, Lisbonne, vous immergera en plein dans sa culture et le quotidien de ses habitants, un saut au cœur des origines de la langue portugaise. Apprendre le portugais à Lisbonne ne manque pas de charme. Entre ses maisons pastel, ses eaux bleues, son tramway typique et son pont aux allures de San Francisco, la capitale du Portugal est particulièrement séduisante et accueillante.

Découvrez cette ville charmante lors d'un séjour linguistique où vous pourrez visiter sa région tout en perfectionnant votre niveau de langue portugaise. Ne soyez pas surpris si vous croisez des groupes de jeunes vêtus de longues capes noires ornées d'écussons, vous n'êtes pas tombé dans une faille temporelle. C'est simplement les uniformes de l'université de Lisbonne, héritage de l'époque médiévale.

Le drapeau du Portugal

Le *bandeira de Portugal*, déjà utilisé depuis la proclamation de la république portugaise le 5 octobre 1910 et la déposition de Manuel II de Bragance, a été officiellement adopté le 30 juin 1911.
Succédant à l'ancien drapeau bleu et blanc, il arbore les couleurs verte et rouge en deux bandes verticales (un tiers vert, deux tiers rouge) sur la séparation desquelles se trouvent une sphère armillaire et les armoiries du pays.

TOP 10

A VOIR / A FAIRE

PORTO

Il y a tant de choses à voir et à faire à Porto. Entre les musées, les bâtiments historiques, les caves à vin et le Douro, nombreuses sont les options. Chaque quartier regorge de trésors à découvrir. Le meilleur moyen pour visiter la ville depuis le centre, c'est à pied ! Vous combinerez ainsi visite de sites et jolis points de vue sur le Douro. Vous traverserez le pont Dom Luis I pour rejoindre l'autre rive du Douro, vous balader sur les quais de Gaia et déguster un verre de vin de porto. Rejoignez enfin l'Atlantique en prenant le tram, ou à pied s'il vous reste des forces dans les jambes.

CASA DO INFANTE

L'un des plus anciens palais romans de Porto où l'infant Dom Henrique serait né. Son musée témoigne de l'histoire de la ville.

INSTITUTO DOS VINHOS DO DOURO E PORTO

Lieu de référence pour le vin, les fonctionnaires vous expliquent comment sont fabriqués ces précieux liquides. Dégustations.

ESPAÇO PORTO CRUZ

Dégustez le porto d'une des maisons les plus réputées, après une visite originale de découverte de ses secrets de fabrication.

MUSEU SERRALVES

Dans cette magnifique demeure conçue par le célèbre architecte Siza Vieira sont exposés de grands noms de l'art contemporain.

PALÁCIO DA BOLSA

Ce palais de la Bourse, construit au milieu du XIXe siècle, témoigne de la grandeur commerciale du pays à l'époque. Belle visite.

© SAIKO3P

© SAIKO3P - SHUTTERSTOCK.COM

TORRE DOS CLERIGOS

Cette construction de 76 m de haut est l'une des plus emblématiques de la skyline de Porto. Très belle vue sur toute la ville.

© ILLPAXPHOTOMATIC - SHUTTERSTOCK.COM

PONTE DOM LUIS Ier

C'est le pont incontournable de Porto qui enjambe le Douro à plus de 70 m de hauteur. Il relie la Ribeira à Vila Nova de Gaia.

WORLD OF DISCOVERIES

Interactif, didactique, intéressant. Le musée propose de découvrir l'histoire du Portugal à travers sa puissance navale.

© NEIRFY

SÉ DO PORTO (CATHÉDRALE)

Cette cathédrale vaut le détour avec son intérieur baroque. Son cloître du XIVe siècle présente de beaux tableaux d'azulejos.

© HERACLES KRITIKOS - SHUTTERSTOCK.COM

© WOW - WORLD OF WINE

WOW - THE WORLD OF WINE

Découverte de sept musées dédiés à Porto et sa région, tout en profitant des restaurants, bars et cafés. Une expérience WOW !

TOP 10

À VOIR - À FAIRE
LISBONNE

Chaque quartier de Lisbonne regorge de trésors à découvrir, en plus bien sûr de l'architecture des immeubles. Vous aurez le choix entre les musées, les bâtiments historiques et même quelques vestiges romains. Plongez-vous dans les différentes époques de l'histoire depuis l'époque romaine jusqu'aux artistes contemporains, en passant par le temps des grandes découvertes. Histoire de ne pas saturer trop vite, ponctuez vos visites de petites pauses dans les parcs aux arbres centenaires et finissez la journée par un verre au mirador de Graça pour jouir d'une vue incroyable sur la ville.

CASTELO SÃO JORGE

Occupé par les Wisigoths puis fortifié par les Maures, ce château médiéval vous offrira LA vue sur la ville.

FUNDAÇÃO MUSEU CALOUSTE GULBENKIAN

Une magnifique collection d'art de toutes les époques rassemblée par ce mécène.

CATHÉDRALE SÉ

Une cathédrale romane qui en impose, au milieu des immeubles du centre de Lisbonne. Aussi belle de l'intérieur que de l'extérieur.

JARDIM DA ESTRELA

Un beau jardin à l'anglaise où il fait bon se reposer sur l'herbe ou encore boire un café au kiosque en regardant les gens.

MOSTEIRO DOS JERÓNIMOS

C'est le monument de style manuélin le plus imposant, comme orné de dentelle blanche...

© TOM PEPEIRA - ICONOTEC

© TATIANA POPOVA - SHUTTERSTOCK.COM

MUSEU NACIONAL DO AZULEJO

Tout sur les azulejos, des techniques de fabrication aux différents courants esthétiques.

© LINDASKY76 - SHUTTERSTOCK.COM

MUSEU DO CHIADO - MNAC

Un musée d'art contemporain incontournable. Des œuvres d'artistes portugais du XIXe siècle à nos jours.

PALÁCIO DA PENA - PARQUE DA PENA

SINTRA

C'est le palais à ne pas manquer à Sintra. Son allure excentrique et colorée vous emmène tout droit au pays de Cendrillon.

© MARIA SOBRAL

MUSEU DO TESOURO REAL

Musée du trésor royal regroupant plus de 1 000 pièces royales ainsi que des collections de bijoux en or et de pierres précieuses.

© INTERPIXELS - SHUTTERSTOCK.COM

© JOYFULL - SHUTTERSTOCK.COM

PRAÇA DO COMÉRCIO

C'est un des emblèmes de Lisbonne et le cœur de la ville. Un lieu de rendez-vous pour les Lisboètes pour se retrouver le week-end.

PRATIQUE

- **Nom officiel** : République du Portugal
- **Situation géographique** : Pays d'Europe du Sud situé dans la péninsule Ibérique
- **Capitale** : Lisbonne
- **Population** : 10 millions d'habitants
- **Langue officielle** : Le portugais
- **Monnaie** : L'euro
- **Coût de la vie** : Environ un tiers inférieur à celui de la France
- **Fête nationale** : Le 10 juin (jour de la mort du poète Luís Vaz de Camões)
- **Décalage horaire** : Une heure en moins que l'heure française
- **Formalités** : Vous devez présenter un passeport ou une carte d'identité valide à la frontière

À VOIR - À FAIRE

Un jeune qui participe à un séjour linguistique au Portugal appréciera de visiter l'Alfama, magnifique quartier historique de Lisbonne, mais aussi celui de Belém, sur les bords du Tage, aux belles maisons décorées de céramiques colorées. Ici, on mesure bien la vocation maritime du Portugal, de la tour de Belém (XVIe siècle) qui marque l'entrée du port au moderne *Padrão dos Descobrimentos*, monument aux Découvertes, édifice en forme de voile érigé en 1960 pour commémorer le cinquième centenaire d'un des grands explorateurs du Portugal, l'infant Henri le Navigateur, découvreur des Açores, de Madère et du cap Vert. Les gourmands iront faire provision à la pâtisserie du grand monastère des Hiéronymites des meilleures pastéis de Belém, divines tartes au flan. À Porto, ce sont d'autres réjouissances et d'autres visites, la plage aussi et des parcs d'animations.

LANGUES

La langue portugaise est assez proche de l'espagnol, elle est également parlée au Brésil, au Cap Vert, en Angola, en Guinée-Bissau, en Guinée Équatoriale, à Macao, au Mozambique, à Sao Tomé-et-Principe, au Timor oriental et à Goa. C'est la langue maternelle d'environ 230 millions de personnes à travers le monde. Apprendre le portugais vous permettra par la suite de voyager dans d'autres pays lusophones comme le Brésil, ou bien de revenir au Portugal avec plus de facilité dans l'expression et la compréhension de la langue. Si la langue portugaise est la langue officielle du pays, l'anglais, le français et l'espagnol sont, en outre, les langues étrangères les mieux maîtrisées et les plus utilisées dans les relations commerciales. Les Portugais nés après les années 1960 maîtrisent plus facilement l'anglais, ceux nés avant plutôt le français. Toutefois plus de la moitié de la population ne parle que le portugais.

- Vous aurez souvent l'occasion de dire *obrigado* (merci), tant les Portugais sont serviables. Apprenez le stoïcisme portugais : *É assim* (c'est la vie) et pour résumer votre séjour, retenez *É fixe* (c'est vraiment top) !

LES OFFRES

Laissez-vous tenter par le dépaysement avec un séjour linguistique au Portugal. Les multiples visages de Lisbonne vous offrent l'occasion d'apprendre le portugais en vivant un condensé du Portugal en réelle immersion linguistique. Vous aurez certainement l'occasion d'entendre le fado qui fait chanter la langue portugaise et danser les couples. Au programme aussi, les multiples divertissements qu'offre l'océan : surf, baignade et plongée sous-marine. En école internationale de langue ou en cours chez le professeur, pratiquez le portugais lors de cours de langue tout en découvrant les alentours de Lisbonne.

L'opportunité de combiner perfectionnement de la langue lors des cours en école ou chez votre professeur natif et la mise en pratique en dehors de vos cours, dans un contexte détendu.

Lisbonne.

SUÈDE

Le poète Tomas Tranströmer a écrit : « La Suède est un bateau qu'on a tiré à terre, dégréé. » Dans ce pays qui aurait donc déposé les rames pour s'amarrer à la pointe de l'Europe, on s'attend à trouver le froid, la neige, des meubles en kit, des hot-dogs et une population blonde comme les blés. Mais ce tableau est-il vraiment le miroir des réalités suédoises ? En fait, on est surpris de ce que l'on découvre, que l'on s'y rende dans le cadre d'un séjour linguistique ou d'un séjour itinérant ! Surpris par les belles plages ensoleillées de Scanie, par les plaines paisibles de Dalécarlie où le cheval de bois règne entre les cabanes rouges, par les soirs d'été dans les chaudes artères de Malmö ou dans les ruelles médiévales de Kalmar... Bien sûr, la Baltique argentée est bien différente de la Méditerranée mais elle n'a pas pas grand-chose à lui envier. Épaulée par les lacs dispersés sur tout le territoire, elle offre un plongeon dans une nature sauvage de toute beauté. En Suède, le dépaysement est total. Le soleil monte la garde tout au long de l'été puis s'en va dormir en hiver. En plus d'un respect de la nature exemplaire, d'une propreté impeccable dans ses métropoles et d'un ordre typiquement scandinave, la Suède ne manque pas de féerie avec ses histoires de rois et de reines, de Vikings valeureux et de ses ancêtres lapons...

STOCKHOLM

Cité maritime autant que lacustre, terre d'accueil, la capitale suédoise se déploie sur 14 îles qui chacune affiche une beauté singulière, là où le lac Mälaren rejoint la mer Baltique. De pont en pont, de quai en quai, Stockholm révèle les richesses de son histoire agitée, son architecture élégante, colorée et hétéroclite, sa nature omniprésente. Entre éco-quartiers avant-gardistes, façades élégantes, ruelles médiévales, style baroque et Art nouveau, Stockholm offre autant de visages que d'attraits, avec l'avantage inestimable de posséder un cœur peu étendu, un trafic aéré et un rythme de vie paisible.

Séjourner à Stockholm, c'est sans conteste s'ouvrir à une autre manière de vivre. Un art de vivre tempéré, qui fait la part belle au compromis et à une certaine forme de sagesse. Les habitants vous parleront de leur ville avec passion, avec au fond de l'œil la fierté de vivre dans une métropole moderne et humaine à la fois.

ET AUSSI

Apprendre l'anglais en Suède vous donne l'occasion de découvrir Stockholm mais aussi de séjourner dans trois destinations plus confidentielles. **Hallefors**, une localité très pittoresque du comté d'Örebro, au sud du pays et au cœur des fjords, **Uppsala**, au nord de la capitale et sur les berges de l'Ekoln, golfe le plus septentrional du lac Mälaren, et **Varmland**, autre contrée du sud, à la frontière avec la Norvège, baignée par le plus grand lac du pays (Vänern).

Stockholm.

Aurore boréale en Laponie suèdoise.

PRATIQUE

- **Nom officiel :** Konungariket Sverige
- **Devise nationale :** Toujours pour la Suède
- **Hymne national :** Du gamla, du fria
- **Fête nationale :** le 6 juin
- **Capitale :** Stockholm
- **Superficie :** 449 964 km^2
- **Population :** 10,4 millions d'habitants
- **Langues :** Suédois
- **Religion :** Église luthérienne (83 %), musulmans (3,4 %), catholiques (1,7 %)
- **Nature de l'État :** Monarchie constitutionnelle
- **Monnaie :** La couronne suédoise, krona en suédois, s'écrit Sek ou kr.
- **Téléphone :** Pour téléphoner de la France vers la Suède, composez le 00 + 46, suivi de l'indicatif local (en omettant le zéro initial) et du numéro du correspondant
- **Décalage horaire :** Sans
- **Formalités/visa :** Carte nationale d'identité ou passeport en cours de validité
- **Santé :** Pour affronter l'hiver suédois (jusqu'à – 20 °C dans le Nord), n'oubliez pas d'emporter des vêtements très chauds
- **Sécurité :** RAS

Le drapeau suédois

Croix d'or sur fond azur. Les couleurs ont pour origine les armes traditionnelles du pays : trois couronnes dorées sur un fond bleu. La croix dissymétrique désigne le lien avec les autres pays scandinaves (dont les drapeaux sont ornés du même motif), mais surtout l'héritage chrétien de la Suède. Le drapeau prit sa forme définitive sous le règne de Charles XI, en 1663, bien qu'il ne fut officialisé qu'en 1906. La journée du drapeau suédois est fêtée le 6 juin depuis 1916. Mais ce n'est que récemment, en 1983, que cette date est devenue celle de la fête nationale suédoise. Cette journée commémore l'accession au trône, le 6 juin 1523, du roi Gustave Vasa, célèbre pour avoir organisé la révolte contre les Danois et ainsi permis l'indépendance du pays. À cette même date, mais en 1809, la Suède s'est également dotée d'une nouvelle Constitution établissant les droits, devoirs et libertés du citoyen.

TOP 10

A VOIR / A FAIRE
STOCKHOLM

On peut traverser les époques et les âges dans des lieux différents de Stockholm, contenant des aspects distincts et variés de la culture d'une capitale nordique majeure. Vous pouvez retracer le chemin du peuple viking, les premiers jours de la naissance du pays, l'arrivée du protestantisme, la vie des ouvriers dans Södermalm, ou les traditions folkloriques à Skansen, jusqu'à vous retrouver face à la Stockholm d'aujourd'hui : un centre mondial de la photo, du design, de la mode, de l'art, de la technologie, du cinéma, de la littérature, de l'écologie, et du futur commun.

© MIKHAIL MARKOVSKIY - FOTOLIA

CATHÉDRALE [STORKYRKAN]

L'histoire de Stockholm commence par son Église, où le fondement du royaume indépendant de Suède est synonyme de sa conversion.

© ALIZADA STUDIOS - SHUTTERSTOCK.COM

MUSÉE D'ART MODERNE [MODERNA MUSEET]

Un lieu incontournable pour les amateurs d'art, avec une superbe collection permanente, bien situé pour une promenade culturelle.

JUNIBACKEN

Un paradis pour les enfants et un espace éducatif sur la culture suédoise, traversant contes et histoires traditionnelles de la Suède.

© LUNNAYA - SHUTTERSTOCK.COM

© PHILIPPE GUERSAN

MUSÉE DE LA PHOTO [FOTOGRAFISKA MUSEET]

La photographie est un médium artistique majeur en Scandinavie, en raison de la lumière nordique qui fait rêver les photographes.

MUSÉE NOBEL [NOBELMUSEUM]

Un musée dédié à l'histoire du monde, immergeant ses visiteurs dans les grandes inventions et contributions des fameux lauréats.

© PHILIPPE GUERSAN

© MIKAEL DAMKIER / SHUTTERSTOCK.COM

PALAIS ROYAL DE STOCKHOLM [KUNGLIGA SLOTTET]

Pour découvrir de l'intérieur l'histoire monarchique qui a précédé ainsi que l'histoire de la monarchie parlementaire actuelle.

MUSÉE NORDIQUE [NORDISKA MUSEET]

Voici le plus grand musée d'histoire culturelle de Suède, retraçant les différentes histoires ethnographiques suédoises.

© PHILIPPE GUERSAN

QUARTIER DE VITA BERGEN

Balade pittoresque qui fait voyager plus d'un siècle en arrière, lieu habité encore de nos jours par les habitants de Stockholm.

© PHILIPPE GUERSAN

MUSÉE VASA [VASAMUSEET]

Un musée qui impressionne, exposant le vaisseau royal du XVIIe siècle, sauvé des profondeurs des eaux...

© KERSTIN - SHUTTERSTOCK.COM

© ANASTASIOS71 - FOTOLIA

SKANSEN

Découvrez la Suède d'antan version miniature, en hiver comme en été, accompagnés d'élans et d'airelles rouges à n'en plus finir !

Boulettes de viande.

- **Risques naturels :** RAS
- **Sport national :** Hockey sur glace, toutes formes de ski, bandy, football…
- **Plat national :** Hareng mariné, la « tentation de Jansson » (gratin de pommes de terre aux anchois), boulettes de viande…
- **Boissons nationales :** Aquavit (eau-de-vie) et bière
- **Que rapporter ?** Un dalahäste (cheval en bois sculpté à la main), sabots traditionnels, bijoux, céramiques, artisanat lapon, étain, verrerie…
- **Événements :** Nuit de Walpurgis (nuit du 30 avril au 1er mai), fête nationale (6 juin), Midsommar (fin juin), remise du prix Nobel à Stockholm (décembre), fête de la Sainte-Lucie (13 décembre)

À VOIR - À FAIRE

Ville verte et bleue, Stockholm nous donne des leçons d'écologie qui transparaissent dans la vie culturelle, gastronomique, politique et sociale. Même s'il s'agit d'une petite ville, Stockholm offre une diversité d'activités accessibles à tous. Son avant-gardisme ne l'empêche pas de protéger ses traditions, avec un folklore nordique préservé, que l'on retrouve dans la rue comme au musée, à travers sa famille royale comme à travers ses forêts et ses lacs, en dégustant ses brioches à la cannelle comme en célébrant les solstices d'été avec chants et bonne humeur... Les enfants et les jeunes ne manqueront pas de visiter le parc d'attractions Gröna Lund, le musée national de Suède, la pagode de verre panoramique de SkyView, le musée en plein air Skansen ou encore la réserve naturelle de Hellasgården. Lors d'un séjour en Suède, outre Stockholm, on appréciera la découverte de Göteborg, Malmö, Uppsala, la région des lacs Vänern et Vättern, la Laponie bien entendu, les plages et châteaux de la Scanie, les parcs nationaux d'Abisko et de Sarek, entre autres sites.

LANGUE

Le suédois est parlé sur l'ensemble du territoire, avec de grandes différences d'accent du nord au sud, mais on ne trouve pas de dialectes différents à proprement parler. En Laponie, les Sames parlent leur propre langue, que vous n'entendrez que rarement (ils ne sont que 17 000 en Suède et voyagent une bonne partie de l'année avec leurs troupeaux de rennes). L'anglais est très largement parlé et souvent très bien. On peut même passer des années en Suède sans avoir besoin de connaître la langue, uniquement en utilisant l'anglais. L'allemand (surtout), le français (un peu) et l'espagnol (rarement) sont également utilisés.

LES OFFRES

Les enfants suédois parlent tous couramment anglais dès leur plus jeune âge, de quoi prendre exemple pour les petits Français ! En séjour linguistique pour apprendre le suédois ou en séjour itinérant pour succomber aux paysages enneigés de la Laponie, la Suède a beaucoup à vous offrir.

TAÏWAN

L'île est recouverte à 70 % d'une végétation luxuriante, favorisée par un climat subtropical, et elle est pourtant à la pointe de la révolution multimédia, produisant du matériel informatique de dernière génération et des appareils high-tech d'excellente qualité. Île moderne perdue dans un no man's land diplomatique, Taïwan souffre d'une fausse image... Vous imaginez de grandes agglomérations sans âme, des usines poussant comme des champignons et un territoire si peuplé qu'il ne laisserait aucune place aux loisirs, à la nature et à l'authenticité... Eh bien, révisez votre jugement car ces clichés s'effacent dès l'arrivée sur l'île, que les Portugais baptisèrent Ilha Formosa (la belle île) à juste titre. À la fois fière de ses traditions chinoises et de son patrimoine aborigène, l'île de Taïwan est une terre de contrastes humains auxquels se superposent des merveilles naturelles. Ce métissage est bien visible au sud-ouest de l'île qui a gardé les traces d'une riche culture, mariant influences chinoises et aborigènes. Taipei, la capitale, offre aux visiteurs des rencontres inoubliables et il suffit de prendre le métro pour se retrouver en pleine nature. Bien qu'isolée jusqu'au début de l'ère moderne, Taïwan s'est vite retrouvée au carrefour des routes maritimes entre l'Europe, la Chine et le Japon. Colonisée à de nombreuses reprises, par les Hollandais, les Han chinois ou les Japonais, l'île est un melting-pot culturel.

TAIPEI

Taipei signifie *nord de Taïwan* en chinois. La ville a fortement changé de physionomie à la fin des années 1970, lorsque le gouvernement a levé l'interdiction de construire de nouveaux immeubles dans l'île. Buildings, complexes hôteliers et centres commerciaux sortirent alors de terre sur le modèle de Hong Kong, Tokyo ou Singapour. Taipei s'étendit sans plan d'urbanisme, sans harmonie ni voies de communication adaptées. A la clé, des immeubles mal conçus, surpopulation et pollution... Désormais, la municipalité de Taipei tente de rectifier le tir et prend en compte l'environnement. Les parcs se multiplient, les transports en commun aussi. Ville asiatique moderne aux hôtels de grand standing et magasins dernier cri, cache aussi une Chine traditionnelle. Les hommes d'affaires, tirés à quatre épingles, campés dans leurs costumes occidentaux, continuent de fréquenter les boutiques de médecine chinoise et déjeunent, accoudés dans une petite échoppe, d'un bol de nouilles. C'est dans ces scènes de la vie quotidienne que réside le charme de Taipei la cosmopolite, ville ouverte dont les habitants accueillent toujours les étrangers avec sourire et gentillesse.

PRATIQUE

- **Nom officiel :** République de Chine (ROC pour Republic of China).
- **Capitale :** Taipei.
- **Nombre d'habitants** : 23,2 millions d'habitants.
- **Taux d'alphabétisation** : 97 %.
- **Religions** : Bouddhistes, taoïstes et confucianistes (93 %), chrétiens (4,5 %) et autres (2,5 %).
- **Monnaie** : New Taiwan dollar (NT$).

Le drapeau taïwanais

Un soleil blanc dans un ciel bleu sur un fond rouge, tel est l'emblème que le docteur Sun Yat-sen, père fondateur de la République de Chine, choisit en 1906 pour représenter la Chine. Le drapeau ne fut officiellement décrété emblème national que le 8 octobre 1928, à l'occasion de la victoire de l'Expédition du Nord. Les trois couleurs représentent le San Min Chu-I ou les « Trois principes du peuple » énoncés par Sun Yat-sen : le bleu pour l'égalité, la justice et la démocratie, le blanc, la fraternité, la loyauté et le bien-être du peuple, et finalement le rouge, la liberté, le sacrifice et le nationalisme. Le soleil blanc se compose de douze branches renvoyant chacune au « shih » – période de deux heures de la journée – qui symbolise le progrès.

- **Coût de la vie** : Plus bas que dans les pays occidentaux
- **Moyens de paiement** : Les cartes Visa, MasterCard, etc. sont largement acceptées, dans le cas contraire vous trouvez facilement un distributeur automatique de billets.
- **Marchandage** : Les prix sont fixes à Taïwan, sauf sur les marchés.
- **Langue officielle** : C'est le chinois (mandarin). Les principaux dialectes de Taïwan sont le minnan, appelé également foukienois ou taïwanais, et le hakka, respectivement parlés par 75 % et 15 % de la population. Les langues aborigènes, progressivement oubliées, sont aujourd'hui ravivées par la nouvelle génération soucieuse de leur sauvegarde.
- **Bagages** : Emmenez un maillot de bain, même en hiver (nombreux spas et sources) et l'hygiène étant de rigueur n'oubliez pas un bonnet de bain. Privilégiez toujours des vêtements en fibre naturelle, comme le lin et le coton ; emportez également un pull, une veste et un foulard, pour vous protéger du froid polaire au sein de certains établissements et commerces. Et une tenue et des chaussures correctes au cas où vous seriez invité. Les Taïwanais font grand état de leur apparence, soucieux de se démarquer des paysans.
- **Électricité** : Comme aux États-Unis, le voltage est de 110 volts et la fréquence de 60 Hz. Les prises de courant sont à deux fiches plates, il faut donc un adaptateur.
- **Formalités** : Passeport en cours de validité. Pas de visa requis pour un séjour inférieur à 30 jours.
- **Sécurité** : RAS
- **Santé** : Faible risque d'hépatites A et B et de typhoïde donc vaccins et précautions de rigueur
- **Indicatif téléphonique** : 886.

Règles de savoir-vivre

- **Faites preuve de courtoisie**. Les Taïwanais sont très attachés aux usages. On se doit de respecter l'âge et la dignité de chacun, et ne jamais faire perdre la face à son interlocuteur.
- **Les Taïwanais sont très ponctuels**. Un retard non justifié sera ressenti comme très désobligeant.
- **Adressez-vous à un Taïwanais en employant son nom de famille** (M. Wong) jusqu'à ce qu'il vous invite lui-même à utiliser son prénom.
- Ne vous vexez pas si l'on vous demande **votre âge ou votre salaire** ce n'est pas impoli.
- Présentez-vous en tendant votre **carte de visite** des deux mains, en vous inclinant légèrement.
- **Enlevez vos chaussures** lorsque vous êtes invité chez quelqu'un.
- **Ne perdez pas votre calme** c'est le comble de l'impolitesse. Gardez votre sourire et votre courtoisie en toutes circonstances.
- **Ne sautez pas au cou** d'un local pour l'embrasser sur les joues, cela ne se fait pas. Baissez la tête ou joignez vos mains à hauteur de la poitrine et courbez-vous légèrement en gardant une distance respectueuse.
- **Ne plantez pas vos baguettes dans un bol de riz**, présage de mort.
- Il est **interdit de fumer** dans les lieux publics, et interdit **de manger, boire ou mâcher du chewing-gum** dans les transports en commun.

À VOIR - À FAIRE

Que ce soit sur la côte nord, balayée par les vents, dans les hautes montagnes du centre, au sommet des falaises qui plongent dans l'océan Pacifique ou sur les plages de sable blanc au sud de l'île, Taïwan décline l'un des plus remarquables patrimoines naturels d'Asie. Archipel montagneux de l'océan Pacifique, au large de la côte

Shopping dans les rues de Taïpei.

Pirolle de Taïwan.

sud-est du continent asiatique, entre le Japon et les Philippines, Taïwan est séparée de la Chine par le détroit de Formose.

Difficile d'imaginer qu'une île aussi petite que Taïwan puisse offrir tant de diversités. Les sources d'eau chaudes et les soins thermaux sont un héritage de la période japonaise, les temples que l'on retrouve dans chaque village symbolisent le syncrétisme religieux que pratiquent ses habitants et le contraste qu'offrent les villes et ses campagnes ont de quoi surprendre !

Sachez aussi que Taïwan est considérée comme l'île aux Oiseaux. Ici se trouve la plus forte concentration d'espèces d'oiseaux au kilomètre carré au monde (plus de 450 espèces !). Les oiseaux migrateurs y trouvent refuge pendant leur périple, et l'île compte en plus plusieurs 15 espèces endémiques, des zones côtières aux régions montagneuses. Les sites d'observation les plus importants sont, pas trop loin de Taipei, Yangmingshan et Ilan. Pour les espèces endémiques de montagne, la Mecque est Alishan.

LANGUES

La langue officielle est le chinois mandarin comme en Chine continentale, à la différence près que les Taïwanais n'utilisent pas les caractères simplifiés par la Chine populaire. Les principaux dialectes de Taïwan sont le *minnan*, appelé également *foukienois* ou taïwanais, et le *hakka* ; ces deux langues sont respectivement parlées par 75 % et 15 % de la population. L'anglais est également parlé dans les grandes villes. Dans le métro, les stations sont annoncées, dans l'ordre, en chinois, taïwanais, hakka et anglais. La langue chinoise a connu un temps mort à Taïwan durant la colonisation japonaise, les autorités occupantes forçaient les insulaires à parler japonais, si bien que lorsque Taïwan fut rétrocédée à la Chine, certains habitants ne connaissaient pas le chinois. Dès lors, le gouvernement nationaliste a mené une politique linguistique autoritaire en imposant l'usage du mandarin et bannissant celui de la langue japonaise. La communication entre les différentes langues est assurée par une seule et même écriture, le chinois, qui de tout temps a bénéficié d'un grand prestige. Son système morphémo-syllabique, selon lequel chaque caractère correspond à un morphème, a favorisé le lien entre les différents dialectes.

LES OFFRES

Étudier le chinois à Taïwan vous permettra de vivre une expérience tout à fait unique en étudiant la langue dans une culture différente, sans pour autant renoncer à votre confort ou à votre style de vie. Taïwan est un pays qui est fréquemment désigné par les communautés internationales comme le « meilleur pays où vivre pour les expatriés ».

Lorsque vous commencerez à étudier le chinois à Taiwan et que vous goûterez à sa cuisine unique, que vous rencontrerez ses habitants accueillants et explorerez la métropole de Taipei, vous comprendrez pourquoi ! Au cours de votre séjour linguistique à Taiwan, vous étudierez le chinois traditionnel (par opposition à la version simplifiée parlée sur le continent). Cela vous permettra de mieux comprendre les dialectes modernes qui composent la société chinoise actuelle et il n'y a rien de tel que de commander votre « Bubble Tea » en utilisant des expressions chinoises traditionnelles. Étudiez le chinois à Taïwan et découvrez une culture traditionnelle dans un environnement résolument moderne !

TANZANIE

Ses paysages sont parmi les plus spectaculaires de la planète. La gamme des panoramas, reliefs et couleurs éblouit par sa beauté et sa diversité, du toit de l'Afrique, le merveilleux Kilimandjaro, la tête dans les nuages à près de 6 000 m d'altitude, jusqu'aux plages de rêve de Zanzibar, l'île aux épices, baignant dans un océan Indien. A elle seule, la Tanzanie concentre la plus grande population de lions d'Afrique, la deuxième en guépards et en éléphants, l'une des plus importantes en léopards, mais aussi en girafes. Dans les parcs nationaux de Serengeti, le cratère de Ngorongoro, Selous et Ruaha, c'est une véritable Arche de Noé. Sans compter les gnous et les zèbres qui se déplacent par milliers pendant la plus grande migration du monde. La nature a aussi été généreuse avec les récifs marins de Mafia, Zanzibar et Pemba. Mais la grande richesse de la Tanzanie, c'est sa population : imaginez plus de 125 tribus parlant 120 langues ! Les plus emblématiques, les guerriers Maasaï, ont gardé leur mode de vie. La brousse, telle qu'on l'imagine avec ses villages de huttes traditionnelles, contraste avec les grandes villes toujours plus agitées. Mais l'accueil des Tanzaniens ne change pas, immuable, authentique et sincère, ce qui donne une dimension humaine de grande qualité au voyage.

ZANZIBAR

Peut-être irai-je un jour à Zanzibar..., rêvait Arthur Rimbaud. Il n'atteindra jamais l'île, ni Joseph Kessel, lui aussi en quête de cette île de rêve sur l'océan Indien qui a des allures de paradis terrestre. Zanzibar, ce sont des plages sauvages de sable blanc, piquées d'hôtels qui égrènent leurs éco-bungalows, ce sont des cocotiers se balançant dans le vent et un lagon d'eau cristalline aux cinquante nuances de bleu composées par la barrière de corail et les marées... À la croisée de routes commerciales, Zanzibar s'est imprégné, au fil des siècles, d'influences perses, arabes et indiennes. Autant de composantes de la culture swahilie. À Stone Town, le parfum des épices se diffuse dans les ruelles où des femmes en *kanga* colorés papotent, où l'appel à la prière des muezzins résonne dans un soleil rougissant, où la musique *taarab* envoûtante se perd dans la nuit moite... Les splendides portes sculptées témoignent de la richesse des commerçants au XIXe siècle, lorsque les sultans omanais chargeaient les dhows de clous de girofle, d'épices, d'ivoire, d'or et bien sûr d'esclaves. La mémoire des millions d'Africains déportés ici est vivace. Un séjour linguistique à Zanzibar, c'est bien plus que l'apprentissage d'une langue, c'est un grand voyage.

ET AUSSI

Un voyage en Tanzanie pour un petit groupe de jeunes est une grande aventure en lui-même, avec une immersion très dépaysante, des paysages fantastiques, des animaux sauvages, des plats locaux, des expériences inédites... Vous pouvez vivre cette aventure unique tout en perfectionnant votre anglais avec un séjour à **Dar es-Salaam**, grand port face à l'archipel de Zanzibar, ou vous enfoncer un peu dans les terres et la savane pour un séjour à **Bwawani** ou à **Mikumi**, contrées rurales préservées.

PRATIQUE

- **Nom officiel** : République unie de Tanzanie.
- **Capitales** : Dodoma (administrative), Dar es Salaam (économique), Zanzibar Town (archipel de Zanzibar)
- **Nombre d'habitants** : 66,6 millions d'habitants
- **Taux d'alphabétisation** : 82 %.
- **Religions** : Chrétiens (30 %), musulmans (35 %), autres (35 % – animisme, hindouisme, sikhisme, etc.).
- **Langues** : Swahili ou kiswahili.
- **Décalage horaire** : TU + 3 h. Avec la France : + 2 h en hiver, + 1 h en été. Quand il est midi en Tanzanie, il est 10h en France en janvier et 11h en juillet.
- **Monnaie** : Shilling tanzanien (TSH ou TZS)
- **Coût de la vie** : La Tanzanie est un pays très pauvre. Le pouvoir d'achat d'un Tanzanien de la ville, s'il est supérieur à celui d'un Tanzanien des campagnes, reste faible. Pour un Occidental le coût de la vie semble très bas. Hors des grands établissements, les transactions se règlent en liquide. Si vous disposez d'une carte bancaire (Visa, MasterCard, etc.), il est facile de retirer de la monnaie locale et donc inutile (voire déconseillé) de vous promener avec des sommes importantes.
- **Marchandage** : Il y a les tarifs spéciaux « Mzungu » (« Blanc » en kiswahili) et ceux pour les locaux. À vous de négocier.
- **Pourboires** : Incontournable. Vous avez beau payer cher (voire très cher) pour un safari, un trek, une ascension, il vous faudra encore donner un pourboire aux porteurs, cuisiniers ou guides qui vous auront accompagné.

Parc national de Seregenti.

Paysage de Kendwa.

- **Bagages** : Prévoyez des chemises de coton ou tee-shirts en quantité, pour pouvoir vous changer après la poussière des pistes ou la chaleur de la côte. Pour partir en safari, évitez le rouge flashy ou le skaï fluo : préférez plutôt des couleurs discrètes pour ne pas effrayer les animaux, déjà difficiles à approcher. La population étant largement de confession musulmane, une tenue correcte est de rigueur pour les filles.
- **Électricité** : Le courant est au standard anglais (220/230 volts) et les coupures fréquentes. Certains hébergements sont dotés de générateurs qui fournissent du 220 volts. Vous pourrez sans difficulté recharger vos accus, si possible le soir pendant le dîner, car vers 22h30 ou 23h, on arrête généralement le moteur. Les prises sont compatibles avec le standard français.
- **Formalités** : Les étrangers doivent fournir un visa pour entrer sur le territoire tanzanien. Celui-ci peut être obtenu auprès de l'ambassade de la République unie de Tanzanie en France, directement dans les aéroports de Dar es Salaam, Arusha, Mwanza et Zanzibar, mais aussi dans les ports de Dar es Salaam, Zanzibar et Kigoma. Le visa ordinaire est délivré pour une période de trois mois, renouvelable une fois pour deux mois supplémentaires, sans quitter le pays. Le certificat de vaccination contre la fièvre jaune est exigé de plus en plus souvent.
- **Santé** : Le paludisme sévit en Tanzanie. Prévoir un traitement et surtout penser à se protéger des moustiques, surtout lors des safaris. Ne buvez que de l'eau en bouteille ou préalablement bouillie.

Le drapeau tanzanien

Adopté en 1964, il résulte de la fusion des drapeaux du Tanganyika et de Zanzibar. Il est traversé diagonalement par une bande noire bordée de jaune allant du point de drisse inférieur au point flottant supérieur. Le triangle supérieur est vert et le triangle inférieur est bleu. Le noir est la couleur du peuple, le vert, celle de l'agriculture, le jaune, celle des richesses minérales, le bleu ciel est celle de Zanzibar.

- **Indicatif téléphonique** : 255.

À VOIR – À FAIRE

Du sommet du Kilimandjaro aux plages paradisiaques de Zanzibar, la Tanzanie est un régal d'exotisme et de nature préservée et exubérante. On s'émerveille de sa biodiversité. Vous profiterez d'un séjour passionnant entre safari ou plongée sous-marine, découverte des traditions swahilie et d'une cuisine enchantée par le panel des épices locales. À Zanzibar vous arpenterez avec bonheur les ruelles de la vieille ville de Stonetown classée au patrimoine mondial par l'Unesco, vous tenterez d'observer les primates et les autres espèces sauvages du parc national de Jozani et vous irez nager avec les dauphins.

LANGUES

Il existe plus de 120 groupes ethniques en Tanzanie et plus de 100 dialectes différents dont aucune n'est parlée par plus de 16 % de la population. Le swahili, bien que n'étant la langue maternelle que de 1 % des Tanzaniens, sert de langue véhiculaire pour 95 % de la population du pays, tandis que l'anglais, langue de l'ancien colonisateur britannique, n'est plus ou moins compris que par 5 % des habitants. Toutefois, c'est l'anglais qui est utilisé dans toute les domaines de l'administration. Par manque d'apprentissage, nombreux sont ceux qui ne parlent pas l'anglais dans les zones rurales, notamment chez les Maasaïs ou sur les bords des Grands Lacs, parmi les régions les plus reculées. Pour les voyageurs qui sortent des sentiers battus, quelques mots de kiswahili s'imposent et vous ouvrent les cœurs. Pour les autres, un anglais de base fait l'affaire. Vous aurez souvent l'occasion de parler anglais lors de votre séjour en dehors même de vos cours.

LES OFFRES

Apprendre l'anglais ou perfectionner son niveau à Zanzibar vous invite à vous instruire dans un environnement paradisiaque. Vous vous initiez dans un pays exotique dont l'anglais est l'une des langues officielles et vous profitez de ce pays d'une grande richesse culturelle aux influences mêlées.

Vous pouvez allier cours d'anglais et stage de plongée et/ou safari.

THAÏLANDE

Amazing Thailand ! Ville la plus visitée de la planète, devant Londres et Paris, Bangkok, la capitale thaïlandaise, l'une des plus excitantes cités qui soient, attire plus de 20 millions de touristes chaque année, entraînant dans son sillage les villes de Phuket et Pattaya, elles aussi installées dans le Top 20 des sites touristiques les plus fréquentés du monde. Plus calme, Chiang Mai exerce une autre attraction. Il faut dire que la Rose du Nord a de nombreux atouts à faire valoir : une richesse culturelle forte, des infrastructures solides, une atmosphère paisible, des restaurants de qualité, la gentillesse de ses habitants... Ces qualités ne sont pas propres à la deuxième plus grande ville du pays. Elles se retrouvent partout en Thaïlande, qui a fait du tourisme l'une de ses priorités. Le gouvernement thaïlandais a par exemple décidé de promouvoir de nouveaux territoires en y consacrant des moyens colossaux, tout au nord et tout au sud, comme la province de Chumpon par exemple, tout en essayant par là même de désengorger des provinces déjà très populaires dont Phuket et Krabi. Entre ces trois territoires se trouve le magnifique parc national de Khao Sok. Étrangement peu fréquenté par les Occidentaux, cet écrin de verdure est une réserve écologique et biologique hors du commun, constituée de pics karstiques semblant jaillir de l'eau, de jungle vierge et dense, de faune et de flore exceptionnelles. Cette merveille n'est pas unique. La Thaïlande regorge de trésors, des îles Similian aux confins de l'Issan. La Thaïlande c'est aussi un grand bonheur gustatif avec une excellente street food très abordable et des plats d'un raffinement qui évoquent le royaume du Siam pour quelques beths seulement... Comment résister à la séduction du pays du sourire ?

BANGKOK

Krung Thêb Mahanakorn Amon Rattanakosin Mahithrayutthaya Mahadilokphop Noppharat Ratchathani Burirom Udom Ratchaniwet Mahasathan Amon Phiman Awatan Sathit Sakkathatiya Witsanukam Prasit. Tel est le nom complet de Bangkok en langue thaïe. Traduction ? « Cité des anges, ville immortelle et magnifique, aux neuf gemmes, siège du roi et des palais magnifiques, demeure des dieux incarnés, érigée par Visvakarman selon la volonté d'Indra ». Pour faire simple, Krung Thep ! Cela dit, la cité des anges ne se laisse pas facilement apprivoiser. Beaucoup de voyageurs pressés en partance pour d'autres paradis ne retiendront que la pollution, les embouteillages, le tumulte... et pourtant, elle a tant à offrir. Ville de contrastes et d'une énergie folle, Bangkok conjugue des *malls* ultramodernes aux enseignes de luxe internationales et la tradition rurale siamoise. Les vendeurs ambulants triment à l'ombre des gratte-ciel ; les 4 x 4 rutilants aux vitres teintées sillonnent les avenues tandis que les *long tails* vrombissants filent sur les *klongs* des quartiers populaires. Rattanakosin, la cité historique, avec ses temples riches d'histoire et ses maisons de teck d'une autre époque, vit au rythme des monastères non loin des centres commerciaux de Siam Square.

ET AUSSI

En dehors de Bangkok, la Thaïlande offre des territoires d'une grande variété. Vous pouvez effectuer des séjours linguistiques à **Chiang Mai**, la petite capitale des montagnes du Nord au charme fou. Au nord aussi, le long de la rivière Yom, **Sukhothaï**, au sein des montagnes boisées, moins peuplée et charmante, est aussi un choix à retenir.

À l'opposé, complètement au sud, c'est une ambiance balnéaire dont vous jouissez sur la petite île de **Koh Chang**.

PRATIQUE

- **Nom officiel** : ราชอาณาจักรไทย
- **Devise nationale** : L'unité du peuple fait le succès et la prospérité
- **Hymne national** : Phleng Chat
- **Fête nationale** : 5 décembre
- **Capitale** : Bangkok
- **Population** : 70 millions d'habitants
- **Langues** : Le siamois (aussi appelé thaï)
- **Religion** : Bouddhisme theravâda à 94,6 %, avec minorités musulmane (4,6 %, principalement dans la région Sud) et chrétienne (0,7 %)
- **Nature de l'État** : Monarchie constitutionnelle
- **Monnaie** : La monnaie nationale est le baht (THB). Aujourd'hui, 1 € = 45 B
- **Téléphone** : L'indicatif pays est 66

© Tawanlubfah - iStockphoto.com

Vue de Bangkok.

- **Décalage horaire** : + 5 heures en été et + 6 heures en hiver
- **Formalités** : Pas besoin de visa si vous restez moins de 30 jours en Thaïlande, si besoin celui-ci s'obtient gratuitement à l'aéroport
- **Santé** : Traitement contre le paludisme, particulièrement recommandé pour les séjours dans le nord du pays et les zones rurales, eau non potable
- **Sécurité** : Vigilance particulière lors de vos déplacements la nuit, notamment à Bangkok
- **Sport national** : Boxe thaïe, ta kraw (sorte de tennis-ballon se jouant avec une balle en osier tressée)
- **Plat national** : Phat thaï, tom yam, tom kha, som tam
- **Boissons nationales** : Thé, bière
- **Que rapporter ?** Or, argenterie, bois sculptés, ombrelles, soie, céramiques, vêtements taillés sur mesure, statues, antiquités...
- **Événements** : Fullmoon party à Koh Phanga (chaque pleine lune), carnaval des fleurs à Chiang Mai (premier week-end de février), fête des cerfs-volants à Bangkok (février-mars), festival de Songkhran (avril), rassemblement annuel des éléphants à Surin (novembre), Loi Krathong (novembre), défilé des couleurs (début décembre)
- **Période idéale** : De novembre à mars

Quelques règles de savoir-vivre

- **Faire le wai** pour saluer (s'incliner en joignant les mains), remercier ou montrer votre respect à un moine, un ancien ou un officiel. Cela sera très apprécié.
- **Dire bonjour** comme les locaux : *Sawat'dii Khap* (de la part d'un homme) ou *Sawat'dii Khaa* (de la part d'une femme). Et **merci** : *Kop' Koun Khap* (homme) ou *Kop' Koun Khaa* (femme).
- **Faire l'aumône** aux moines dans la rue au petit matin. **Participer aux offrandes de nourriture** dans un temple ou dans une « maison des esprits » placée devant une demeure pour contenter vos hôtes.
- **Ôter vos chaussures** avant d'entrer dans un temple ou dans une maison.

Le drapeau thaï

Officiellement adopté en 1917, le drapeau de la Thaïlande présente cinq bandes symétriques horizontales : le rouge symbolise le sang versé pour maintenir l'indépendance du Siam, le bleu central est la couleur de la monarchie thaïlandaise, quant au blanc, il incarne la pureté et la religion dominante au pays du sourire, le bouddhisme.

À VOIR – À FAIRE

Ne vous privez pas d'un séjour itinérant, la Thaïlande est si variée ! Les îles paradisiaques du sud répondent aux régions reculées et montagneuses du nord. Partout, la quiétude des temples apaise le bruit des grandes villes. Vous ne raterez pas la vrombissante Bangkok, animée jour et nuit, de temples en canaux ; rendez-vous aussi à Sukhothaï, première capitale du royaume de Siam, inscrite au patrimoine mondial de l'Unesco avec son Wat Mahathat, entouré de petits étangs fleuris de lotus, à découvrir en vélo au petit matin. Autre spot de paradis, l'île de Ko Phi Phi pour faire du snorkeling sur Bamboo Island et point de départ pour gagner les sites de plongée de Koh Lanta et les îles Similan. Il faut voir les ruines d'Ayutthaya, citée fondée en 1350 par le roi U-Thong, qui fut parmi les plus grandes cités du monde avant d'être détruite en 1767 par l'armée birmane (nombreux temples). Visitez quatre des temples les plus remarquables de la ville historique. Enchantement aussi avec la découverte du Triangle d'or, au croisement entre le Laos et le Myanmar, zone montagneuse et sauvage, occupée par de nombreuses minorités ethniques. Quant à Chiang Mai, dans les contreforts du nord, deuxième ville du pays, elle séduit par son ambiance paisible et la bienveillance de ses habitants, mais aussi par la beauté de ses nombreux temples et les étals de son marché de nuit.

LANGUES

D'un point de vue linguistique, le thaï, ancien siamois, fait partie de la famille des langues taïes-kadaïes présentes en Asie du Sud-Est et dans le sud de la Chine. Les langues apparentées au thaï sont, en Thaïlande même, le thaï du Nord, le thaï song et le phuan, auxquelles s'ajoutent certaines langues taïes du Vietnam. Le thaï siamois, ou thaï standard, est parlé par environ 20 à 25 millions d'habitants, essentiellement dans la plaine centrale et à Bangkok (environ 40 % de la population totale). Ce sont les Thaïs siamois qui dirigent le pays et qui ont donc naturellement défini la norme linguistique et imposé leur variété linguistique à l'ensemble du pays, notamment au gouvernement, à l'éducation et dans les médias écrits. Le thaï officiel correspond en effet au thaï siamois. Les Thaïs siamois se considèrent comme les « vrais Thaïs ».

- **Le thaï utilise un alphasyllabaire particulier** (alphabet thaï) dérivé de l'alphabet khmer, adapté pour pouvoir transcrire le système tonal de la langue : il possède vingt consonnes, écrites avec quarante-quatre lettres, dont deux tombées en désuétude, vingt-quatre voyelles, incluant des diphtongues et triphtongues, notées avec treize lettres (six voyelles courtes, cinq voyelles longues et deux signes de diphtongues particuliers). Le système tonal est gouverné par le choix des consonnes, qui sont divisées en trois groupes ; quatre accents permettent de corriger ce système et d'intégrer les mots étrangers difficiles à transcrire.
- **Le thaï s'écrit de gauche à droite**, il n'y a pas de ponctuation et plusieurs mots peuvent s'écrire sans espace. Les lettres ne sont pas liées. Il n'y a pas de majuscules.

LES OFFRES

Des séjours du type colonie ou camp de vacances sont proposés aux jeunes de 14 à 17 ans ou de 18 à 25 ans. Ces séjours en immersion suppose de parler essentiellement anglais, avec les locaux, mais aussi entre jeunes venus de différents pays d'Europe. Au programme : séjour itinérant de la jungle du nord aux plages du sud, avec visite de temples, nuit en homestay chez l'habitant, trek dans la jungle, cours de cuisine, marchés, pique-niques et petits restaurants, sans oublier le jeu de Koh Lanta. Et pour aller d'un point à l'autre, transports en commun et marche à pied. Bien entendu, vous enrichirez aussi votre vocabulaire thaï au fil du séjour.

PENSE FUTÉ

Séjour linguistique en Floride.

■ **AMERICAN VILLAGE**
40, rue du Louvre (1er)
PARIS
✆ 05 65 76 55 25
www.americanvillage.fr

Original : une colonie de vacances en anglais pour apprendre en s'amusant ! Depuis 1994, American Village propose à vos enfants de 8 à 17 ans des séjours linguistiques en immersion sans quitter la France. Vous avez le choix entre une quinzaine de camps répartis dans toute la France, en version 100 % américaine ou 100 % britannique. Au programme : cours le matin, activités récréatives et ludiques l'après-midi, veillées détente le soir. Toujours en anglais ! Les animateurs – 1 pour 5 enfants – sont anglophones natifs ou bilingues. La méthode a fait ses preuves.

◗ **Les villages et classes découverte** : Classe découverte La Mazure, American Village Tour de Buis, American Village Les Hermitans, American Village La Rouatière, American Village Le Logis du Pin, American Village Le Canal American, Village Moulin de l'Ayrolle, American Village Aurabelle, American Village Château d'Aine, British Village Domaine de Damian, American Village Le Saut du Loup, Classe découverte Étoile du Matin, American Village Bauduen, Classe découverte Les Roches

■ **NACEL**
40, rue du Louvre (1er)
PARIS
✆ 05 65 76 55 25
www.nacel.fr
sejours@nacel.fr

Depuis sa création en 1957, Nacel accompagne les jeunes dans leur formation linguistique. Chaque année, ils sont des milliers à faire le choix de l'expertise et de la qualité Nacel pour perfectionner une langue et vivre une expérience inoubliable à l'étranger. Enfants, adolescents, étudiants trouvent de quoi associer culture linguistique et détente dans des pays du monde entier. Des partenariats étroits avec des écoles de langue réputées, la contribution pédagogique de professionnels de l'éducation, et des programmes à la fois ludiques et enrichissants font de Nacel une référence. Des séjours encadrés depuis le départ en France pour les 8-18 ans, aux séjours individuels dès 16 ans en passant par les circuits découverte ou les colonies 100 % anglais en France American Village, il y en a pour tous les goûts !

◗ **Un organisme reconnu et certifié** : adhérent à l'Unosel, Union nationale des organisations de séjours éducatifs créée en 1978, Nacel s'engage à respecter une charte permettant d'assurer à ses clients des prestations de qualité. Nacel est également certifié NF service par AFNOR Certification conforme à la norme européenne, que ce soit pour les séjours encadrés ou les séjours individuels (seulement 2 organismes certifiés en France dont Nacel). Son indice de satisfaction enregistré en 2023 est de 16,35/20.

◗ **Destinations proposées** : Afrique du Sud, Allemagne, Argentine, Australie, Autriche, Canada, Chine, Chypre, Costa Rica, Cuba, Espagne, Émirats arabes unis, États-Unis, France, Indonésie, Grande-Bretagne, Irlande, Italie, Malte, Mexique, Nouvelle-Zélande, Japon, Corée du Sud, Portugal et Thaïlande.

◗ **Langues étudiées** : anglais, espagnol, allemand, italien, portugais, coréen, mandarin, japonais

© DavideAngelini - iStockphoto.com

SANS FRONTIÈRES

94, voie Jean Mermoz
PORTE-DE-SAVOIE
✆ 04 79 31 27 06
www.sans-frontieres.fr
contact@sans-frontieres.fr

Aventure, vivre ensemble, partage, adaptabilité sont les maîtres mots de cet organisme qui a fait ses preuves. En activité depuis 40 ans, Sans Frontières est spécialisé dans le voyage pour les jeunes de 8 à 25 ans, comme moyen éducatif. Objectif : apprendre à voyager et apprendre en voyageant ! La destination visitée apparaît comme un support pédagogique précieux pour « faire grandir » les jeunes. Au programme, mine de rien et dans la bonne humeur, géographie, histoire, géopolitique... S'ajoutent l'apprentissage de la vie de groupe et du respect de chacun, mais aussi la rencontre avec d'autres jeunes et avec des locaux. C'est donc bien plus que la destination en elle-même qui est en jeu, mais la façon de l'aborder qui paraît essentielle ici. Le choix des séjours, principalement itinérants, est d'une très grande variété.

Destinations couvertes : Afrique du Sud, Albanie, Allemagne, Angleterre, Argentine, Australie, Autriche, Belgique, Bolivie, Brésil, Bulgarie, Cambodge, Canada, Cap-Vert, Chine, Corée du Sud, Costa Rica, Croatie, Cuba, Danemark, Écosse, Égypte, Équateur, Espagne, Estonie, États-Unis, Finlande, pays de Galles, Grèce, Guatemala, Hongrie, Inde, Indonésie, Irlande, Islande, Italie, Japon, Jordanie, Kenya, Laos, Lesotho, Lettonie, Lituanie, Madagascar, Malaisie, Malte, Maroc, Mauritanie, Mexique, Mongolie, Monténégro, Namibie, Népal, Norvège, Pays-Bas, Pérou, Portugal, Roumanie, Russie, Sénégal, Singapour, Slovaquie, Sri Lanka, Suède, Suisse, Swaziland, Tanzanie, République tchèque, Thaïlande, Tunisie, Turquie, Venezuela et Vietnam.

CLC – CLUB LANGUES ET CIVILISATIONS

Rue de la Comtesse Cécile
CS 33333
RODEZ
✆ 05 65 77 50 21
www.clc.fr
sejours@clc.fr

En plus de 50 ans d'existence, CLC a fait voyager plus de 2 millions de personnes et s'est imposé comme leader incontestable du séjour linguistique, assurant des prestations au meilleur rapport qualité-prix.. Collégiens, lycéens, étudiants, adultes, CLC s'adresse à tous et propose des programmes adaptés aux besoins spécifiques de chacun, vers de nombreuses destinations, des plus classiques aux plus inattendues. Ainsi, améliorez votre *British accent* lors d'un séjour linguistique en Angleterre. Rendez-vous à Malte ou en Espagne pour un stage de langue ensoleillé. Adoptez l'*American way of life* durant un séjour en immersion aux États-Unis. Avec CLC, profitez d'un séjour à l'étranger pour apprendre une langue, découvrir un pays, partager une nouvelle culture et vivre une expérience unique.

Certifié NF Services par Afnor Certification.

Destinations couvertes : Allemagne, Canada, Espagne, États-Unis, Grande-Bretagne, Irlande, Italie et Malte.

GO & LIVE

Rue de la Comtesse Cécile
RODEZ
✆ 05 65 77 50 00
www.goandlive.com
contact@goandlive.com

Apprenez le monde ! Beau slogan pour Go & Live. Avec plus de 65 ans d'expérience dans l'organisation de voyages pour les enfants et les adolescents, cet organisme offre un large choix d'activités et de séjours pour leurs vacances. Au programme : séjours itinérants dans de très nombreux pays, séjours linguistiques, séjours découverte, séjours éducatifs, colonies de vacances, séjours sportifs, *summer camps*... Parmi les marques représentées par Go & Live : Sans frontières, Club Langues et Civilisations, Nacel et *American Village*. Expertes dans leur domaine, celles-ci proposent des concepts innovants qui allient apprentissage d'une langue et de la vie en collectivité, en immersion dans une famille hôtesse ou en résidence, découverte culturelle et activités sportives ou de loisirs.

Les organismes ci-dessous, tous certifiés, offrent des prestations de qualité. Ils proposent un large panel de prestations au sein des destinations présentées plus haut et sont garants de séjours linguistiques réussis, tant au niveau de l'apprentissage de la langue, que de l'enrichissement culturel, l'organisation d'activités annexes et d'une ambiance à la fois studieuse, ludique et conviviale.

INDEX

Wellington en Nouvelle-Zélande.

안동찜닭
고기전문점
PhoDUCK
고기가 맛있는 집
02-755-5233
방탈출
4F
HALAL FOOD
GURKHA
ACE
닭갈비
BBANDAK
鸡排
bbandak
02-778-1084
壱番屋
HEALING

Seoul.

G

H

I

J

L

M

N

O

P

R

S

T

V

Z

COLLABOREZ À LA PROCHAINE ÉDITION
SÉJOURS LINGUISTIQUES